A CIÊNCIA MÉDICA DE HOUSE

ANDREW HOLTZ

A CIÊNCIA MÉDICA DE HOUSE

A verdade por trás dos diagnósticos da série de TV

Tradução
ADRIANA RIECHE

Revisão Técnica
LUCIANA CARNEIRO DO CIMA

3ª edição

BestSeller

CIP-BRASIL. CATALOGAÇÃO-NA-FONTE
SINDICATO NACIONAL DOS EDITORES DE LIVROS, RJ.

H713c
3ª ed.

Holtz, Andrew
A ciência médica de House / Andrew Holtz ; tradução de Adriana Rieche. – 3ª ed. – Rio de Janeiro : Best*Seller*, 2008.

Tradução de: The medical science of House, M. D.
ISBN 978-85-7684-231-6

1. House, M. D. (Seriado de televisão). 2. Medicina – Miscelânea. 3. Cuidados médicos – Miscelânea. 4. Medicina na televisão. I. Título.

07-4266. CDD: 610
CDU: 61

Título original
THE MEDICAL SCIENCE OF HOUSE, M.D.

Capa: Sense Design
Diagramação: ô de casa

Impresso no Brasil
ISBN 978-85-7684-231-6

A meus pais, Merriman e Carolyn Holtz, por seu amor e apoio,
e pelas oportunidades maravilhosas.

A minha esposa, Kelly Butler Holtz, por seu amor e companheirismo,
mas particularmente por administrar nossa casa e nossa família
enquanto eu escrevia este livro.

A nossos filhos, Aaron e Judy, por suportar minhas ausências
em longas jornadas de trabalho.

SUMÁRIO

Introdução

Como identificar zebras

Todo estudante de Medicina já ouviu esta máxima sobre o diagnóstico: "O barulho de cascos que você ouve atrás de si, em geral, não é de zebras." Fora da África, evidentemente, barulho de cascos geralmente indica a presença de um cavalo.

O seriado *House* apresenta uma equipe de especialistas médicos, liderada pelo dr. Gregory House, cuja função é identificar zebras médicas, aqueles casos surpreendentes em que o som dos cascos não anuncia cavalo algum. Quando uma mulher jovem e aparentemente saudável tem uma convulsão e de repente perde a capacidade de falar, House e sua equipe encontram uma tênia em seu cérebro, e não o tumor inicialmente considerado. Quando um jogador de rúgbi de 16 anos apresenta visão dupla, a causa não é um acidente no campo, mas um vírus mutante alojado em seu cérebro.

O personagem Gregory House em parte é baseado no famoso detetive ficcional Sherlock Holmes e, como Holmes, o dr. House está pronto para se valer das mais improváveis deduções para solucionar os mistérios com os quais depara, assim que todas as demais possibilidades são eliminadas. Verdade seja dita, os médicos em *House* enfrentam uma combinação de casos bem peculiar e as doenças que descobrem são, muitas vezes, raríssimas, mas isso não significa que sejam totalmente impossíveis. Se você destilar a experiência de milhares de médicos e milhões de pacientes ao longo de muitos anos, bem, tudo que pode acontecer provavelmente já aconteceu. Tênias e vírus mutantes são encontrados, embora raramente, nos cérebros de pacientes reais por médicos que não tinham a menor idéia de que uma zebra bateria à sua porta naquele dia específico.

Embora Gregory House chegue a seus mirabolantes diagnósticos com mais rapidez, charme e arrogância que os médicos comuns, ele faz o que todos tentam fazer quando confrontados com um caso difícil: estabelece conexões críticas entre pistas fracas para identificar e tratar a tempo os riscos médicos que ameaçam a vida dos pacientes.

Então, como os médicos, seja em um consultório, no setor de emergência de um hospital ou em um importante centro médico acadêmico, concluem se as queixas dos pacientes são rotineiras ou alarmantes? Nas próximas páginas, vamos repassar os métodos e os instrumentos de diagnóstico e tratamento para entender os fatos e a ficção por trás de *House*.

Todo caso está cheio de elementos desconhecidos no começo... e todo médico deve, rapidamente, tomar decisões preliminares sobre fragmentos de informações. O problema de algum modo representa uma ameaça imediata à vida do paciente? É contagioso? Há necessidade de intervenção urgente ou existe tempo para investigar todas as possibilidades? Conversar com o paciente e realizar um rápido exame físico é suficiente ou há necessidade de recorrer a testes laboratoriais, exames radiológicos e outros procedimentos especiais?

Os médicos fazem perguntas. Fazem um minucioso levantamento do organismo de seus pacientes. Podem solicitar exames, avaliações radiológicas ou procedimentos que os ajudarão a eliminar ou acolher diferentes diagnósticos possíveis. Muitas das perguntas e opções nessa gama de decisões são influenciadas pelo ambiente em que se dá o encontro entre paciente e médico. Um médico de família pode ser capaz de estabelecer o elo entre os novos sintomas e uma condição crônica que o paciente enfrenta há anos. Um médico da emergência agirá para determinar rapidamente se a vida ou os órgãos do paciente correm risco imediato. Um especialista procura respostas para as perguntas específicas que levaram o paciente a seu consultório. Um oncologista procura um tumor. Um infectologista procura uma infecção. Um pneumologista investiga os pulmões. E assim por diante.

Embora a metodologia básica de diagnóstico aplicada pelos médicos atualmente já venha sendo utilizada há um século ou mais, os instrumentos disponibilizados pela tecnologia hoje em dia conferem aos médicos a capacidade de ver rapidamente o que seus predecessores só viam tarde demais, durante uma autópsia. Microscópios eletrônicos, testes de anticorpos monoclonais, ultra-som, tomografias computadorizadas, imagens por ressonância magnética e muitos outros dispositivos e técnicas podem ser usados no processo. Mas essas ferramentas não fazem o diagnóstico; os médicos decidem quando e como aplicar testes específicos e depois como interpretar os resultados.

Começa agora uma jornada ao mundo do diagnóstico.

CAPÍTULO 1

"Doutor, não me sinto muito bem."

Uma jovem de 29 anos que sofreu uma convulsão e perdeu a capacidade de falar. Um homem com uma freqüência cardíaca tão acelerada que não bombeava o sangue direito. Uma modelo de 15 anos que de repente torna-se agressiva e, em seguida, desmaia.

Esses são alguns dos mistérios de *House*.

A princípio, todo paciente é um mistério. Muitos são resolvidos em questão de minutos. Outros demoram mais. Alguns nunca são resolvidos. O dr. Gregory House e sua equipe no seriado *House* enfrentam casos difíceis, até mesmo bizarros, em cada episódio; mas praticamente todos os pacientes que procuram o dr. House têm um histórico médico, mesmo que perguntas essenciais fiquem sem resposta. Todos os pacientes consultaram vários médicos antes e foram submetidos a uma série de testes. House sabe que o paciente tem um problema sério, com uma explicação incomum.

Quando uma mulher que está dormindo 18 horas por dia chega ao dr. House no episódio "Fidelity" ("Fidelidade", 1-07), ela já passou por três médicos de emergência, dois neurologistas e um radiologista; por isso, o diagnóstico óbvio, depressão, já havia sido considerado e descartado. Quando um jovem recém-formado aparece sofrendo de espasmos com sensações semelhantes a choques, outros médicos já investigaram as hipóteses de deficiência vitamínica, câncer, esclerose múltipla, neuropatias e algumas possibilidades de intoxicação antes de encaminhar o paciente à equipe do dr. House.

Os sintomas são, evidentemente, parte essencial das informações necessárias para fazer um diagnóstico adequado. Contudo, em geral, um conjunto de sintomas pode apontar para várias doenças. Essa lista de opções é conhecida como "diagnóstico diferencial". Febre repentina, dor de garganta e fraqueza muscular são sintomas de gripe. Mas o mesmo conjunto de sintomas também aparece nos casos de dengue e em uma variedade de outras infecções virais e bacterianas. Freqüentemente, sintomas semelhantes aos da gripe são o primeiro sinal de uma infecção por HIV. Os sintomas isolados podem ser muito difíceis de interpretar.

Por isso, como os médicos começam a trilhar o caminho para o diagnóstico certo?

O contexto é tudo. Por exemplo, nos casos em que o paciente tiver viajado recentemente para os trópicos, haverá maior probabilidade de ser dengue. No entanto, antes que o médico tenha acesso ao histórico clínico e pessoal do paciente, antes que paciente e médico tenham tido a oportunidade de trocar uma palavra sequer, uma informação-chave é conhecida: o cenário em que o paciente se apresenta.

No jargão médico, "apresentar-se" é comparecer perante o médico com um problema ou queixa. A apresentação é a circunstância inicial de interação entre paciente e profissional de saúde, antes de qualquer exame ou qualquer tipo de teste. O paciente sente que algo está errado, ou algo acontece, um colapso ou uma convulsão, que mobiliza alguém a levá-lo para receber atendimento médico.

As circunstâncias iniciais em grande parte determinam o processo de diagnóstico primário. O paciente chegou de ambulância? Foi andando até uma emergência? Marcou consulta com antecedência com seu clínico geral regular? O dr. House avalia seus pacientes da clínica de modo bem diferente dos casos desafiadores que lhe são indicados. Ele considera que os pacientes da clínica têm enfermidades comuns. Na verdade, no episódio "Sports Medicine" ("Medicina Desportiva", 1-12) ele diagnostica quatro pacientes em menos de três minutos, todos na sala de espera da clínica. Por outro lado, regularmente descarta diagnósticos comuns em seu quadro branco da sala de conferências, quando investiga mais a fundo os casos para encontrar explicações raras. O contexto do primeiro encontro com o médico é uma pista importante.

Assistência primária

"Se você é o dr. House e está naquele centro de atendimento terciário e o paciente está na unidade de tratamento intensivo, isso significa que ele está muito doente ou tem algo extremamente bizarro, porque foi parar naquele ambiente", afirma Rick Kellerman, médico de família em Wichita, no estado norte-americano do Kansas, e presidente na gestão de 2006-2007 da Academia Americana de Médicos de Família.

"Um dos aspectos realmente difíceis da assistência primária é que atendemos pacientes que vêm diretamente da rua. Assim, algumas pessoas com dor de garganta estarão com amigdalite. Outras, com câncer no esôfago."

De muitas maneiras diferentes, o primeiro médico a ver o paciente tem a tarefa mais difícil. Para o primeiro médico, um paciente novo pode ser uma página em branco. O problema ameaça sua vida ou é simplesmente incômodo? Ele vai melhorar por conta própria ou a condição precisa ser tratada?

"Acho que é incrivelmente difícil diagnosticar alguém. Para o público, freqüentemente parece que é muito fácil, mas, na verdade, é bastante difícil. Os pacientes não chegam com os diagnósticos estampados na testa", afirma o dr. Kellerman.

Os pacientes chegam da rua, de maneira não-selecionada, com o que chamamos de problema não-diferenciado. Talvez a queixa seja cansaço. O desafio é ir do "cansaço" para o que realmente está acontecendo com aquele paciente.

"O que o traz aqui hoje?"

Em geral, o encontro entre médico e paciente começa com uma pergunta assim. Mas o processo de diagnóstico muitas vezes já está em andamento. O médico talvez veja o paciente no corredor ou na sala de espera. O paciente está ereto ou curvado, sentindo dores? Parece estar alerta ou tonto? Ele caminha com facilidade até a sala de exames ou não?

Em "Paternity" ("Paternidade", 1-02), o dr. House vê de sua sala um jovem paciente no corredor e fica intrigado com a maneira como uma perna do rapaz se movimenta. O garoto e os pais não haviam prestado atenção ao espasmo muscular, mas esta acaba sendo uma pista crucial para explicar a causa dos outros estranhos sintomas que levaram o rapaz ao hospital.

Interrupções

Assim como os médicos que fazem perguntas para sondar os pacientes, Gregory House está longe de ser o único que interrompe as respostas deles.

Duas décadas atrás, pesquisadores gravaram dezenas de consultas médicas para estudar as interações entre médicos e pacientes. Em média, os médicos interrompiam os pacientes após apenas 18 segundos. Menos de um quarto dos pacientes conseguiam concluir seus comentários iniciais sobre suas preocupações médicas antes de serem interrompidos.

Ao longo dos anos, não parece que a situação tenha melhorado muito. Em 1999, outros pesquisadores analisaram mais de 250 consultas realizadas em consultórios de 39 médicos de família, alguns dos quais haviam recebido treinamento especial em técnicas de comunicação. Embora os médicos tenham feito perguntas sobre as preocupações dos pacientes na maior parte do tempo, deixaram-nos concluir suas respostas em apenas um terço dos casos. O tempo médio até a primeira interrupção foi de apenas 23 segundos.

Evidentemente, os médicos sofrem com a pressão de tempo, mas não economizam muito interrompendo os pacientes. Eram necessários menos de 30 segundos em média para que os pacientes terminassem de explicar quais eram suas preocupações.

O processo que começa com uma pergunta abrangente rapidamente passa para o âmbito específico. Se o paciente está se queixando de "dor de estômago", então o médico pergunta onde exatamente é a dor. O médico pode pedir ao paciente que indique a fonte da dor. Está em uma área do estômago? Mais alto no esôfago ou no tórax? Mais embaixo, em volta dos intestinos ou na região do apêndice? A dor é constante ou intermitente, com que freqüência aparece? O que a faz aumentar ou diminuir? O paciente vomitou?

Dor de estômago por si só, como a maioria dos sintomas isolados, pode significar praticamente qualquer coisa. A chave para entender a queixa consiste em rapidamente investigar a rotina do paciente, procurando combinações de circunstâncias que podem reduzir a lista de possibilidades. Por isso, os médicos talvez perguntem sobre alergias, casos de internação, cirurgias, doenças crônicas, fumo, uso de álcool.

Também é importante saber a situação familiar do paciente: casado, solteiro, divorciado? Tem filhos? Como vai o trabalho?

Pode parecer exagero perguntar a um paciente com dor de estômago sobre sua vida em casa, incluindo talvez um histórico sexual, mas o estresse está muitas vezes ligado à dor abdominal e o relacionamento sexual entre os cônjuges pode ser um indício de estresse. Mais especificamente, nas mulheres, a dor abdominal pode ser um sintoma de doença inflamatória pélvica, talvez relacionada ao histórico sexual ou ao uso de um dispositivo intra-uterino (DIU) para contracepção. Como mostra este exemplo das várias pistas reveladas a partir de uma queixa de dor de estômago, a conversa inicial entre médico e paciente é, na verdade, uma dança sofisticada.

É claro que muitas das perguntas levam a becos sem saída. Esse não é um desfecho ruim. Excluir possibilidades da lista de doenças potenciais é um avanço.

O dr. Kellerman compara a avaliação inicial de um paciente com um jogo de memória. Muitas peças são reveladas e depois viradas novamente, porque não coincidem. Mas, a cada lance, o número de casas que pode estar escondendo a peça procurada diminui. O padrão subjacente é revelado pouco a pouco e a meta aproxima-se de ser alcançada passo a passo.

Convulsões

As convulsões atacam muitos pacientes do dr. House. Na verdade, na primeira temporada, em praticamente metade dos episódios alguém tinha uma convulsão... rapidamente seguida por gritos de "Ativan! Agora!"

Essa taxa de convulsões parece incrível, mas pode estar bem dentro do razoável para o tipo de paciente atendido pelo dr. House. O tipo de convulsão em geral apresentado no seriado consiste em ondas súbitas de atividade elétrica no cérebro. Essas tempestades cerebrais, chamadas de convulsões epilépticas, podem ter muitas causas.

"O número de disfunções que pode dar origem a eventos epilépticos é enorme", afirma o dr. William J. Nowack, professor associado do Comprehensive Epilepsy Center do Centro Médico da Universidade do Kansas.

Mas ter uma convulsão epiléptica não significa necessariamente que o paciente tenha epilepsia.

"A epilepsia é mais do que uma convulsão epiléptica ou, de acordo com a mais recente definição, pelo menos uma convulsão epiléptica e uma lesão cerebral que tornam a ocorrência de outras convulsões mais provável. É uma doença crônica. Nem toda convulsão epiléptica é sinal de epilepsia. Pode haver casos agudos, como uma infecção no cérebro, um tumor, um derrame, uma lesão na cabeça e assim por diante, que irrite os neurônios a ponto de produzir uma convulsão, a qual ocorre em um momento próximo da causa, mas a causa aparece e desaparece, e a convulsão não volta a ocorrer. Isso é chamado de convulsão sintomática aguda. Não envolve necessariamente a presença da doença crônica da epilepsia, nem resulta nela", afirma o dr. Nowack.

Também existem muitos eventos súbitos que podem dar a falsa impressão de ser uma convulsão epiléptica, mas não são, porque não apresentam sobrecarga elétrica no cérebro do paciente. Outras doenças cerebrais, por exemplo, causam movimentos, espasmos ou posturas que podem ser confundidas com uma convulsão epiléptica. A dor crônica e a hiperventilação, batimentos cardíacos irregulares ou paradas cardíacas são algumas das muitas outras possíveis causas de ataques súbitos. Alguns fatores, como uma lesão na cabeça, podem causar convulsões epilépticas ou ataques não-epilépticos.

Esses outros elementos podem ser tão traumáticos quanto uma convulsão epiléptica, mas, como têm causas diferentes, exigem procedimentos diferentes.

O procedimento mais freqüente utilizado pela equipe do dr. House diante de uma convulsão epiléptica é uma rápida injeção de Ativan. O nome genérico do fármaco é lorazepam. Tomado diariamente na forma de comprimido ou solução, pode aliviar a ansiedade. Injeções de Ativan são comumente usadas para interromper convulsões. Em geral, o Ativan funciona, mas às vezes outros medicamentos se fazem necessários.

"Basicamente, [o lorazepan] age na excitabilidade das células nervosas. O medicamento as torna menos excitáveis. Funciona. Se alguém estiver em plena convulsão epiléptica, esta é uma maneira de acabar com a convulsão e evitar o que chamamos de *status epilepticus*, que é um evento epiléptico contínuo", afirma o dr. Nowack. "O Ativan não é um tratamento de longo prazo, mas com certeza é muito bom."

É preciso ter cuidado na hora de injetar Ativan, porque, se o fármaco entrar diretamente em uma artéria, poderá causar um espasmo no vaso sangüíneo, interrompendo o fluxo naquela área. Em casos graves, o resultado de injetar Ativan em uma artéria pode ser uma gangrena, resultando em uma possível amputação. O fármaco também pode causar excesso de sedação.

O *status epilepticus* é uma emergência médica, e quanto mais tempo se passar, maiores as chances de complicação. Já que as convulsões epilépticas tendem a se repetir e o Ativan é um tratamento eficaz anticonvulsão somente por um período limitado de tempo, o tratamento de longo prazo com outros medicamentos também precisa ser considerado. A equipe médica precisa decidir se é o caso de um evento epiléptico ou de outra condição, porque pode tratar erroneamente a verdadeira causa do problema", avisa o dr. Nowack.

Convulsões epilépticas como as vistas no seriado *House* parecem assustadoras. Com o paciente entrando em súbita convulsão, os olhos revirados e talvez até sufocando, parece óbvio que uma ação imediata é necessária para interromper o ataque.

"É um evento dramático, sem dúvida alguma." No entanto, o dr. Nowack afirma que o que os médicos fazem depois de recorrer ao Ativan também é parte essencial do processo.

"O importante depois de controlar a convulsão é descobrir o que a causou em primeiro lugar", afirma o médico. "Em geral, uma convulsão epiléptica isolada dura menos de dois minutos e meio; e isso, por si só, não causa mal algum. Mas existe o risco de o paciente entrar em *status epilepticus* e de apresentar convulsões repetidas e prolongadas sem recobrar a consciência. Pode levar até cinco, dez, trinta minutos ou mais. E quanto mais tempo durar, maior será o risco de lesão ou morte.

"É perfeitamente aceitável primeiro tentar cessar a convulsão para depois descobrir o que a causou."

Se médico e paciente já estabeleceram um relacionamento, o processo de diagnóstico pode avançar rapidamente. Talvez a nova queixa seja outro episódio de um problema de saúde de longa data. Quando médico e paciente se conhecem, o médico já terá alguma idéia de como e com que extensão o paciente informa os sintomas. Ele tende a minimizar a dor? Exagera a fadiga? Os tratamentos anteriores estão registrados, assim como há anotações sobre medicamentos, consumo de álcool, cigarro, tipo e local de trabalho, ambiente doméstico e muito mais.

O dr. House muitas vezes comenta que "todos mentem".

"Eu não sei se todos mentem intencionalmente, não sei se concordo com isso, mas existem certos pacientes que, seja por meio de sua linguagem corporal, pela maneira como falam, ou pelo que dizem, levantam suspeita. Vemos isso com mais freqüência entre alcoólatras e viciados em drogas. Outros podem não informar seu histórico sexual completo, por exemplo", afirma o dr. Kellerman. "Por isso, sempre haverá situações nebulosas em que não temos como saber se o paciente contou toda a verdade."

Apesar do ceticismo agressivo de House, a maioria dos médicos confia na veracidade do que seus pacientes informam a eles.

"Imagino que, na maior parte dos casos, se a pessoa está ali no consultório é porque tem algum tipo de problema, existe algum sofrimento envolvido. Tento levar os pacientes a sério, mas às vezes temos a nítida impressão de que algo simplesmente não está certo", afirma o dr. Kellerman.

Mentir sem palavras

O dr. House acabou descobrindo uma mentira que ajudou a resolver o caso em "Failure to Communicate" ("Falha na Comunicação", 2-10), embora o paciente não tenha contado uma mentira... pelo menos não da maneira esperada.

O paciente procurou a equipe médica depois que começou a emitir frases sem sentido de repente; uma condição chamada de afasia. A palavra deriva do grego e quer dizer "sem fala". O paciente não entendia que as palavras que ele usava não faziam sentido para mais ninguém, porque havia algo de errado na maneira como seu cérebro estava processando a linguagem.

"Com esse tipo de afasia, os pacientes parecem pensar que estão falando, ou seja, não têm consciência do problema e não conseguem entender a fala dos outros nem os problemas com a própria fala. Em geral, considera-se que esses pacientes têm uma psicose, em vez de uma disfunção neurológica, porque sua aparência é normal, eles andam e comem normalmente e não apresentam qualquer problema físico aparente", afirma o dr. James Kelly, da Faculdade de Medicina da Universidade do Colorado, em Denver.

No episódio de *House*, as pistas, como a fala do paciente, não faziam sentido, até que o dr. House descobriu que o paciente fizera uma viagem à América do Sul para uma cirurgia cerebral experimental. Ele não havia contado a ninguém, nem mesmo à esposa. Depois de o segredo ter sido revelado, concluiu-se que o problema era malária cerebral. Essa infecção parasitária não estava incluída na lista de possibilidades porque ninguém sabia que o paciente tinha viajado para uma região em que a malária é endêmica.

O dr. Kelly, que é membro da Academia Americana de Neurologia, afirma que, embora nunca tenha tratado um caso de afasia causado por malária, existem alguns relatos na literatura médica.

A malária ataca o cérebro em menos de um por cento dos casos, de acordo com o livro *Neurology and General Medicine*. Entretanto, quando acontece, o prognóstico em geral é ruim. O livro afirma que até metade dos pacientes com malária cerebral morre.

A escolha do tratamento depende da espécie de parasita e se o paciente foi infectado em uma região em que os parasitas podem ser resistentes a determinados fármacos.

Como ocorre com tantos aspectos da medicina, a técnica não consiste em meramente ler sinais e sintomas biológicos, mas compreender o paciente como pessoa. O médico simplesmente não junta os sintomas; ele deve pesar as informações, julgar sua precisão, suspeitar o que pode estar faltando e decidir sua relevância para a necessidade imediata do paciente.

Síndrome de Munchausen

Karl Friedrich von Münchhausen era um nobre alemão do século XVIII conhecido por contar histórias. Dizia-se que ele se gabava de ter voado em balas de canhão e viajado até a lua. A ele creditam a autoria da frase "Subir por seus próprios esforços". É assim que ele afirma ter se livrado do lodo em um pântano. As histórias de Münchhausen eram recontadas e publicadas por terceiros. Seu nome tornou-se sinônimo de exageros e acabou ganhando significado médico, a síndrome de

Munchausen, que é uma disfunção psiquiátrica. Também são popularmente chamadas de doenças fictícias, pois os pacientes com essa síndrome apresentam o comportamento de pessoas que inventam sintomas médicos ou até mesmo se ferem de propósito para receber tratamento.

A síndrome de Munchausen não é igual a fingir-se de doente. No segundo caso os pacientes em geral têm algo a ganhar fingindo que estão doentes. O exemplo típico é de um soldado que finge estar doente para evitar ser enviado ao campo de batalha.

O episódio "Deception" ("O erro", 2-09) retrata um paciente com suspeita de síndrome de Munchausen. A história mostrava um dos maiores riscos da síndrome: testes e tratamentos prescritos com base em informação falsa podem levar a lesões reais. A paciente foi submetida a uma série de procedimentos invasivos, incluindo quase ter sua medula óssea destruída por radiação.

Os pacientes também podem causar mal a si mesmos para criar sintomas realistas. Em um caso, uma pessoa tentou simular o dano causado aos pulmões pela fibrose cística. Após a morte do paciente, um exame dos pulmões encontrou grandes quantidades de material cristalino. Aparentemente, o paciente havia aspirado talco. A deficiência respiratória era bastante real, ainda que a causa subjacente fosse psiquiátrica, e não genética.

Às vezes, as mentiras e a realidade se cruzam. Os médicos na Inglaterra relataram o caso de um homem que afirmou ter sido diagnosticado como HIV positivo dois anos antes. No entanto, seus novos testes sangüíneos revelaram-se negativos para HIV. Novos exames com testes mais sensíveis mostraram que ele fora recentemente infectado pelo HIV. Embora não tivesse sido sincero quanto aos resultados de seus primeiros testes, no final das contas ele estava realmente infectado por HIV.

Então, mesmo que o paciente não esteja dizendo a verdade, isso nem sempre significa que ele não tenha realmente a doença.

As crianças são vítimas em uma variação perturbadora da síndrome, chamada de Munchausen por procuração. Nesse caso, a pessoa com necessidade anormal de atenção é o pai ou a mãe. O distúrbio psiquiátrico faz com que o pai machuque a criança. O pai, então, recebe a atenção e a simpatia naturalmente oferecidos aos pais de uma criança doente.

Esses casos podem ser difíceis de descobrir. Às vezes, câmeras ocultas são usadas quando os profissionais de saúde desconfiam de que a fonte dos sintomas físicos da criança envolve abuso por parte de um pai ou responsável com distúrbios mentais.

Às vezes as pessoas com síndrome de Munchausen estão no próprio serviço de atendimento médico. Dentro da lógica da síndrome, a forte atração pelo sistema de saúde pode fazer com que trabalhos ligados a essa área sejam atraentes para essas pessoas. Um dos casos mais notórios é o da enfermeira britânica Beverly Allitt, que foi condenada em 1993 pelo assassinato de quatro crianças e por injetar potássio ou insulina em mais de uma dúzia de outros pacientes jovens.

Quando as pessoas procuram um médico, querem saber o que está errado com elas. É um vírus? Pode ser câncer? E, embora alguns pacientes digam a seus médicos o que acham que pode estar causando aqueles sintomas, declarando: "Tenho uma infecção" ou "Tenho um tumor", tudo o que geralmente sabem quando chegam à clínica ou ao hospital é que algo não vai bem. Procuramos ajuda porque estamos sofrendo, estamos cansados ou com constipação ou congestão. Cabe ao médico reunir as queixas apresentadas pelos pacientes e começar a pesquisa para descobrir sua causa. Muitos dos problemas apresentados encaixam-se em algumas categorias principais.

Problemas que mais aparecem na Assistência Primária[1]

PERDA DE PESO

Quanto peso o paciente perdeu? Se um homem de 90 quilos perdeu 4,5 quilos em seis meses sem fazer dieta, esse pode ser um motivo de preocupação. Todas as opções podem ser consideradas, da depressão ao câncer, passando pelo HIV, embora em muitos casos a causa nunca seja identificada.

---

[1] Esses problemas comuns estão destacados no *Manual of Family Practice*, Robert B. Taylor, M.D.' ed. 2002.

FADIGA

É aguda ou crônica? A fadiga aguda pode representar desde a pura e simples falta de descanso suficiente até problemas com medicamentos. A fadiga que dura mais de seis meses é considerada crônica. Entretanto, menos de cinco por cento dos pacientes atendem aos critérios oficiais de síndrome da fadiga crônica.

TONTEIRA

Onde a tonteira parece afetar o paciente? Na cabeça ou no corpo? Um dos primeiros passos é identificar o tipo de tonteira. Pode ser vertigem, que é a sensação de que os objetos estão se movendo ou inclinando. A tonteira pode ser prenúncio do desmaio. Pode ser sentida como um problema de equilíbrio ou de falta de firmeza ao ficar de pé ou andar. Também existem outros tipos de tonteira e ela pode ir e vir ou durar longos períodos.

TOSSE

Uma tosse é considerada crônica se durar mais de três semanas. As variedades incluem gotejamento pós-nasal, sintomas semelhantes aos da asma, tosse relacionada a azia ou problemas relacionados a outras causas.

DOR NO PEITO

É súbita e aguda o suficiente para o paciente não poder esperar pela consulta regular durante o horário comercial? Esse tipo de sintoma é chamado de dor no peito emergente. A dor no peito em geral é causada por uma distensão muscular, azia ou algum outro problema relativamente secundário; mas também pode ser sinal de um ataque cardíaco. O médico deve determinar rapidamente se o problema é secundário ou uma possível ameaça à vida do paciente. Como o tempo é essencial no tratamento de um infarto, o público em geral é aconselhado a não esperar pela consulta regular mas procurar o serviço de emergência, só para prevenir.

DOR ABDOMINAL

Assim como ocorre com a dor no peito, a primeira tarefa do médico é decidir se o problema coloca em risco a vida do paciente. É um problema de estômago ou uma apendicite?

Outros problemas comuns apontados pelos pacientes para os médicos de ambulatório incluem icterícia (uma coloração amarela na pele e nos olhos), inchaço e dor na região pélvica. Dor nas costas é uma das queixas mais comuns; quase todos já sentiram uma vez ou outra. Quase sempre melhora por conta própria, mas a dor nas costas crônica é um dos problemas mais difíceis e frustrantes para a medicina moderna. A dor nas costas pode impedir que as pessoas trabalhem ou apreciem outras atividades na vida, mas não existem tratamentos eficazes e simples.

Sexsomnia (contração em inglês das palavras "sexo" e "insônia")

É possível fazer sexo dormindo? Essa foi a explicação que o dr. House deu a uma paciente ambulatorial no episódio "Role Model" ("Modelo Exemplar", 1-17). A mulher apresentava sintomas de um aborto recente, mas dizia não ter relações sexuais há quase um ano.

Fazer sexo durante o sono certamente vai muito além do mero sonambulismo, mas alguns especialistas afirmam que é semelhante a outros comportamentos que são chamados de parassonias. A parassonia e outros distúrbios do sono afetam a maioria das pessoas em um momento ou outro na vida. As parassonias mais conhecidas são enurese noturna, terrores noturnos e até mesmo ataques violentos dos quais o atacante não tem qualquer recordação. As causas nem sempre são claras. Às vezes há um fator emocional ou uma experiência traumática que afeta o sono. Álcool e outras drogas, incluindo medicamentos, podem afetar o sono. No entanto, muitos episódios de várias parassonias podem ir e vir sem explicação.

No outono de 2005, um homem em Toronto, no Canadá, foi absolvido da acusação de estupro porque o juiz aceitou a explicação de que ele estava dormindo durante o incidente. O especialista em distúrbios do sono, o dr. Colin Shapiro, da Universidade de Toronto, testemunhou em sua defesa. Ele e os colegas propuseram que a *sexsomnia* fosse reconhecida como uma parassonia.

Existem apenas alguns relatos de *sexsomnia* na literatura médica e ninguém sabe até que ponto esse distúrbio pode ser comum. A condição pode afetar homens e mulheres. Alguns casos, como o de Toronto, ganham destaque por causa de uma queixa de agressão sexual. Entretanto, em um caso, a parceira disse que o paciente tinha se tornado um amante mais gentil e amoroso durante o sono.

Alguns pacientes que sofrem de *sexsomnia* foram tratados com Clonazepam, que geralmente é usado para tratar convulsões ou ansiedade.

Os pesquisadores afirmam que a *sexsomnia* não é igual à excitação sexual comum durante o sono.

Aliás, o comportamento de comer durante o sono representado pelo personagem dos quadrinhos Dagwood também tem inspiração em fatos. Durante décadas, Dagwood fez incursões noturnas à geladeira para devorar seus famosos sanduíches gigantescos.

A síndrome alimentar noturna está descrita na Classificação Internacional de Distúrbios do Sono e envolve comida e bebida. A síndrome pode afetar até cinco por cento da população, de acordo com alguns relatos. E, em homenagem ao mais famoso, embora fictício, sofredor, o desejo incontrolável de fazer um lanche noturno é apelidado de síndrome de Dagwood, nos Estados Unidos.

Para além das perguntas sobre distúrbios do sono e suas causas, está o mistério ainda maior que envolve o próprio sono. Embora o motivo fundamental para o sono ainda seja tema de intensas pesquisas, existe um consenso de que uma boa noite de sono é essencial para manter a saúde e que não conseguir ter um sono regular e relaxante é uma das fontes mais comuns de queixas de saúde.

A sala de emergência

Os pacientes do dr. House freqüentemente entram pela sala de emergência logo depois de ter um colapso, sofrer uma convulsão ou algum outro ataque que cai como um raio do céu azul e límpido. Por exemplo, em "Babies and Bathwater" ("Bebês e Banheiras", 1-18), uma jovem grávida de repente fica desorientada enquanto dirige. Depois de parar o carro, ela desmaia. Em seguida, aparece no hospital, cercada pela equipe de House.

Quando alguém chega à sala de emergência, o contexto é inteiramente diferente daquele estabelecido em um ambiente ambulatorial. O médico e o paciente em geral não se conhecem. Pode haver pouco ou nenhum registro médico disponível. Os sintomas provavelmente parecem graves e urgentes, pelo menos para o paciente.

"Quando vejo um paciente, independentemente da queixa, ou de quanto ele pareça bem, mal ou indiferente, procuro e penso nas causas possíveis mais ameaçadoras à sua vida", afirma o dr. Richard O'Brien, médico de emergência em Scranton, no estado norte-americano da Pensilvânia, que é porta-voz do American College of Emergency Physicians.

Ao considerar as possíveis causas dos sintomas de um paciente em uma sala de emergência, não se trata apenas do grau em que determinada ameaça à saúde é comum ou rara. Diferentemente do médico de família, que primeiro tentará eliminar as doenças mais comuns, o médico da emergência classifica os possíveis diagnósticos de acordo com a velocidade com que avançam e sua potencial letalidade.

"Começo sempre pela pior possibilidade. Quando alguém chega e diz que está sentindo dor no peito, nem começo pensando em ataque cardíaco; realmente não penso nisso. Começo considerando a possibilidade de dissecção da aorta torácica, que definitivamente é a pior condição capaz de causar dor no peito, porque pode matar em segundos. Quando alguém chega com alguma infecção, eu não penso primeiro em pneumonia ou infecção urinária, mas em meningite meningocócica, que coloca em risco a vida do paciente: porque na minha porta está escrito 'Emergência'", afirma o dr. O'Brien. "Procuramos primeiro aquilo que pode matar, algo que pode mutilar o paciente em segundo lugar e, depois, podemos respirar fundo e, se encontrarmos outra causa, ou precisarmos indicar um especialista ou marcar exame, então prosseguimos nesse sentido."

Em geral, os tipos de problemas de apresentação que aparecem na emergência dos hospitais são naturalmente aqueles que parecem mais urgentes do que os sintomas que levam os pacientes aos médicos de ambulatório.

PROBLEMAS DE APRESENTAÇÃO COMUNS NA MEDICINA DE EMERGÊNCIA

- Dor no peito
- Dificuldade respiratória
- Dor abdominal
- Febre
- Tosse
- Lesões
- Perda de consciência

Quase metade dos pacientes no seriado *House* chega ao hospital após sofrer um colapso, uma convulsão ou um derrame. Cerca de 14 por cento dos pacientes chegam de ambulância nas emergências de verdade espalhadas pelos Estados Unidos. Aproximadamente um em cada cem pacientes que chegam às salas de emergência está inconsciente ou exige ressuscitação imediata.

Quanto mais dramáticos os sintomas de determinado paciente na chegada à sala de emergência, mais diretos serão o diagnóstico e o tratamento.

"Quando chegam muito doentes ou com muitas lesões, não quero dizer que seja fácil, mas intelectualmente é: só há uma direção a seguir. Quando alguém chega com uma taquicardia ventricular grave, uso equipamento de choque. Não há dúvida; ponto final", afirma o dr. O'Brien. "Entretanto, quando chega um paciente fraco e tonto que já teve isso várias vezes e você é o quadragésimo médico a vê-lo, bem, isso é difícil de resolver."

Os médicos ouvem o que os pacientes dizem, mas o corpo dos pacientes também "fala".

"É muito difícil fingir a transpiração, quando você está em uma sala com temperatura normal. Se estiver em um lugar em que realmente não deveria estar suando e está, então você está doente. Se estiver em um ambiente com temperatura normal e sua pele estiver fria e pegajosa, você está doente. Ainda não sei o que é. Talvez seja o nível de açúcar no sangue. Talvez você esteja tendo um choque séptico. Talvez seja uma jovem que acabou de ter sua artéria ovariana rompida por causa de uma gestação ectópica. Não sei ainda, mas imagino que haja algo errado", continua o dr. O'Brien.

"Se não estiver conseguindo pensar direito, há algo errado. Tive uma paciente que era estudante de Letras e costumava ser muito eloqüente em suas falas, mas não estava conseguindo pensar direito. Você fazia uma pergunta e ela respondia, 'Onde está minha bolsa? O que aconteceu?' Eu respondia, 'Não sei. A polícia acabou de trazer você aqui. Está doendo alguma parte de seu corpo?' E ela respondia: 'Bem, estou com um pouco de dor de cabeça. Mas onde está minha bolsa?' E ela continuava repetindo isso, daí eu soube que havia algo errado."

Os médicos de emergência nos Estados Unidos em geral enfrentam mais fatos desconhecidos do que seus colegas em outros países. Isso porque o sistema de assistência médica nos Estados Unidos é extremamente fragmentado, com fornecedores independentes que não compartilham informações com facilidade. Quando um paciente chega em uma sala de emergência, o médico de plantão talvez não tenha informação alguma sobre o histórico do paciente. Em contraste, na Suécia, noventa por cento dos clínicos gerais mantêm registros médicos eletrônicos de seus pacientes.

De acordo com uma pesquisa internacional realizada pelo Commonwealth Fund, os Estados Unidos estão atrás de outros países de língua inglesa. Em comparação com a Austrália, o Canadá, a Nova Zelândia e o Reino Unido, os Estados Unidos tiveram o pior desempenho em termos do percentual de pacientes indicados para realizar os mesmos exames por médicos diferentes e o pior em termos de não fazer com que os registros médicos ou os resultados dos exames cheguem aos cuidados do médico a tempo para a consulta. Os defensores da idéia de haver registros médicos eletrônicos afirmam que eles poderiam ajudar a preencher essas lacunas de informação.

Um senador norte-americano, dr. Bill Frist, escreveu um artigo a favor de melhores sistemas de registros médicos eletrônicos. "Os americanos precisam ter condições de acessar seus registros médicos onde quer que estejam. Isso é alta prioridade, porque os sistemas existentes como os VA's são inúteis fora das organizações que os criaram. Se dois turistas se envolverem em um acidente de carro a quilômetros de distância de casa, a sala de emergência para a qual forem levados deveria ter condições de acessar um sistema que possa apresentar seu histórico médico completo, suas alergias e informações sobre os medicamentos que tomam. No momento, na verdade, regulamentações governamentais ultrapassadas impedem que muitos hospitais criem sistemas com essa finalidade."

Evidentemente, trazer os registros médicos para o século XXI exigirá investimentos substanciais, não apenas em termos monetários, mas também na reestruturação do modo como os profissionais de saúde trabalham. Um relatório do Instituto de Medicina (IOM), embora defendesse enfaticamente o uso da tecnologia da informação para melhorar a qualidade da assistência médica, incluía também alertas importantes.

"Embora os sistemas de informação computadorizados tenham ótimo potencial para melhorar a gestão da informação, ainda são subutilizados ou implementados de tal modo que aumentam a carga de trabalho dos profissionais e da equipe de assistência. Isso é contraproducente e deve ser evitado", afirma o relatório do IOM.

O esforço para usar a tecnologia a fim de dar aos médicos mais informações para análise quando um novo paciente chega é apenas uma das mudanças que estão ocorrendo no front da prática médica.

Ambulâncias

O trabalho de um médico de emergência é um pouco diferente quando os pacientes chegam ao hospital de ambulância.

Antigamente, as ambulâncias eram caminhões ou caminhonetes adaptadas para receber a maca. Hoje em dia, algumas ambulâncias são verdadeiras salas de emergência em movimento. São equipadas com os mais sofisticados aparelhos e a equipe de paramédicos ou outros profissionais médicos de emergência é altamente treinada. As equipes de ambulâncias com sistemas avançados de suporte à vida fazem muito mais do que transportar pacientes; começam o processo de diagnóstico e até mesmo de tratamento muito antes de o paciente chegar ao hospital.

A orientação para um tratamento de ataque cardíaco exige que os atendentes estejam capacitados a usar eletrocardiogramas a fim de diagnosticar o problema e saibam usar um desfibrilador para fazer o coração voltar ao ritmo normal por meio de choques. Os desfibriladores automáticos estão bem avançados, permitindo que pessoas com pouco ou nenhum treinamento reanimem o paciente.

Fazer um diagnóstico certo nesse campo pode salvar minutos críticos, permitindo que os hospitais alertem suas equipes, preparem laboratórios de cardiologia ou salas de cirurgia, e comecem o tratamento assim que o paciente chegar. Um estudo sobre os hospitais que demonstraram ter o maior índice de sucesso na redução do tempo de tratamento dos pacientes que precisaram fazer angioplastias de emergência após um ataque cardíaco mostrou que esses passos mais importantes incluíam aparelhar e treinar equipes de ambulâncias para realizarem eletrocardiogramas em movimento... e depois confiar em seus relatórios para acionar as equipes de tratamento antes da chegada ao hospital.

A tendência em direção a estender o diagnóstico e o tratamento ao cenário "pré-hospitalar" está avançando, com alguns sistemas hospitalares treinando suas equipes de paramédicos no sentido de administrarem drogas capazes de romper os coágulos sangüíneos que causam os infartos.

"Eles vêem casos de dor no peito o dia inteiro. Um paramédico bom e experiente pode muito bem julgar a gravidade do estado do paciente. Quando me chamam pelo rádio para receber alguma instrução, atendo imediatamente, porque sei que, se estão precisando da minha opinião, significa que algo de muito grave aconteceu com o paciente", afirma o dr. O'Brien.

Às vezes, a verdadeira apresentação do paciente ao profissional de assistência médica ocorre após o diagnóstico e o tratamento, e não antes. Talvez o exemplo mais dramático seja o uso dos desfibriladores automáticos externos (AEDs, na sigla em inglês). Esses dispositivos podem diagnosticar casos de fibrilação ventricular em alguém que desmaiou após uma parada cardíaca súbita e, em seguida, enviar potentes choques elétricos para fazer o coração cansado voltar ao ritmo de batimentos normal. O uso desses dispositivos requer pouco treinamento. Eles podem literalmente assessorar o técnico a usá-los por meio de um procedimento com comandos de voz. Estão sendo utilizados por comissários a bordo de suas aeronaves, treinadores em eventos esportivos estudantis e em muitos outros ambientes.

Um desfibrilador automático seria muito bem-vindo em "Heavy" ("Uma Questão de Peso", 1-16). Uma menina de 10 anos desmaia durante uma aula de ginástica. O professor percebe que seu coração parou de bater e liga para o número de emergência nos Estados Unidos, 911. Se o ginásio estivesse equipado com um dispositivo desses, o professor poderia ter tentado usá-lo imediatamente na menina, sem precisar esperar a chegada dos paramédicos. Um número cada vez maior de escolas está comprando desfibriladores automáticos externos, que custam por volta de mil dólares cada. Alguns estados norte-americanos até mesmo exigem que escolas ou academias de ginástica instalem equipamentos desse tipo como medida preventiva.

Uma das instalações mais bem-sucedidas desses dispositivos foi nos cassinos de Las Vegas. Uma análise de uma série de 105 casos de desmaios por fibrilação ventricular nos cassinos demonstrou que pouco mais do que metade do grupo sobreviveu ao ataque e teve alta hospitalar. Essa taxa de sobrevida é muito maior do que a tipicamente encontrada em pacientes que sofrem de paradas cardíacas súbitas em geral.

O tempo é absolutamente essencial nesses casos, porque o coração cambaleante já não consegue bombear sangue para o cérebro. Na experiência dos cassinos, o pessoal de segurança tinha treinamento para acoplar um dispositivo desfibrilador ao paciente em média dentro de três minutos e meio após sofrerem um colapso. Em comparação, em média, foram necessários quase dez minutos para que os primeiros paramédicos chegassem. Sem dúvida, essa diferença de seis minutos é vital para a ressuscitação adequada de muitos pacientes. Na verdade, três em cada quatro pacientes sobreviveram quando submetidos a choques para que seu coração voltasse ao ritmo normal em três minutos.

Mais adiante vamos falar sobre outros exemplos de como a tecnologia da informática está assumindo cada vez mais tarefas que antes eram exclusividade dos médicos.

Comunicação

Evidentemente, pacientes e médicos precisam se comunicar bem para passar da fase de apresentação para a de tratamento. Entretanto, nem sempre eles falam a mesma língua; ou seja, uma palavra que quer dizer algo muito específico para o médico pode ter um significado completamente diferente para o paciente. Isso pode se aplicar até mesmo a uma simples palavra como febre.

Por exemplo, uma pesquisa com pais que levaram seus filhos para o setor de emergência em hospitais de Cincinnati descobriu que, embora a maioria das pessoas soubesse que febre significa que a temperatura do corpo está elevada, elas não estabeleciam a ligação entre essa definição geral e as temperaturas corporais específicas. Por exemplo, os pesquisadores escreveram que os pais podem afirmar que seus filhos tiveram febre durante vários dias, mas não especificam que a temperatura corporal estava 38,8°C nos primeiros dias e apenas 37,5°C nos últimos dias. O detalhe adicional pode fazer toda a diferença no modo como o médico decide responder.

A pesquisa também revelou que, embora os pais em geral soubessem o significado de termos como "diarréia" e "constipação", não havia um consenso quanto aos detalhes que talvez fossem importantes para um médico. A maioria dos pais não sabia definir "meningite", "letargia" ou "vírus". Os pesquisadores responsáveis pelo estudo afirmam que os médicos precisam ter certeza absoluta do que os pais querem dizer, mesmo utilizando termos médicos aparentemente simples.

Naturalmente, a barreira da comunicação é mais radical quando médico e paciente literalmente não falam a mesma língua ou vêm de culturas distintas. Diferenças multiculturais e lingüísticas sempre ocorreram, mas estão se tornando mais comuns à medida que as comunidades se tornam mais diversificadas.

Cerca de uma em cada cinco pessoas nos Estados Unidos fala um idioma diferente do inglês em casa. A maioria fala espanhol, mas existem mais de trezentos idiomas diferentes falados em todo o país. De acordo com o governo federal, as línguas mais comuns depois do inglês e do espanhol são francês, alemão, italiano, chinês, tagalo, polonês, coreano, vietnamita, português, japonês, grego, árabe, hindu, russo, iídiche, tailandês, persa, francês crioulo e armênio.

O dr. House e seus colegas raramente encontram pacientes que não falam inglês fluentemente, embora as respostas ao Censo 2000 nos Estados Unidos indiquem que quase 1 milhão de pessoas no estado de Nova Jersey têm pelo menos algum tipo de dificuldade em falar inglês. Problemas com o idioma representam papel secundário no episódio "Humpty Dumpty" (2-03). O paciente, que trabalha na casa da dra. Cuddy, fala espanhol melhor do que inglês. Seu irmão caçula, que ainda está no ensino fundamental, aparece para fazer algumas traduções informais no hospital.

Os regulamentos federais exigem que qualquer médico que aceite fundos federais (o que inclui médicos que tratam pacientes cobertos pelos planos Medicare e Medicaid) tome as devidas providências para atender pacientes com dificuldades na língua inglesa. Esses passos podem incluir a contratação de tradutores que estejam presentes na sala de exame ou ao telefone com o médico e o paciente.

Como a contratação de um tradutor profissional parece trabalhosa os médicos, alguns se valem da boa vontade de amigos ou parentes como tradutores informais, assim como os médicos do Hospital-Escola Princeton-Plainsboro fazem no episódio "Humpty Dumpty". Entretanto, essa prática nem sempre funciona bem. A informação pode ser passada de maneira velada ou pouco clara, dificultando o entendimento por parte do médico sobre a queixa do paciente ou impossibilitando que ele oriente os testes ou o tratamento a ser seguido pelo paciente. Imagine a dificuldade enfrentada por um garoto de 12 anos que é forçado a traduzir as queixas de sua mãe sobre um problema ginecológico.

Um estudo demonstrou que a "interpretação *ad hoc*", ou seja, o uso de atendentes ou de outras pessoas que por acaso estejam disponíveis na hora, mas que não são intérpretes profissionais, em geral leva a erros de interpretação. Quase metade das palavras e expressões utilizadas foi traduzida de modo incorreto. Além disso, esses intérpretes por acaso ouvem informações acerca do paciente que devem ser mantidas em sigilo entre paciente e médico.

A própria cultura pode interferir na comunicação entre paciente e médico. A seguir está a descrição constante do relatório elaborado pelo Instituto de Medicina dos Estados Unidos, chamado *Unequal Treatment* (Tratamento desigual), de encontros hipotéticos entre um médico branco e um homem de meia-idade latino-americano ou branco apresentando sintomas que podiam estar relacionados a problemas cardíacos:

"Vamos supor que o paciente latino e o paciente branco estivessem apresentando exatamente os mesmos sintomas e descrevessem sua dor ao médico. Será que o médico chegará à mesma decisão clínica para o latino e para o homem branco? A expressão dos sintomas da dor difere entre grupos culturais e raciais. Os médicos brancos simplesmente podem entender melhor relatos de dor dos membros de seu próprio grupo racial. Quando o homem branco fala com o médico, este consegue entender bem o relato do paciente; quando o latino-americano conta sua história, o médico acompanha menos detalhes e capta menos pistas implícitas", afirma o relatório.

Como resultado, mesmo quando não há qualquer tipo de prejuízo ou favorecimento, os dois pacientes com os mesmos sintomas podem ser encaminhados para realizar exames diferentes devido às diferenças culturais que afetam a comunicação entre médico e paciente.

Quando os pacientes se apresentam, os médicos são treinados a, primeiro, procurar as condições mais comuns e mais perigosas possíveis. Esses são os casos com que eles lidam todos os dias e, por isso, nunca chegam ao dr. House. Ele só quer tratar as zebras.

Zebras

Pergunte a um médico quando foi a última vez que ele viu uma zebra e quase todos saberão que você não está falando de um passeio ao zoológico ou sobre um safári na África. No jargão médico, uma zebra é um caso estranho que aparece de vez em quando, quebrando a rotina e provando mais uma vez que todas as leis da probabilidade não excluem o improvável.

Algumas zebras causam perplexidade imediata, resistindo a qualquer tipo de categorização. Outras apresentam os sinais e sintomas de uma queixa comum... e só mais tarde revelam suas verdadeiras características.

Ser uma zebra nem sempre é bom para o paciente. Pode significar trilhar um caminho tortuoso, passando por vários médicos e clínicas... ouvir que não há nada de errado, ser tratado equivocadamente por conta de um diagnóstico errado ou ficar amarrado à frustrante e assustadora incerteza. Para os médicos, as zebras podem ser frustrantes e até mesmo enlouquecedoras, mas também são fascinantes. As zebras alteram a rotina. Apresentam um desafio, um oponente à altura... algo que micróbios mundanos e queixas crônicas não conseguem oferecer. Na verdade, existe até um termo que se tornou sinônimo de zebra médica e combina as palavras "fascinação" com o sufixo "-oma", que significa tumor: "fascinoma".

O personagem Gregory House incorpora, ao extremo, essa fascinação por casos peculiares. O dr. John Sotos sabe bem o que é a atração por zebras médicas desde seu primeiro ano na faculdade de Medicina, quando ouviu o aviso habitual contra pensar em animais exóticos africanos ao ouvir o som de cascos nos Estados Unidos. Apesar do aviso e, na verdade, intrigado com ele, o dr. Sotos começou a colecionar zebras, anotando suas principais características no que se transformou em seu livro *Zebra Cards*. Por fim, o livro foi publicado para ajudar colegas médicos a manterem suas mentes abertas a possibilidades surpreendentes na hora de catalogar os sintomas de seus pacientes.

Para o dr. Sotos, a surpresa é a principal característica de uma zebra médica. A raridade do quadro não é suficiente. Por exemplo, se o filho de um paciente com uma doença genética extremamente rara também desenvolver a doença, ninguém ficaria particularmente surpreso. O caso não seria uma zebra, mesmo que fosse um caso único, do tipo um em 1 milhão.

Uma condição comum também pode ser uma zebra. A cada ano, 1 milhão de pessoas nos Estados Unidos sofrem um ataque cardíaco. Se os sintomas forem dor excruciante no peito ou no braço esquerdo, não há elemento surpresa algum. Entretanto, o dr. Sotos observa que há uma dúzia de casos documentados em que uma dor de cabeça foi a única queixa mencionada pelo paciente, que, no final das contas, estava tendo um ataque cardíaco; isso sim é uma zebra!

As dores de cabeça também podem ser causadas por um tumor, embora somente uma porcentagem extremamente pequena dos casos de dor de cabeça sinalizem tumores cerebrais. Será que essa é uma zebra? Bem, se for, as listras são bem pequenas. Poucos médicos vão suspeitar de tumor imediatamente, mas, à medida que o tempo passa e outras explicações forem perdendo força, o tumor cerebral pode surgir como possibilidade na lista de opções. Mas, como o tumor cerebral talvez estivesse no final da lista – e talvez fosse um dos principais temores do paciente –, ele não é um forte candidato a zebra.

As zebras são tão familiares aos médicos e aos estudantes de Medicina que parece que o termo sempre fez parte do jargão dessa área. Quem o cunhou? O dr. Sotos afirma que pesquisou durante vinte anos e finalmente concluiu que muito provavelmente o sentido do termo foi usado primeiramente pelo finado médico Theodore E. Woodward, que lecionou na Faculdade de Medicina da Universidade de Maryland, em Baltimore, durante quase cinqüenta anos. O dr. Woodward também foi indicado para o Prêmio Nobel e recebeu um prêmio do presidente Franklin D. Roosevelt por seu papel no desenvolvimento de tratamentos contra o tifo e a febre tifóide.

O dr. Sotos afirma que, a partir da década de 1940, o dr. Woodward alertava seus estudantes de Medicina: "Não procurem zebras na Greene Street", fazendo referência à rua da Faculdade de Medicina da Universidade de Maryland. Com o tempo, o conselho passou a ser mais geral: "Quando ouvir cascos atrás de você, não espere ver uma zebra."

O dr. Woodward faleceu em 2005, aos 91 anos, mas seu conselho a jovens médicos perdura. E serve de impulso à busca em todos os episódios de *House*, em que o barulho dos cascos só é interessante se sinalizar algo diferente de um cavalo. Como o dr. House afirmou no programa-piloto: "Vamos descobrir com que tipo de zebra estamos lidando."

CAPÍTULO 2

Investigação e sondagem

A maior parte dos exames físicos vistos no seriado transcorre em cenas rápidas na clínica que o dr. House tanto tenta evitar. No programa, essas seqüências rápidas são em geral cômicas. Em um caso, uma mulher havia confundido geléia de morango com gel espermicida. Em outro, o dr. House insinua para um jovem paciente resfriado que ele talvez precise de um transplante para assustá-lo a ponto de obrigá-lo a fazer um plano de saúde.

As cenas da sala de exames da clínica podem parecer digressões do roteiro principal do episódio, mas resumem muito bem as principais características das consultas típicas. O paciente explica o motivo pelo qual procurou o clínico, motivo esse chamado de "queixa principal". Em seguida, as perguntas do médico começam a revelar os detalhes da "história da doença atual". Durante essa sessão de perguntas e respostas há um importante equilíbrio entre identificar os sintomas do paciente e investigar o corpo todo em busca de pistas cuja importância talvez nem seja percebida pelo paciente.

"Com alguns pacientes, é preciso concentrar-se em apenas um aspecto. Se for uma erupção cutânea, concentre-se na erupção. No entanto, o médico precisa pensar no paciente como um todo, porque pode haver problemas associados", afirma o dr. Rick Kellerman, observando que outros problemas relacionados podem influenciar o diagnóstico final.

Em "Sleeping Dogs Lie" ("Monstros no Armário", 2-18), a falta de acompanhamento de uma erupção cutânea retardou o diagnóstico. A principal queixa da paciente era não conseguir dormir. A erupção que aparecera antes parecia irrelevante para ela. Não era.

Para cobrir todas as possibilidades, os médicos fazem a assim chamada revisão dos sistemas, que é um método para verificar rapidamente o estado dos órgãos e das outras partes do corpo. A revisão dos sistemas leva a discussão para questões específicas, direcionadas a revelar informações que o paciente talvez não considere relevantes ou importantes.

As perguntas da revisão dos sistemas incluem:

- "Você teve dor de cabeça?"
- "Como está sua visão?"
- "Apresenta tosse?"
- "Como está seu apetite?"
- "As articulações estão doloridas?"
- "Seus pés e tornozelos estão inchados?"

A revisão em geral vai da cabeça aos pés... assim como o exame médico que se segue. E as perguntas também são agrupadas pelo sistema de órgãos. Perguntas relacionadas a alergias e ao sistema imunológico tendem a caminhar juntas, assim como perguntas sobre aspectos neurológicos e psiquiátricos da saúde do paciente.

Todas essas perguntas fazem parte da construção da história médica do paciente, o importante contexto da queixa principal atual. No entanto, as perguntas não envolvem apenas a condição do paciente naquele dia. Os médicos também precisam saber sobre o passado, sobre a família do paciente e sua vida social e no trabalho, pois tudo isso tem profunda influência na saúde geral e nas questões específicas do momento.

Apesar da afirmativa de que "todo paciente mente", o dr. House se vale muito das conversas com o paciente para saber o que está acontecendo em sua vida, para contextualizar sinais e sintomas. Em um episódio, o dr. House observa que a paciente está usando óculos escuros e recentemente clareou os dentes. Assim, quando ela pressiona o médico para resolver logo a gripe que teve uma semana antes, ele infere que a paciente está tentando se aproveitar de todos os benefícios do plano de saúde antes de sair do emprego. No primeiro episódio, a pele de um paciente da clínica estava alaranjada porque ele comeu grande quantidade de cenouras e tomou suplementos de niacina. Mas o dr. House também diagnosticou um casamento fracassado, já que a esposa do paciente nem parecia se importar com o fato de que a pele do marido havia adquirido uma estranha nova tonalidade.

Sintomas e sinais

Os sintomas são do que o paciente se queixa.
Os sinais são o que o médico encontra no exame.

Há um tema e uma ordem comuns à maioria dos exames físicos modernos, com variações que dependem do motivo para a consulta. Muitas vezes, antes do encontro entre médico e paciente, uma enfermeira verifica os sinais vitais e o peso do paciente. Os quatro sinais vitais são: pulso, pressão arterial, temperatura e respiração.

O "quinto" sinal vital

Alguns especialistas e institutos chamam a dor de o quinto sinal vital e solicitam que os profissionais de saúde perguntem sempre aos pacientes se sentem dor. A dor nem sempre é óbvia. Os pacientes com dor crônica podem se tornar mestres em escondê-la, embora ela possa se revelar no padrão de respiração, na maneira de andar, no modo como o paciente se apresenta.

A Comissão Conjunta de Credenciamento das Organizações de Assistência Médica dos Estados Unidos estabeleceu padrões para o manejo da dor, que devem ser seguidos por hospitais e outras instituições:

"A dor pode ser parte comum da experiência do paciente; a dor sem alívio tem efeitos físicos e psicológicos adversos. O direito do paciente ao manejo da dor é respeitado e defendido. A organização de assistência médica planeja, apóia e coordena atividades e recursos para garantir que a dor dos pacientes seja reconhecida e tratada de maneira apropriada."

O dr. House provavelmente concordaria que avaliar a dor deve ser parte da rotina de qualquer exame e que tratá-la deve ter alta prioridade.

Com informações sobre o histórico e os sinais vitais em mãos, o médico começa a examinar o paciente fisicamente, investigando e sondando, para fazer o corpo revelar seus segredos.

"Eu chamo esse momento de dança, em que você verifica orelhas, garganta, pescoço, tireóide, coração, pulmões. Tendo a ir de cima para baixo. Digo a meus alunos que é uma dança e que eles precisam aprender a dançar", afirma o dr. Kellerman.

Robert B. Taylor, médico da Oregon Health & Science University (OHSU), em Portland, no estado norte-americano de Oregon, que editou o *Manual of Family Practice*, aponta uma série de motivos para a rotina de cima para baixo. Em primeiro lugar, ao seguir sempre a mesma ordem, o médico corre menos risco de esquecer algum item. Em segundo lugar, parece mais socialmente confortável para a maior parte dos pacientes começar o exame pela cabeça, olhos, ouvidos e assim por diante. Geralmente, "de cima para baixo" significa da cabeça aos pés... e depois até o fim. Depois de um exame pélvico, genital e retal, a maioria das pessoas, compreensivelmente, está louca para que o exame termine.

"Examinar a cabeça é a parte menos ameaçadora e invasiva, por isso começamos por ali, e vamos descendo", afirma o dr. Taylor.

Quando um paciente tem uma queixa clara e específica, por exemplo, "Meu joelho dói", faz sentido pegar um atalho. Na verdade, um paciente que se queixa de um problema no pé provavelmente ficaria perplexo com um médico que insistisse em começar o exame pelos olhos. Mas, quando um paciente não conhece bem o médico ou tem uma queixa genérica ou difusa, como cansaço, por exemplo, um exame geral é útil. Nos casos difíceis que o dr. House e seus colegas enfrentam, um exame completo e escrupuloso é necessário. Às vezes, uma pista leva o caso para um caminho inteiramente novo.

Quando os médicos olham nos olhos dos pacientes, dentre outras coisas, querem saber o seguinte: o movimento dos olhos é adequado? O branco dos olhos é realmente branco? As pupilas reagem à luz? Qual o aspecto do fundo do olho quando visto pelo oftalmoscópio?

Em "Babies and Bathwater" ("Bebês e Banheiras", 1-18), uma sutil queda da pálpebra indicou um possível problema neurológico. O exame levou a equipe a suspeitar de síndrome paraneoplásica; especificamente, a síndrome miastênica de Lambert-Eaton, que apontava para um tumor pulmonar.

Síndromes paraneoplásicas

Em vários episódios, problemas neurológicos, como desmaios ao dirigir, convulsões, dormência nos braços e paradas respiratórias, levaram a um diagnóstico de câncer. Essa condição é chamada de síndrome paraneoplásica ou distúrbio neurológico paraneoplásico.

Os distúrbios neurológicos paraneoplásicos são especificamente aquelas síndromes que envolvem um ataque auto-imune que, embora com a intenção de combater um tumor, acaba prejudicando as células nervosas. Esse tipo de dano colateral é aparentemente causado por antígenos na superfície das células nervosas que talvez tenham aspecto semelhante aos encontrados nas células cancerosas.

Em outros episódios, as síndromes paraneoplásicas são incluídas na lista de diagnósticos possíveis para os casos com sintomas neurológicos. De acordo com especialistas em oncologia, menos de um em cada cem pacientes com câncer sofrerá de um distúrbio neurológico paraneoplásico. Não parece muito e, de fato, significa que essas síndromes são muito menos comuns do que os outros problemas relacionados com o câncer. Com mais de 1,3 milhão de casos de câncer nos Estados Unidos todos os anos, essa taxa indica que talvez 10 mil norte-americanos desenvolvam distúrbios neurológicos paraneoplásicos.

As taxas variam drasticamente, dependendo do tipo de câncer subjacente. As síndromes paraneoplásicas são observadas em até três por cento dos pacientes com câncer de pulmão de pequenas células, conforme apresentado no episódio "Babies and Bathwater". No entanto, menos de uma em cada mil mulheres com câncer ginecológico desenvolverá a síndrome.

As síndromes podem ser difíceis de reconhecer. Em geral, não são detectadas pelos testes sangüíneos padrão nem pelo líquido céfalo-raquidiano ou por ressonância magnética. Se os testes padrão eliminarem as outras possíveis causas para os sintomas, então o distúrbio neurológico paraneoplásico poderá continuar sendo uma possibilidade. Um diagnóstico firme dependerá da identificação de um tumor subjacente ou da detecção de anticorpos que estejam atacando as células nervosas do paciente.

As síndromes paraneoplásicas revelam-se mais importantes do que os simples números podem indicar porque, freqüentemente, são o primeiro sinal de câncer no paciente. Infelizmente, mesmo que o tumor subjacente seja tratado com sucesso, o dano neurológico pode ser permanente, incapacitando o sobrevivente do câncer.

Alguns estudos indicam que os pacientes com câncer e síndromes paraneoplásicas têm melhor prognóstico do que os demais pacientes com câncer. Talvez porque o diagnóstico precoce dado em função das síndromes paraneoplásicas permita que os médicos detectem o tumor antes que ele cresça demais a ponto de se tornar intratável.

Entretanto, esse tempo médio maior de sobrevida pode ser uma miragem. Pode ser que as síndromes paraneoplásicas levem os pacientes a procurar um médico logo no início do desenvolvimento do câncer. Esse "viés de antecipação do diagnóstico", como é chamado, significa que se passa mais tempo entre a data do diagnóstico e a data de óbito, quando o câncer é fatal; só que em vez de a morte ser adiada, o que realmente está acontecendo é que o diagnóstico aconteceu mais cedo.

Agora vamos voltar ao exame físico. Depois dos olhos, os médicos examinam as orelhas, o canal auditivo e o tímpano. Talvez façam um pequeno teste auditivo.

"Costumava usar um relógio de pulso", afirma o dr. Taylor. "Mas agora os relógios de pulso sequer fazem barulho! Por isso, esfrego meus dedos fazendo um som bem baixinho. É um teste rápido e direto."

Nariz: examine o nariz com uma lanterna. Talvez um exame mais completo seja necessário, se houver indícios de sinusite.

A estranha respiração de uma criança pequena chamou a atenção do dr. House e o fez examinar o nariz do menino em "Mob Rules" ("Nas Mãos da Máfia", 1-15). O irmão do paciente disse que a criança estava sibilando, mas o dr. House foi mais específico. O som era de um assobio nas vias aéreas superiores ou no nariz do menino. Seguindo o assobio, o dr. House subiu pela narina usando pinças para extrair um minúsculo soldadinho de brinquedo.

Boca: inspecione a língua, os dentes, as glândulas salivares e a parte de trás da garganta.

Pescoço: como é o movimento do pescoço? Qual o aspecto e a textura da glândula tireóide?

Em "Three Stories" ("Três Histórias", 1-21), Cameron examinou a tireóide de uma jogadora de vôlei adolescente. Pode parecer estranho, já que a principal queixa da paciente era dor no joelho. Mas Cameron estava fazendo um exame completo, e valeu a pena. Descobriu um nódulo na tireóide da paciente. A disfunção da tireóide pode causar problemas mentais e dor nas articulações. O exame do pescoço também inclui a verificação da artéria carótida, para verificar se existe algum tipo de ruído. O significado médico nesse caso é um som de turbulência no fluxo sangüíneo que pode indicar um estreitamento do vaso sangüíneo ou o oposto: um aneurisma.

No episódio "Love Hurts" ("Consultório 2", 1-20), Chase ouve um pequeno ruído na artéria carótida de uma paciente. Ele especula que o ruído poderia indicar um aneurisma causado por trauma. Embora o dr. House tenha descartado a pista de início, mais tarde ficou claro que a paciente havia sofrido abuso físico.

Tórax: os dois lados do peito se movem igualmente quando o paciente respira fundo? Bata levemente no peito para comparar o som de um lado e de outro. Os pulmões normais ressoam. Uma batida surda pode indicar fluido ou massa nos pulmões. Ausculte com um estetoscópio. Sons graves chamados de roncos são sinal de bronquite. Estertores, que soam como vento assobiando nas folhas, são característicos da pneumonia.

Os estertores, dificuldades respiratórias ou sibilos também são sinais de asma. Se o som tiver um único tom, a obstrução provavelmente está apenas em uma área, enquanto sons polifônicos indicam uma obstrução mais generalizada. O dr. House usou esses sons da respiração e outras pistas de um exame clínico para concluir que a mãe de um paciente vinha reduzindo a medicação de asma do menino.

Coração: existem cinco principais elementos a serem auscultados – quatro válvulas e a extensão do esterno no meio do tórax. Um murmúrio mais intenso pode ser sentido com a mão. Batidas leves ao redor do coração podem indicar seu tamanho. O exame do coração ou do tórax pode ser repetido com o paciente deitado.

Nodos linfáticos: verifique se há intumescimento debaixo do braço.

Exame dos seios: sinta se há caroços e procure outras anormalidades nas mamas.

Os seios ganham destaque em um história paralela na clínica durante o episódio "Fidelity" ("Fidelidade", 1-07). A queixa principal da paciente era falta de ar. O dr. House ausculta o tórax com um estetoscópio, pergunta se há histórico de doenças cardíacas na família da paciente e solicita um eletrocardiograma (ECG) para verificar seus batimentos cardíacos. Em seguida, ele observa seus implantes mamários, um tanto grandes.

Nesse caso, os implantes acabaram não sendo a causa dos sintomas da paciente. Os implantes geram dúvidas tanto para as pacientes quanto para os médicos quando se trata de investigar câncer de mama. Um artigo científico sobre recomendações para exames clínicos de mama observou que alguns médicos não têm certeza sobre como os implantes podem afetar sua capacidade de detectar caroços nos seios. Entretanto, os autores indicam que, como os implantes são colocados por trás do tecido mamário natural da paciente, as etapas utilizadas para realizar um exame clínico nos seios são exatamente as mesmas que as usadas para mulheres sem implantes.

Os implantes podem ser um desafio para os radiologistas que tentam detectar pequenos caroços nos seios em mamografias. Em geral, os especialistas recomendam que sejam feitas imagens adicionais durante a mamografia, para compensar o fato de o silicone ou a solução salina dos implantes tenderem a bloquear os raios X.

Abdômen: inspecione. Bata levemente e sinta para avaliar o tamanho e a condição do fígado e do baço. Ouça os sons dos intestinos.

Pernas: procure sinais de boa circulação, como, por exemplo, a qualidade da pele dos pés.

Condição neurológica: com o paciente sentado, verifique como é o movimento dos músculos na face, cabeça e tronco superior, em busca de pistas sobre a saúde dos nervos da cabeça. Verifique os reflexos batendo de leve com um martelo de borracha no joelho para produzir uma resposta automática da coluna vertebral – é o teste do "reflexo patelar". O martelo de borracha também é usado para estimular suavemente a planta externa do pé. Uma resposta normal é os dedos dobrarem. Pouca ou nenhuma resposta nesses testes pode indicar danos aos nervos decorrentes de doença ou trauma.

Em seguida, perto do fim do exame físico, vem o exame pélvico para as mulheres e uma verificação da região genital e de hérnias para os homens. E, finalmente, o exame retal, incluindo um exame da próstata para os homens.

Teste do cheiro

Apesar de os sentidos da visão, tato e audição geralmente receberem mais atenção durante um exame físico, o olfato também pode desempenhar um papel importante. Escrevendo para o *New England Journal of Medicine*, um jovem médico chamado Andrew Bomback observou recentemente que, embora ele pareça dedicar cada vez menos tempo ao exame físico e mais tempo à análise de resultados de testes e laudos de imagens, parte do exame físico não pode ser substituída pelos testes: o cheiro do paciente. O cheiro dos curativos de um paciente diabético imediatamente revela se há necessidade de fazer uso de antibióticos para combater alguma infecção. O hálito de um paciente pode alertar para a presença de problemas renais. E, evidentemente, o cheiro de cigarro é um sinal vermelho, indicando maiores riscos a curto e a longo prazo para a saúde do paciente.

Cigarros como terapia

Em "Damned If You Do" ("Se Correr o Bicho Pega", 1-05), um Papai Noel de shopping procura a clínica, e o dr. House faz questão de farejar o ar depois que ele entra na sala de exame. No final das contas, o paciente estava em busca de um tratamento eficaz para sua doença inflamatória intestinal... que causou conseqüências desagradáveis com várias crianças em seu colo... e o odor pungente que o dr. House reconheceu.

House prescreve cigarros. Dois por dia. Ele afirma que os estudos demonstram que fumar é uma das maneiras mais eficazes para controlar a doença inflamatória intestinal. Bem, ele chegou perto. Estudos realmente indicaram que os fumantes têm menos probabilidade de desenvolver um tipo de doença inflamatória chamada colite ulcerativa, mas maior probabilidade de desenvolver a doença de Crohn, que é outra manifestação de doença inflamatória intestinal. Alguns estudos indicam que, em vez de proteger as pessoas contra colite ulcerativa, o fumo só aumenta a probabilidade de que pessoas que sejam predispostas a uma forma ou outra de doença inflamatória intestinal acabem com a doença de Crohn.

Com relação à prescrição de cigarros para atenuar os sintomas de inflamação intestinal, certamente não é uma prática comum. Com base em indícios de um efeito, estudos foram desenvolvidos sobre o tratamento com nicotina de pessoas com doença inflamatória intestinal, mas nem cigarros nem adesivos de nicotina são considerados boas opções. Os principais tratamentos medicamentosos incluem antiinflamatórios e remédios que suprimem o sistema imune. Outros medicamentos são usados para controlar os sintomas.

A opção final e drástica para alguns pacientes com quadros mais graves pode ser a cirurgia para remover a parte do intestino problemática.

Quando Wilson questiona a prescrição do dr. House, porque fumar causa câncer de pulmão, House observa que não há laços vermelhos para o câncer de pulmão, como no caso da Aids, porque as pessoas culpam os fumantes e pensam que eles merecem morrer. Embora a observação cáustica seja típica de House, tem algo de verdade. Um grupo de especialistas em câncer de pulmão comissionados pelo Instituto Nacional do Câncer nos Estados Unidos concluiu que o estigma de fumar é um dos principais motivos pelos quais existem relativamente poucas pesquisas voltadas a tratamentos de câncer de pulmão. Na verdade, o governo federal norte-americano gasta muito mais em pesquisas para combater o câncer de mama do que o câncer de pulmão, embora este último seja o maior causador de mortes tanto de mulheres quanto de homens nos Estados Unidos.

Entretanto, House estava errado quanto aos laços. Alguns grupos de defesa dos pacientes que sofrem com câncer de pulmão usam laços transparentes ou cor de cristal para simbolizar a "invisibilidade" da principal causa de morte por câncer no país. Então, os laços do câncer de pulmão existem... só que poucas pessoas o usam.

O ritmo do exame físico é uma das técnicas fundamentais que todo médico deve dominar.

"É tudo orquestrado. O paciente não fica descendo e subindo da cama. Tudo transcorre de maneira ordenada. O exame inteiro pode ser feito em 15 minutos ou mais, caso inclua um exame pélvico. Quinze minutos é o tempo de rotina para um examinador experiente", afirma o dr. Taylor.

Evidentemente, os médicos recém-formados demoram um pouco mais para fazer o exame. O dr. Taylor afirma que os médicos jovens aprendem o ritmo do exame físico para não deixar de fora nenhum item nem fazer com que o paciente se deite e levante o tempo todo. Quando já se sentem à vontade com o exame completo, os médicos aprendem no que devem se concentrar e o que pode ficar de fora, com base no histórico fornecido pelo paciente. Saber conduzir o exame físico é uma habilidade crítica, porque simplesmente não há tempo suficiente para examinar em minúcias cada paciente da cabeça aos pés.

"O exame físico dependerá do tipo de sintoma apresentado. Se um paciente chegar e disser: 'Doutor, nos últimos três dias senti dor nas costas e ardência ao urinar', eu não vou ganhar nada ouvindo o coração ou os pulmões; esse não é o problema do paciente. Também não preciso fazer um exame neurológico detalhado. Sei que muito provavelmente o problema está relacionado a rins, bexiga e trato urinário. Posso concentrar o exame nesses aspectos", afirma o dr. Taylor.

"Por outro lado, se o paciente apresenta um sintoma genérico, como fadiga e cansaço, perda de peso e outros afins, ou um sinal inesperado é descoberto, como, por exemplo, descobre-se que o paciente está anêmico, talvez depois de uma doação de sangue, sem que ele soubesse da anemia; então, essas situações exigem um exame muito mais detalhado, porque a lista de possibilidades não só é mais longa, mas pode ser mais ameaçadora, como câncer."

Os pacientes têm o direito de verificar se o médico realizou um exame físico satisfatório para entender o problema.

"Às vezes, em um dia cheio, tende-se a fazer um exame rápido no paciente. Este tem o direito de perguntar: 'Você já acabou? Examinou todas as áreas necessárias?'" afirma o dr. Taylor.

Do lado do médico, a pergunta final volta àquela do início da consulta: "Mais alguma coisa?" Por mais completo que tenha sido o histórico e o exame físico, não é raro que os pacientes guardem informação consigo. Às vezes, imediatamente antes de sair, essa informação é revelada.

Geralmente, ela é chamada de "pergunta da maçaneta da porta", porque os pacientes podem soltar uma preocupação contida quando já estão prestes a sair da sala de exame. Em "The Mistake" ("O Erro", 2-08), Chase pensa que a paciente talvez tivesse uma pergunta a fazer antes de sair da sala de exame por causa do jeito como ela hesitou quando se despediram após uma rápida conversa. Mais tarde, ficou provado que ele realmente não seguira corretamente as pistas de um problema grave.

Uma pergunta assim pode envolver algo de que o paciente se envergonhe ou um sintoma que parece irrelevante para o principal tópico daquela consulta específica. Os pacientes idosos ou com doenças crônicas podem ter omitido alguma informação em parte por estar relutantes em despejar no médico uma longa lista de preocupações. Em um estudo, um em cada cinco pacientes revelou novos problemas no final da consulta.

Embora eliminar esse tipo de pergunta seja um sonho inalcançável para os médicos, alguns especialistas afirmam que a melhor maneira de reduzir o número de surpresas de última hora – e os atrasos que causam nos horários – é saber ouvir melhor, sem interromper o paciente, desde o início da consulta. Se os pacientes forem estimulados a apresentar todas as suas preocupações, grandes ou pequenas, envolvendo um único problema ou vários, logo no início da conversa, talvez tendam a diminuir perguntas na hora de se despedir do médico.

O dr. Taylor afirma que não começou examinando pacientes diretamente. Os estudantes de Medicina primeiro observam e repetem partes do exame que seus supervisores acabaram de demonstrar. Eles vão avançando no treinamento, primeiro fazendo uma parte ou todo o exame sob supervisão, antes de ficar por conta própria.

"É um processo gradual. Os médicos mais jovens não começam fazendo exames sem orientação", diz Taylor. "Mas aqui na OHSU temos um programa curioso que não existia na minha época. Antes mesmo de os calouros terem tido uma única aula, eles têm a oportunidade de passar uma semana na casa de um médico rural e ir para o hospital ou consultório desse médico. Esses jovens vão lembrar exatamente a primeira vez em que foram enviados a uma sala de exame para ajudar a examinar o paciente, porque tiveram apenas um curso intensivo de um dia e meio sobre como usar o estetoscópio."

E, por falar nesse símbolo universal dos médicos, quando os estetoscópios começaram a ser usados, há dois séculos, esse conjunto simplório de tubos de borracha e metal era o que havia de mais avançado na tecnologia médica. O crédito pela descoberta e a popularização do estetoscópio são do médico francês René Théophile Hyacinthe Laënnec. O nome vem da palavra grega para tórax: *stethos*. O terceiro século de uso do estetoscópio não é certo, uma vez que o ultra-som, a tomografia computadorizada, a ressonância magnética e os programas de computador ameaçam substituir os tubos, auscultadores, olivas e a interpretação por parte do médico dos sons do corpo do paciente. (Veja o Capítulo 3 para saber mais sobre o futuro do estetoscópio.)

Os avanços na tecnologia também afetam as atitudes em relação ao próprio exame físico.

"A enorme diferença hoje reside na atitude em relação ao exame físico. A atitude hoje é: 'Realmente não preciso saber tanto, porque vou usar os laudos da tomografia, da ressonância e dos sofisticados exames de sangue.' Na minha época, não tínhamos tomografia computadorizada, não tínhamos ressonância magnética, nem mesmos esses exames de sangue sofisticados. O médico contava muito mais com seus olhos, ouvidos e intuição. Era preciso ser realmente bom no diagnóstico físico. Hoje em dia, acho que existe a impressão em alguns locais de que é possível sair-se bem só com os dados dos exames de rotina e as imagens sofisticadas. Há muito mais confiança na tecnologia atualmente do que no passado.

"Acho que é uma realidade. Mas acho meio triste, porque estamos perdendo parte da arte da medicina", diz Taylor.

A "arte da medicina" é uma daquelas frases usadas com freqüência, mas só definidas de vez em quando. A maioria dos médicos a considera uma técnica que deve ser desenvolvida para integrar a ciência, sua experiência clínica e o entendimento que fazem dos desejos dos pacientes. É uma arte porque, embora a ciência seja o elemento essencial à medicina, cada paciente e cada encontro são únicos e exigem julgamentos adaptados à situação específica.

O dr. Taylor lembra um aforismo de um pioneiro do diagnóstico, Sir William Osler: "Ouça o paciente. Ele está lhe dando o diagnóstico." E, mesmo com a mais avançada tecnologia disponível, ele afirma que a regra geral é que sessenta a setenta por cento dos diagnósticos sejam feitos apenas com base no histórico.

Por exemplo, um médico que examina um paciente com fortes dores de cabeça, que podem ser enxaquecas, às vezes sente-se tentado a solicitar uma ressonância magnética. No entanto, três perguntas simples podem resolver a maioria dos casos:

Sua dor de cabeça:

1. obrigou-o a limitar as suas atividades?
2. causou náusea ou enjôo?
3. faz você ficar incomodado na presença de luz?

Se o paciente responder "sim" a todas essas perguntas, então existe uma alta probabilidade de que o problema seja enxaqueca e nada mais.

Sir William Osler, médico

Uma das figuras mais influentes no desenvolvimento dos métodos diagnósticos modernos foi Sir William Osler. Osler nasceu em Ontário, no Canadá, em 12 de julho de 1849. Ele ajudou a lançar as bases do ensino de Medicina nos Estados Unidos como um dos primeiros instrutores do Hospital Johns Hopkins e na Faculdade de Medicina em Baltimore, Maryland. Durante sua administração, de 1888 a 1905, Osler ajudou a impulsionar o ensino prático dos jovens médicos.

"Aprende-se Medicina ao lado do leito do paciente e não em sala de aula", pregava Osler.

Trabalhar com pacientes em alas de hospitais pode parecer uma maneira óbvia de aprender Medicina, mas não era a prática corrente nas escolas de Medicina no Estados Unidos naquela época.

"Observe, registre, tabule, informe. Use seus cinco sentidos" e "Os quatro pontos cardeais da bússola de um médico são: inspeção, palpação, percussão e auscultação" são dois dos aforismos mais repetidos de Osler sobre o exame dos pacientes.

O pediatra Billy Andrews escreveu sobre a influência de Osler nos médicos atuais no *Southern Medical Journal*.

O dr. Andrews escreveu que "[O reitor da faculdade] avisou que eu era um neto acadêmico de Sir William Osler e que deveria levar adiante os altos ideais e as práticas de Osler. Muitos dos membros desta sociedade também são netos, bisnetos e possivelmente até tataranetos acadêmicos de Sir William Osler".

Em 1891, o dr. Osler escreveu *The Principles and Practice of Medicine*. Este é considerado um marco tão importante na literatura médica que, em 1999, no 150° aniversário de nascimento de Osler, o Departamento de Medicina da Universidade Johns Hopkins criou a sala de leitura Osler no local em que o médico escreveu seu livro.

O dr. Osler talvez gostasse da capacidade de o dr. House observar e diagnosticar seus pacientes, mas provavelmente não aprovaria a atitude amarga.

"É um erro imperdoável atender um paciente de cara amarrada", essa é uma das máximas do dr. Osler freqüentemente citada.

É claro que, mesmo quando um médico habilidoso faz todas as perguntas certas e investiga, sonda e escuta todas as partes do corpo do paciente, algumas queixas continuam sem solução.

"É muito importante para um médico de família, um médico ambulatorial, saber quais são seus limites. Cerca de 95 por cento dos problemas que aparecem podem ser tratados. Mesmo os mais raros e bizarros em geral têm solução. No entanto, existem casos simplesmente inexplicáveis", afirma o dr. Rick Kellerman.

"Uma vez não consegui descobrir o que havia de errado com uma paciente. Por isso eu a encaminhei a um neurologista", lembra Kellerman.

Naquele dia, no consultório, havia um estudante de Medicina. O dr. Kellerman lembra de comentar com o estudante que ele achava que o especialista também não conseguiria resolver o problema da paciente.

"Naquele instante, o telefone tocou. Eu atendi. Era o neurologista. Ele disse: 'Sabe de uma coisa? Eu também não sei o que está acontecendo com esta senhora.'"

Para além do corpo do paciente

A maioria dos casos apresentados no seriado é bem mais complicada do que aparece no exame físico típico. De qualquer modo, o dr. House em geral deixa o exame físico dos pacientes para outros médicos.

Os exames físicos dos pacientes são menos comuns no seriado do que na maioria das especialidades médicas, mas o dr. House e sua equipe freqüentemente investigam o ambiente físico dos pacientes, suas casas e escritórios. Já vasculharam geladeiras, examinaram chás de ervas, verificaram molhos de tomate caseiros, foram atrás de companheiros de viagem para fazer perguntas e exames. Procuraram em toda parte por pistas, incluindo embaixo da pia da cozinha.

Na vida real, os médicos confiam no que os pacientes lhes contam sobre seu ambiente e as possíveis exposições a micróbios ou toxinas. Com uma sala de espera ou ala de hospital cheia de pacientes, os médicos simplesmente não têm tempo para fazer pesquisa de campo a fim de examinar o ambiente físico de seus pacientes.

Ainda assim, nos casos de surtos de doenças infecciosas ou exposições tóxicas, as investigações do meio ambiente são críticas para determinar a fonte da ameaça. Embora o médico particular de determinado paciente não saia às ruas para provar alimentos em busca de bactérias ou vasculhar armários de roupas para procurar sinais de contaminação por pesticida, os relatos dos médicos geram ação por parte de outros profissionais da saúde de órgãos públicos locais, estaduais ou federais.

Em 2001, o serviço de epidemias (EIS, Epidemic Intelligence Service) dos Centros de Controle e Prevenção de Doenças dos Estados Unidos (CDC) comemorou meio século de treinamento na formação de detetives especializados em rastrear ameaças à saúde no país e no mundo. O EIS foi criado durante a Guerra da Coréia. A primeira turma tinha apenas uns vinte e poucos alunos, mas hoje em dia mais de 2.500 detetives da saúde já se formaram nesse programa de dois anos.

Os investigadores do EIS estão lotados em órgãos de saúde pública locais e ajudam com o trabalho de rotina no sentido de rastrear problemas de saúde local e outras ameaças à saúde pública. Sempre que ocorre um surto, eles estão prontos para entrar em ação e encontrar a fonte da doença. O problema pode ser tão banal quanto uma salada de batata que estragou ou um micróbio comum que causa diarréia em uma creche. No entanto, de vez em quando, os agentes de campo do EIS enfrentam verdadeiros quebra-cabeças médicos que deixariam o dr. House babando de inveja.

O parasita *Cryptosporidium* se espalhou pela rede de abastecimento de água e contaminou mais de 400 mil pessoas em Milwaukee, no estado norte-americano de Wisconsin, na primavera de 1993. Os agentes do EIS auxiliaram os órgãos de saúde pública locais a rastrear a fonte do surto.

Mais de 25 veteranos de repente desenvolveram problemas respiratórios e faleceram depois de participar da convenção da Legião Americana na Filadélfia, em 1976. Trabalhando com as autoridades locais na Pensilvânia e nas casas das vítimas, os agentes do EIS fizeram parte de uma investigação que durou oito meses. Chegavam a um impasse atrás do outro. Aparentemente, os casos estavam relacionados com o hotel da convenção. Contudo, nem todas as vítimas tinham estado no hotel. O elo comum escapava aos investigadores à medida que aumentava o número de mortos. Por fim, uma bactéria transmitida pela água foi identificada como causadora da doença. Foi chamada de *Legionella pneumophilia*. Depois do surto na Filadélfia, os investigadores de saúde pública descobriram que esse tipo de bactéria pode se desenvolver em banheiras, torres de refrigeração usadas em sistemas de condicionamento de ar e outras fontes de água potável ou para lavagem. Pessoas com sistemas imunológicos mais fracos, idosas, fumantes e as que sofrem de outras doenças correm maior risco de desenvolver graves conseqüências da infecção pela bactéria *Legionella pneumophilia*.

A maior parte dos problemas de saúde é mais grave para a população mais jovem e mais velha de nossas comunidades, assim como para os portadores de doenças crônicas. Evidentemente, a maioria dos pacientes do seriado *House* é jovem e, em geral, saudável. Esse é um dos motivos pelos quais seus casos são tão intrigantes. Em 1993, jovens começaram a morrer no Novo México. Na verdade, o que chamou a atenção dos médicos foi a boa saúde das vítimas.

Ao investigar a morte súbita de um atleta jovem e participante de corridas de longa distância, um médico soube que ele estava a caminho do funeral de sua noiva de 21 anos, que havia morrido com sintomas semelhantes. Os noivos estavam ótimos e, de repente, não conseguiam mais respirar, em questão de dias. Após o alarme ter sido dado por médicos locais, os especialistas em saúde pública locais e depois os agentes do EIS do CDC entraram em ação. Essa foi uma das primeiras vezes em que instrumentos de alta tecnologia de DNA foram utilizados para rastrear um agente infeccioso durante um surto. Em poucas semanas os investigadores no local e nos laboratórios do CDC em Atlanta haviam coletado provas suficientes para anunciar que o responsável pelas mortes era uma forma de hantavírus, um patógeno comum em roedores, que nunca fora reconhecido como um vírus capaz de causar doença ou morte em seres humanos, por meio de ataque aos pulmões.

Na época, as pessoas imaginaram que o vírus talvez tivesse sofrido alguma mutação recente. Em seguida, médicos no país inteiro verificaram amostras guardadas de casos de mortes não-explicadas ao longo dos anos. Encontraram casos bem antigos. Na verdade, o mais antigo caso conhecido data de 1959. Além disso, os índios Navajo locais afirmam que havia histórias antigas de jovens morrendo de repente e de maneira semelhante aos casos modernos de infecção por hantavírus. Pode ser que o vírus sempre tenha existido, mas era simplesmente tão raro que não chamava atenção na maioria dos casos... e também muito difícil de identificar antes do desenvolvimento dos testes de DNA.

A investigação do hantavírus começou porque os médicos pediram ajuda quando não conseguiram explicar uma série de mortes incomuns. Mas algumas doenças precisam ser reportadas, devido a seu potencial de ameaçar a saúde pública. As doenças que precisam ser informadas incluem sarampo, coqueluche, gonorréia e infecções por *salmonella*. Os sistemas de comunicação existentes para identificar esses casos são exemplos do trabalho de vigilância em saúde pública. A vigilância pode indicar surtos antes que eles se tornem grandes demais a ponto de lotar os hospitais locais e outras instituições de assistência médica. Mas muitos especialistas em saúde pública avisam que os atuais métodos de vigilância são inadequados e talvez não identifiquem os sinais de um evento natural ou de um ataque bioterrorista a tempo de prevenir o surto generalizado de doenças, mortes ou o pânico da população.

A natureza freqüentemente casual da vigilância sanitária aparece no episódio "Poison" ("Veneno", 1-08). Um estudante do ensino médio sentiu-se mal durante um teste e chegou ao hospital com náuseas, desorientação e uma freqüência cardíaca perigosamente baixa. Em seguida, outro estudante foi trazido, com sintomas semelhantes. O dr. House e sua equipe rapidamente começaram a procurar alguma conexão entre os dois garotos. E se o segundo garoto tivesse sido transportado para um hospital diferente? Sem uma vigilância centralizada, os dois casos talvez não tivessem sido relacionados, deixando os médicos em desvantagem.

Um desafio para identificar precocemente os surtos é que os sintomas de muitas condições raras e potencialmente letais são semelhantes aos de outras doenças comuns e menos graves. No surto de hantavírus, os primeiros sintomas são dor de cabeça e febre. Sem um teste específico na época, os médicos não sabiam se o paciente com queixas aparentemente menores naquele dia poderia estar morto no dia seguinte. Por outro lado, no meio da temporada de resfriados e gripes, admitir todo paciente que se queixa de dor no corpo rapidamente sobrecarregaria qualquer hospital.

Alguns órgãos de saúde pública estão começando a aproveitar o poder dos computadores para ajudar a identificar padrões suspeitos. Em 2005, a Carolina do Norte começou a usar um sistema de vigilância de emergência em hospitais, o North Carolina Hospital Emergency Surveillance System, para fazer a ligação eletrônica de todas as emergências dos hospitais do estado. À medida que os pacientes são atendidos na sala de emergência, seus sintomas são inseridos no sistema de dados informatizados do hospital. Em vez de apenas ficarem restritas àquele sistema específico, as informações mais importantes sobre os sintomas dos pacientes são passadas regularmente para um computador do sistema de saúde pública estadual. Assim, se pacientes de determinada localidade forem direcionados a hospitais diferentes, seus casos serão agrupados e comparados aos padrões normais de doença na comunidade.

Ao divulgar o novo sistema de alerta, as autoridades observaram que, no sistema anterior de relato de casos com o envio manual de formulários em papel, poderia levar semanas para identificar o surto de determinada doença. A esperança é que, com os computadores hospitalares fornecendo automaticamente as informações para o banco de dados estadual, padrões incomuns causados por uma epidemia ou por um ataque bioterrorista sejam identificados de modo muito mais rápido. Na verdade, na entrevista coletiva que anunciou o novo sistema de vigilância, as autoridades informaram aos repórteres que, apenas uma semana antes, o sistema havia ajudado as equipes de saúde pública a responder em 24 horas a um surto de hepatite A que se originara de algum alimento contaminado. As autoridades afirmaram que, antes da criação desse sistema, provavelmente seriam necessárias semanas até que os casos fossem relacionados.

O sistema da Carolina do Norte é o primeiro programa estadual desse tipo, mas os primeiros elementos de um sistema nacional já estão surgindo nos Estados Unidos. Como parte da resposta de longo prazo aos ataques de antraz ocorridos em 2001 no país, o CDC está desenvolvendo um programa nacional, chamado BioSense, que coletará e analisará os relatos de doenças atuais de cidades em todo o país. Como ocorre no sistema de vigilância da Carolina do Norte, o objetivo do BioSense é identificar grupos incomuns de sintomas e doenças em poucas horas.

É claro que nem todas as pessoas que se sentem mal procuram um médico. Esses pacientes não seriam detectados por sistemas de vigilância baseados em salas de emergência dos hospitais, pelo menos não até que eles se tornassem tão doentes a ponto de pedir ajuda. Uma idéia para identificar os sinais de doença nas comunidades é monitorar a venda de remédios nas farmácias locais. As cadeias de farmácias nacionais já utilizam sofisticados sistemas de controle de estoque para acompanhar as vendas. Existem obstáculos técnicos e jurídicos que os agentes de saúde pública teriam de superar antes de poderem efetivamente estabelecer uma conexão com os sistemas de farmácias comerciais. Em seguida, teriam de aprender sobre os padrões de normalidade na comunidade para reduzir o número de alarmes falsos. Ainda assim, um sistema de acompanhamento que analisasse as vendas de remédios com e sem receita médica poderia detectar surtos muito antes de as pessoas começarem a encher os consultórios médicos ou as salas de emergências.

De vez em quando, o dr. House manda Foreman, Chase e Cameron investigarem a casa de um paciente em busca de pistas. Não apenas essas invasões de domicílio por parte dos médicos provavelmente são ilegais como também não há necessidade de manter segredo. Um médico pode reportar casos suspeitos para as autoridades de saúde pública locais mesmo que não haja obrigatoriedade de informes. Em geral, os agentes de saúde pública têm autoridade para procurar pistas ou para adotar qualquer outra medida a fim de proteger a comunidade.

A lei de saúde pública nos Estados Unidas remonta aos primeiros dias da nação, quando as autoridades inspecionavam rotineiramente os navios que chegavam aos portos e colocavam de quarentena as tripulações que apresentavam quaisquer sinais de doenças infecciosas perigosas. Os governadores estaduais têm graus de autoridade variados para declarar situação de emergência de saúde pública. Podem solicitar buscas, quarentenas ou até mesmo detenções em alguns casos. Esse tipo de uso do poder de polícia em nome da saúde pública se tornou mais raro nas últimas décadas, uma vez que o surto de doenças infecciosas caiu, devido à melhoria geral da saúde da população e às campanhas de vacinação em massa.

Entretanto, o poder de restringir a liberdade individual em nome da saúde pública às vezes é invocado. No início da década de 1990, índices crescentes de tuberculose em várias cidades importantes dos Estados Unidos levaram as autoridades a deter alguns pacientes. Quando os pacientes de tuberculose não concluem todo o período de tratamento prescrito, que pode incluir uma série de medicamentos diferentes durante muitos meses, a bactéria pode se tornar resistente ao tratamento medicamentoso. Entretanto, os pacientes em geral se sentem bem melhores antes que o tratamento tenha eliminado todas as bactérias da tuberculose em seu corpo. As autoridades de saúde pública da cidade de Nova York e de outras cidades temiam que as pessoas que interromperam o tratamento precocemente e eram portadoras da tuberculose resistente aos medicamentos pudessem criar uma epidemia de alguma doença intratável.

O comissário de saúde da cidade de Nova York emitiu ordens no sentido de que, em certos casos, os pacientes deveriam ser detidos para garantir que concluíssem o tratamento prescrito para a tuberculose. Em um estudo, dentre os 8 mil pacientes com tuberculose em um período de dois anos, 139 foram detidos durante o tratamento. Outros 150 foram encaminhados para se submeter a uma "terapia diretamente observada". Nesses casos, em vez de apenas receber a prescrição de comprimidos e as instruções sobre o horário de tomá-los, os pacientes deveriam se apresentar em uma clínica onde um atendente os observaria tomar sua medicação. Na maior parte das vezes, pequenos incentivos, como cupons para uma refeição fast-food, já eram suficientes para garantir que os pacientes se apresentassem dentro do prazo. Mas a ameaça de detenção estava presente.

Evidentemente, passar por cima dos direitos individuais para proteger a saúde pública é uma prática considerada ética somente quando existem bons motivos para acreditar que o tratamento forçado ou outras ações vão funcionar efetivamente. Uma análise recente e sistemática de todos os estudos disponíveis sobre terapia diretamente observada para a tuberculose concluiu que a estratégia não produz uma melhora significativa em termos do número de pacientes que concluem o tratamento nem nas taxas de cura gerais. A avaliação pela Cochrane Collaboration observou todos os ensaios controlados e randomizados conhecidos de terapia diretamente observada em países desenvolvidos e em desenvolvimento. Essa conclusão científica provavelmente causará impacto nas decisões de políticas de saúde pública em relação ao momento no qual os pacientes de tuberculose devem ser forçados a aceitar o tratamento.

A eficácia e a ética do tratamento obrigatório e de outras restrições aos direitos individuais continuam a ser debatidas em um cenário de preocupação crescente com a possibilidade de bioterrorismo, incluindo o uso do vírus da varíola ou de outros micróbios.

"Fantasmas"

Às vezes, não há nada para descobrir... bem, na verdade, não é que não haja nada, mas é que não existe um culpado físico, nenhum micróbio ou toxina. Isso porque alguns surtos de doenças brandas "temporárias" podem ser um fenômeno psicossomático, ou seja, os sintomas, as náuseas, as dores de cabeça, os desmaios não são propriamente reais, mas tendem a resultar de uma reação do corpo a um impulso psicológico, e não a um patógeno físico.

Eis como os investigadores do EIS resumiram um incidente em uma escola de ensino médio: "Em novembro de 1998, uma professora observou um cheiro 'semelhante ao de gasolina' na sala de aula e logo em seguida começou a sentir náuseas, dores de cabeça, falta de ar e tonteira. A escola foi evacuada e oitenta alunos e funcionários da escola foram para a sala de emergência de um hospital local; 38 pessoas foram internadas. Cinco dias depois, quando a escola foi reaberta, outras 71 pessoas foram parar na emergência do hospital."

Apesar das minuciosas investigações conduzidas por vários órgãos do governo, incluindo o EIS do CDC, nenhuma causa médica ou ambiental foi detectada. No entanto, a investigação revelou algumas pistas importantes. As pessoas que se sentiam doentes em geral eram as que viam outras doentes também, que conheciam um colega que ficara doente ou que reportara um odor incomum.

A "doença psicológica em massa", como esses incidentes são chamados, não é relegada a segundo plano pelos especialistas em saúde pública. Para começar, os pacientes não estão inventando seus sintomas; eles realmente se sentem mal. Depois, há todo o transtorno causado na escola ou qualquer outra instituição em que ocorre o incidente. Mas talvez a característica mais importante seja a semelhança entre esses eventos psicogênicos e as hipóteses de bioterrorismo. Nas horas ou dias necessários para investigar cada incidente, a escola ou a comunidade, ou mesmo a nação, pode ser tomada por ondas de medo.

Observar, tocar, escutar e, às vezes, cheirar os pacientes são atitudes que oferecem aos médicos pistas que, em combinação com o histórico médico individual, propiciam um diagnóstico razoável na maioria dos casos. Ainda assim, com a explosão da tecnologia médica, será que os médicos continuarão a confiar em seu bom senso e no contato direto com o paciente?

Muitos jovens médicos relatarão o árduo processo pelo qual passaram até aprender a fazer o exame físico de seus pacientes em seus dias de estudante... e depois destacarão que, na prática, eles vão direto aos exames, dedicando, ao mesmo tempo, cada vez mais horas à interpretação dos resultados dos testes. Muitos médicos têm dúvidas sobre essa tendência; eles reconhecem o poder dos testes modernos, mas procuram manter a conexão pessoal existente entre médico e paciente, que é representada e alimentada pelo exame físico.

No entanto, quando se trata de casos estranhos que nenhuma conversa nem palpação pode resolver, ninguém questiona o emprego da tecnologia nos exames. Certamente, é assim que a medicina é praticada no universo de *House*. Na verdade, o dr. House e sua equipe estariam perdendo tempo demais sentados diante do quadro branco discutindo hipóteses caso não tivessem alguns exames para solicitar. Então, vamos direto para o laboratório.

CAPÍTULO 3

Vamos fazer alguns testes

O dr. House conta com um profundo entendimento da natureza humana para chegar a seus diagnósticos. Ele usa sua experiência e o conhecimento que possui dos pacientes para desvendar as enfermidades que provavelmente estão enfrentando. Só que nada se compara a um exame de sangue completo ou a uma ressonância magnética para começar as fazer as perguntas certas.

Exames de laboratório

A maior parte das decisões médicas – e certamente todos os complexos casos de vida ou morte vistos no seriado – envolve exames laboratoriais. Amostras de sangue, urina, fluido espinhal, tecido de órgãos e até mesmo fragmentos de DNA são capazes de revelar cada vez mais sobre o que ocorre no corpo de um paciente.

"Há muito mais envolvido do que apenas o exame físico, que, obviamente, era mais importante no passado", afirma o dr. Fred H. Rodriguez Jr. O dr. Rodriguez é professor de medicina laboratorial na Faculdade de Medicina de Louisiana, em Nova Orleans, e foi presidente da Sociedade Americana de Patologia Clínica em 2005-2006.

O dr. House e seus colegas fazem uma batelada de testes na maioria de seus pacientes, mas ainda assim é preciso ser seletivo. Solicitar exames demais pode ser tão ruim ou pior do que não fazer um número suficiente deles. O fluxo de informação provavelmente ocultaria as informações importantes, levando os médicos na direção errada.

Como aponta um estudo sobre a importância dos exames laboratoriais: "Uma das principais deficiências da literatura científica sobre os testes diagnósticos é a ausência de uma declaração explícita sobre a necessidade clínica, ou seja, a questão clínica ou operacional a que o emprego do teste está querendo responder." Em outras palavras, muito freqüentemente os testes são solicitados sem um entendimento claro sobre como os resultados serão utilizados. Acredita-se comumente no mito de que mais informações sempre é melhor ou que, de algum modo, os testes revelarão respostas importantes. Na verdade, fazer as perguntas certas é a parte mais importante do processo, seguida do uso adequado dos exames que, em geral, respondem a essas perguntas.

"Ninguém diz: 'Eis a amostra de sangue. Façam todos os testes possíveis e enviem os resultados.' A quantidade de dados que o médico solicitante teria de processar seria absurda", afirma o dr. Rodriguez. "Por isso, há um processo de seleção com base no treinamento e na experiência."

Embora seja natural pensar que dispor de informações é melhor na hora de tentar descobrir o que há de errado com um paciente, os especialistas dizem que muitas vezes esse não é o caso. Os testes envolvem custos, e não apenas financeiros. Em "Paternity" ("Paternidade", 1-02), Cuddy censura House por solicitar um teste de DNA de 3.200 dólares para resolver uma disputa. A maioria dos testes não é tão cara assim, mas, somados, chegam facilmente a valores muito altos que podem ou não ser cobertos integralmente pelo plano de saúde. É claro que, mesmo quando o seguro paga pelos exames, os planos de saúde e os órgãos públicos simplesmente embutem esses custos em suas mensalidades e tarifas. No entanto, com freqüência, o custo imediato dos testes médicos aos pacientes pode ser medido em termos de ansiedade e dos procedimentos de acompanhamento. Esses custos precisam ser levados em conta e comparados aos potenciais benefícios obtidos com as informações.

"É preciso estudar o histórico e o exame físico do paciente e, com base em seu conhecimento, solicitar os exames. Essas informações deverão orientá-lo na escolha adequada. Antes de solicitar um exame, é preciso ter uma hipótese em mente. 'Minha hipótese é de que, ao obter o resultado desse exame, terei a resposta que estou procurando' ou 'Vou solicitar o teste porque espero que seja negativo e isso excluirá uma das opções. Em seguida, com base nesses dados, poderei reduzir ainda mais a gama de possibilidades'", afirma o dr Rodriguez. "A atitude do tipo: 'Bem, não sei o que esse teste vai revelar, mas, assim que tiver os resultados, saberei o que fazer' envolve lidar com o caso de uma posição desvantajosa, em vez de tentar selecionar seus processos de teste de uma posição privilegiada."

Um dos exames mais controversos desenvolvidos recentemente pode determinar se uma mulher é ou não portadora do BRCA1, o assim chamado gene do câncer de mama. Como ocorre com a maioria dos exames, o teste de BRCA1 não responde de forma concreta se determinada mulher terá ou não câncer de mama. Um teste positivo informa que existe um risco maior do que a média de desenvolver esse tipo de câncer. A quantificação desse "risco maior" é tema de debates científicos.

Mas a verdadeira questão para uma mulher diante de um teste para a presença do gene do câncer de mama (ou para qualquer pessoa que esteja pensando sobre qualquer teste) é: "O que vou fazer com o resultado?" Algumas mulheres cujos testes foram positivos para a mutação do gene BRCA1 optaram por fazer mastectomias, embora não tivessem câncer detectável. Outras escolheram ficar com seus seios, fazendo exames clínicos e mamografias freqüentes.

Por outro lado, um resultado negativo não significa que determinada mulher não terá câncer de mama; significa apenas que seu risco pode ser mais próximo ao risco médio.

A situação é diferente, é claro, para uma paciente internada que está claramente doente... e cujos testes laboratoriais irão ajudar os médicos a descobrir o que está errado..Mas, quando os testes chegam do laboratório, os médicos precisam decidir quais resultados são relevantes. O laudo informará se os resultados estão dentro da faixa normal, o que levanta outra questão: o que é normal?

No episódio "Spin" ("O Ciclista", 2-06), um ciclista profissional tem um colapso. Os resultados do exame de sangue parecem normais, mas Chase imagina se o que é normal para a maioria das pessoas seria considerado anormal para esse paciente. Talvez seus resultados "normais" mostrassem contagens de leucócitos elevadas para esse paciente, sugerindo, assim, uma infecção.

Normal não é sinônimo de saudável. Não entendemos o suficiente sobre o corpo humano para podermos calcular uma lista objetiva de todos os valores "mais saudáveis" de diferentes substâncias. Na maior parte dos casos, os valores obtidos nos resultados dos exames baseiam-se em medidas relativas a grandes grupos de pessoas que parecem ser saudáveis; pelo menos aquelas que não apresentam sintomas conhecidos ou histórico de doença. Como muitas coisas na natureza, os resultados coletados com esses participantes da pesquisa produzem uma curva em forma de sino em um gráfico denominado distribuição normal, o que quer dizer que muitas pessoas apresentaram resultados em algum ponto perto do meio, mas algumas pessoas tiveram resultados substancialmente maiores ou menores, embora aparentassem ser saudáveis na hora do teste.

A prática geral é descartar as "caudas" da curva em forma de sino e depois definir uma faixa normal para os resultados que incluem cerca de nove dentre dez pessoas na pesquisa. Por exemplo, a faixa para a contagem total de leucócitos, em geral, é entre 4 mil e 10 mil células por milímetro cúbico de sangue. Em outras palavras, duas pessoas perfeitamente saudáveis podem ter contagens de leucócitos muito diferentes. Na verdade, uma poderia ter uma contagem duas vezes mais alta do que a outra e ainda ser considerada dentro da faixa normal.

As pessoas que estão claramente doentes não apresentam os mesmos números em um teste específico. Esses resultados variam para elas, assim como para as pessoas saudáveis. E essa faixa para pessoas doentes, em geral, se sobrepõe à faixa dos resultados das pessoas saudáveis.

Às vezes, outros fatores estão envolvidos. Por exemplo, os níveis de colesterol são cada vez mais comparados com os níveis desejados, e não com os níveis médios. Então, quando seu médico afirma que seu colesterol está um pouco alto, pode ser algo perfeitamente normal, embora indique que você corre um risco mais alto de ataque cardíaco do que as pessoas com níveis de colesterol mais baixos.

Embora as pessoas, até mesmo médicos, em geral, façam referência aos resultados normais ou anormais de determinado exame, o termo oficial para esses valores em um laudo é a faixa de referência. Essa expressão foi criada para ressaltar o fato de que os resultados estão ali apenas para ajudar a comparar um paciente individual com a população em geral, e não para declarar o que é normal ou saudável.

> Não há uma separação clara entre valores normais e anormais para a maioria dos testes laboratoriais ou exames clínicos. Como os limites normais para muitos testes são estabelecidos por métodos estatísticos, é fundamental que o clínico baseie sua interpretação dos resultados laboratoriais na situação clínica. Além disso, os clínicos precisam saber que a prevalência da doença é afetada pelo ambiente em que se dá a sua prática médica e a maneira como utilizam determinado teste clínico pode afetar o valor preditivo do teste utilizado.
>
> – W. B. Applegate, "Decision Theory for Clinicians: Uses and Misuses of Clinical Tests", *Southern Medical Journal*, abril de 1981, p. 468

Mais uma vez, a lição é que os médicos precisam analisar o paciente como um todo e decidir que resultados de testes se encaixam no quadro geral. Casos em que um único número define o desfecho são a exceção, não a regra.

Em vários episódios de *House* os resultados dos testes não foram o que pareciam ser no princípio. Às vezes, como em "Spin" ("O Ciclista", 2-06), medicamentos que o paciente tomava secretamente para impulsionar o desempenho atlético mascaravam uma doença subjacente. Em outros casos, a dieta do paciente afeta os resultados dos testes. Em "The Socratic Method" ("O Método Socrático", 1-06), a paciente estava tendo problemas de sangramento e coagulação ao mesmo tempo, embora os testes de tempo de coagulação parecessem normais. Sua invariável dieta de hambúrgueres havia causado uma deficiência de vitamina K, o que a levou a ter problemas sangüíneos, mas enganando o teste padrão.

Os médicos precisam ter cuidado para não se deixarem enganar pelos resultados dos exames ao tratar pacientes com medicamentos anticoagulantes, como Warfarina, que têm como objetivo reduzir o risco de um ataque cardíaco, derrame ou outras ameaças relacionadas com obstruções de vasos sangüíneos. Um paciente que adora couves ou outras verduras ou folhas verdes talvez precise de uma dose mais alta de medicação para obter o efeito desejado. Mas, quando as folhas verdes estão fora de época e a dieta do paciente muda, a dose do medicamento que estava corretamente balanceada no verão talvez esteja elevada demais, levando a um sangramento perigoso.

Quem está no laboratório?

No seriado, Chase, Cameron ou Foreman são freqüentemente vistos trabalhando no laboratório, examinando amostras de tecidos ou esperando até que uma máquina acabe de processar uma análise química.

"Isso é ficção", afirma o dr. Rodriguez. Realizar exames laboratoriais não só requer especialização, mas também é rigidamente regulado por leis federais e estaduais. "Não é permitido aos médicos conduzir a maioria dos testes."

A CLIA, ou as Emendas para o Aperfeiçoamento dos Laboratórios Clínicos de 1988, é a lei federal norte-americana que estabelece padrões para todos os laboratórios médicos, desde os mais bem equipados centros médicos acadêmicos aos menores laboratórios do país, nos próprios consultórios médicos. O principal ímpeto para uma regulamentação mais rigorosa foi uma investigação conduzida pelo *Wall Street Journal* em 1987. A série de artigos revelou uma variedade de práticas fraudulentas ou negligentes, incluindo laboratórios que forçavam seus funcionários a processar quatro vezes mais esfregaços de Papanicolau (Pap) do que o recomendado. Os esfregaços Pap podem revelar sinais precoces de câncer cervical. A saúde e a vida de muitas mulheres foram colocadas em risco porque alguns cânceres letais não foram detectados, mas também porque outras mulheres foram submetidas a testes ou procedimentos adicionais impulsionados por laudos positivos errados.

"Qualquer teste que influencie a forma de tratamento dispensada ao paciente está coberto por essa lei", afirma o dr. Rodriguez, "não é que os médicos não possam realizar seus próprios testes, mas eles teriam de ser avaliados pelo menos uma vez ao ano para satisfazer a banca médica."

O médico especializado em exames laboratoriais e no estudo de fluidos e tecidos corporais é o patologista. Testes de laboratório também são realizados por técnicos e outros profissionais treinados e licenciados para realizar os exames, mas quem interpreta os resultados é um médico. Com mais de 2 mil exames laboratoriais disponíveis, quando um paciente precisa de testes especializados é um patologista que geralmente ajuda o médico responsável a selecionar os testes que mais provavelmente terão respostas úteis... e depois o patologista, em geral, consulta o médico responsável quando os resultados são conhecidos.

A defasagem de tempo entre a solicitação de um exame médico e os resultados é muito maior do que aparece na televisão. No mundo real, testes complexos, como algumas análises genéticas, podem levar semanas.

Testes freqüentemente usados:

VELOCIDADE DE HEMOSSEDIMENTAÇÃO

Um dos exames laboratoriais mais freqüentemente mencionados em *House* é o VHS, ou velocidade de hemossedimentação. O teste VHS foi criado em 1921. É uma medida da velocidade em que os eritrócitos, ou os glóbulos vermelhos, se depositam no sangue não-coagulado. A taxa com que as células caem é influenciada pela quantidade de fibrinogênio no sangue.

O teste de sedimentação pode indicar a presença de inflamação, que, por sua vez, pode sugerir que o paciente está combatendo uma infecção, um câncer ou talvez artrite, doenças vasculares ou outras condições.

Por ser um teste de seleção abrangente, o VHS não representa prova da existência de uma condição específica. Ele simplesmente indica se o sangue do paciente tem aparência normal ou se algo está errado.

PAINEL BIOQUÍMICO

O painel bioquímico é outro teste comumente solicitado por House e sua equipe.

O teste envolve sete testes diferentes que analisam a bioquímica de uma amostra de soro sangüíneo, que é a parte do sangue sem os glóbulos brancos (leucócitos), glóbulos vermelhos (hemácias) ou outras células. O resultado desse painel mostra os níveis de uréia, cloro, dióxido de carbono, creatinina, glicose, potássio e sódio no soro sangüíneo do paciente.

Esse tipo de teste também é chamado de painel metabólico básico, embora o índice, em geral, inclua uma medição de cálcio, aumentando o número de testes para oito.

HEMOGRAMA COMPLETO

O painel bioquímico avalia sete aspectos do soro sangüíneo e o hemograma completo faz uma análise mais abrangente de hemácias, leucócitos e plaquetas. O hemograma completo inclui medições de hemoglobina, a proteína dos glóbulos vermelhos que transporta oxigênio. Muitas doenças afetam os níveis de células sangüíneas e outros fatores medidos pelo hemograma, tornando-o um bom ponto de partida para uma investigação de diagnóstico.

Contagens elevadas de glóbulos brancos podem indicar uma infecção ou alguns tipos de câncer, como leucemia. Paradoxalmente, uma contagem reduzida também pode ser sinal de infecção grave. Contagens elevadas de glóbulos vermelhos podem ser sinal de diarréia ou desidratação grave. Baixas contagens de glóbulos vermelhos podem indicar anemia. Contagens elevadas de plaquetas podem indicar risco de formação de coágulos perigosos. Baixos níveis de plaquetas podem indicar risco de sangramento.

Os hemogramas completos eram solicitados como parte de quase todos os exames de rotina. São utilizados com mais parcimônia agora, mas ainda são comuns na investigação ampla, no início do processo diagnóstico.

TESTES TOXICOLÓGICOS

Um boletim do Yale-New Haven Hospital, em Connecticut, considera os testes toxicológicos "provavelmente os mais mal entendidos de todos os realizados pelo Laboratório Clínico". Embora seja mencionado no seriado como se fosse um único teste, esses exames toxicológicos, na verdade, descrevem uma variedade de testes usados para procurar toxinas, incluindo drogas, na urina, no sangue e em outros fluidos e tecidos corporais. O artigo publicado no boletim chamava a atenção para o fato de que os testes toxicológicos não têm como eliminar todas as possibilidades de envenenamento ou de exposição às mais diversas substâncias, pois existem simplesmente variáveis demais.

Quando um médico solicita um exame toxicológico, na verdade está pedindo um de uma série de procedimentos de testes específicos. Assim, antes de solicitar um exame, o médico deve decidir o que acha que está causando o problema do paciente, com base em seu histórico ou em outras informações.

Um dos testes toxicológicos mais comuns envolve a cromatografia em camada fina (TLC) em uma amostra de urina. Um teste positivo indica exposição, mas outros testes são necessários para definir a quantidade de certa substância no organismo e o momento em que a exposição ocorreu. Às vezes, esse tipo de teste identifica metabólitos, ou produtos do metabolismo, de uma substância que pode permanecer mais tempo no corpo.

As amostras de sangue em geral são analisadas com cromatografia a gás ou testes específicos que se destinam a detectar certas substâncias, como drogas que podem causar overdose perigosa.

No seriado, os médicos com freqüência observam que o exame toxicológico de determinado paciente estava "limpo" ou negativo. Entretanto, esse fato não prova conclusivamente que o paciente não foi exposto a nada, já que os exames toxicológicos detectam apenas as substâncias específicas que estão sendo testadas (talvez algumas dúzias em muitos laboratórios hospitalares) e somente quando os níveis estão acima de certos limiares. Um exame toxicológico negativo somente reduz a probabilidade de um paciente ter sido exposto à substância da qual o médico suspeita.

No episódio "Poison" ("Veneno", 1-08), o exame toxicológico de um paciente foi negativo, mas Chase ressalta que o resultado pode simplesmente significar que o menino não foi exposto a uma substância não testada. Na verdade, depois ficou determinado que a causa da doença do paciente foi envenenamento por pesticida, o qual, contudo, não poderia ter sido identificado no primeiro exame solicitado.

Além de identificar drogas em possíveis situações de overdose, os exames toxicológicos são usados em uma série de situações, incluindo suspeitas de exposições no local de trabalho a materiais tóxicos, envenenamento doméstico e também, como parte do exame de pessoas que demonstram sinais de depressão, distúrbio bipolar e outros problemas psiquiátricos, para assegurar que o uso de medicações não explica os sintomas. Os exames toxicológicos também podem ser usados antes de declarar a morte cerebral do paciente; mais uma vez, apenas para garantir que determinada droga não está suprimindo a atividade das ondas cerebrais do paciente.

TESTES GENÉTICOS

Existe uma galáxia em expansão de testes que analisam o DNA e outros materiais genéticos, um número grande demais para discutirmos aqui. O emprego dos testes genéticos é semelhante aos dos outros testes, mas, ao mesmo tempo, muito diferente. Como muitos exames de sangue, os testes de DNA podem ser usados para identificar a fonte dos sintomas de um paciente. Em "Daddy's Boy" ("Queridinho do Papai", 2-05), a equipe realizou um teste de DNA para neurofibromatose tipo 2, um tipo de tumor que pode se desenvolver nos nervos.

Diferentemente da maioria dos exames de sangue, em vez de medir apenas o que acontece no corpo do paciente, muitos testes genéticos podem prever o risco de desenvolver certos problemas. O já mencionado teste para o gene do câncer de mama BRCA1 é um exemplo de teste que prevê o risco, em vez de identificar a doença. Um teste que oferece uma previsão ainda mais sombria é o teste para a Doença de Huntington. Um resultado positivo no teste para esse distúrbio hereditário significa quase certeza de morte prematura, precedida por vários anos de declínio nas funções mentais e físicas. Filhos de pessoas com a Doença de Huntington podem ser testados. No entanto, a maioria dos especialistas e grupos de aconselhamento afirma que o teste pode esperar até as crianças crescerem e poderem decidir se querem ou não saber qual seu provável destino, já que não existe tratamento ou qualquer outra medida conhecida para retardar ou prevenir o aparecimento dos sintomas.

Outros testes com um componente genético podem ser recomendados para crianças, porque medidas preventivas ou o tratamento podem fazer diferença. Quase todos os recém-nascidos nos Estados Unidos fazem o teste para fenilcetonúria (PKU), uma das doenças testadas no "teste do pezinho", um distúrbio hereditário que pode levar ao retardo mental e a outros problemas, caso não seja identificado logo após o nascimento. Se for identificado precocemente, uma dieta controlada pode proteger bem a saúde da criança. Como o teste e o tratamento são tão eficazes, nos Estados Unidos, o teste do pezinho é obrigatório em todos os estados.

Uma das características mais importantes e desafiadoras de muitos testes para identificar distúrbios genéticos é que os resultados não se referem apenas a um indivíduo, mas na verdade a toda a família. Se uma pessoa na família é testada para o gene do câncer de mama ou para a doença de Huntington ou para fibrose cística, as respostas obtidas podem revelar informações sobre os riscos enfrentados por seus familiares. Embora as pessoas, em geral, tenham o direito de manter as informações relativas a seus testes médicos confidenciais, os conselheiros genéticos consultam quem se submeteu a determinados testes genéticos para discutir se e como devem informar os outros parentes sobre resultados que também podem afetá-los.

Outro tipo de conseqüência familiar dos testes genéticos está no episódio "Paternity" ("Paternidade", 1-02). Os testes de DNA encomendados pelo dr. House revelaram que o paciente, um menino de 16 anos, era adotado. Nesse caso, os pais sabiam que o garoto não era seu filho biológico. Entretanto, os conselheiros genéticos afirmam não ser incomum os testes genéticos revelarem segredos de família, incluindo traições. Uma família ficou perplexa quando um pai de meia-idade começou a apresentar sintomas da Doença de Huntington. Nenhum dos ancestrais diretos havia desenvolvido a doença. Depois ficou claro que sua mãe tivera um caso secreto com um amigo da família. Seus ancestrais não eram de fato aqueles. Saber dessa troca de paternidade pode ser algo compreensivelmente traumático para a família. Os conselheiros genéticos têm dificuldades em alertar as famílias sobre o potencial dos testes genéticos de revelar segredos que talvez devessem permanecer ocultos.

Dobra no tempo da televisão

Os médicos no seriado raramente esperam muito para obter os resultados dos testes. Eles solicitam determinado exame e os resultados chegam praticamente na cena seguinte. Em geral, no mundo real, os resultados demoram mais para chegar, às vezes muito mais tempo.

Embora certos exames urgentes possam ser realizados em minutos, os resultados em geral só são enviados horas ou dias depois... ou talvez até mesmo semanas depois. No episódio "Hunting" ("A Caçada" 2-07), Cameron solicitou um teste de Kveim-Siltzback para sarcoidose, um tipo de inflamação que produz pequenos acúmulos de células em vários órgãos.

O teste envolve injetar um preparado feito de um caso confirmado de sarcoidose sob a pele do paciente, de modo parecido com o teste para tuberculose, a fim de identificar como o corpo do paciente reage. Se aparecer uma pápula, uma pequena erupção, significa que o teste é positivo e o paciente provavelmente tem sarcoidose. No seriado, resultados do teste de Kveim-Siltzbach chegaram em um dia. Na realidade, a reação demora um mês ou mais, e por isso esse teste raramente é usado.

O sangue conta muitas histórias. Por isso é testado com freqüência. Mas existe outro motivo: tirar uma amostra de sangue para teste é um procedimento relativamente fácil e seguro. Evidentemente, muitas pessoas não gostam de tirar sangue e mal conseguem ver a diferença entre um flebotomista e um vampiro... mas para chegar a um diagnóstico preciso, ou simplesmente como parte de um checkup regular, os médicos sempre solicitam exames de sangue.

Às vezes, a resposta não está em uma amostra de sangue... e há necessidade de um fragmento de outro tecido. Tirar uma amostra de tecido para fins diagnósticos é chamado de biópsia.

Biópsias

De todas as biópsias retratadas em *House*, a que provavelmente causou uma reação mais forte no telespectador foi a biópsia da retina realizada no segundo episódio, "Paternity", em que o cérebro do paciente pode estar sendo atacado por um vírus de sarampo mutante. Em vez de fazer a biópsia do cérebro propriamente dito, a equipe opta por enfiar uma enorme agulha pelo olho para chegar à retina na parede interna. Foreman ressalta que, embora a agulha pareça assustadora, o olho do paciente foi anestesiado, ele não vai sentir dor e o órgão não será afetado.

Sarampo mutante

Além de apresentar um procedimento diagnóstico de biópsia da retina, esse mesmo episódio mostra uma forma incomum, mas bem real, de sarampo que pode manter-se latente durante anos antes de atacar o cérebro.

O vírus do sarampo é um dos mais infecciosos existentes. Embora apenas 37 casos tenham sido reportados nos Estados Unidos em 2004, um novo recorde mínimo, antes da vacinação, o sarampo era uma doença infantil comum. Na maioria dos casos, os sintomas duram cerca de uma semana, causando erupções cutâneas, febre, tosse, coriza e olhos vermelhos e lacrimejantes. Ainda é comum em algumas partes do mundo que não têm uma rotina de vacinação. Embora seja fatal em menos de um por cento dos casos, o sarampo mata quase 1 milhão de crianças anualmente em todo o mundo.

No entanto, os casos típicos e breves de sarampo talvez não representem o fim da ameaça viral. Às vezes, o vírus do sarampo fica latente, emergindo anos ou mesmo décadas depois como uma doença cerebral mortal denominada panencefalite esclerosante subaguda. Devido à vacinação contra o sarampo, a panencefalite praticamente desapareceu nos Estados Unidos. Em 1980, a taxa dessa doença havia caído para cerca de um caso por ano para cada 17 milhões de pessoas.

Em "Paternity", um jovem adolescente adotado logo após o parto desenvolveu visão dupla e terrores noturnos. O dr. House percebeu um tique mioclônico: a contração das pernas do garoto, que normalmente só acontece quando as pessoas estão caindo no sono. Esses são sintomas da panencefaltie, mas também de outros problemas de saúde mais comuns. Por fim, House descobre que a mãe biológica do garoto não fora vacinada contra sarampo, o que deixou seu filho vulnerável nos primeiros meses de vida, quando ele deveria ter sido protegido pelos anticorpos maternos.

Houve relatos de panencefalite em crianças cujas mães não haviam sido vacinadas, embora os pacientes tivessem recebido a vacina e não apresentassem sinais de infecção típica de sarampo durante a infância. Provavelmente, o vírus pode ficar latente durante muitos anos. Em um estudo, o paciente mais velho a desenvolver a doença tinha 26 anos, quase 24 anos depois de ter tido sarampo quando criança.

Problemas de visão podem preceder outros sintomas neurológicos em alguns anos.

"Tenho o caso de uma jovem australiana que aos 25 anos apresentou queda no rendimento escolar, dificuldades de memória e problemas de atenção e concentração. Esses sinais geralmente não são levados em conta porque não são específicos. Ela teve coriorretinite (uma inflamação dos vasos sangüíneos na retina) diagnosticada por um oftalmologista aos 9 anos, mas foi descartada como algum tipo de infecção, possivemente viral, não-específica", afirma o dr. Generoso G. Gascon, professor emérito de Neurociência Cognitiva e Pediatria da Faculdade de Medicina da Universidade de Brown, em Providence, no estado norte-americano de Rhode Island.

O dr. Gascon afirma que, quando aparecem espasmos mioclônicos, o paciente já está na segunda fase da panencefalite esclerosante subaguda.

A panencefalite geralmente leva a convulsões, demência, coma e morte. Injetar interferon – uma proteína que estimula o sistema imunológico a agir – diretamente no cérebro é uma das opções de tratamento para a doença. Isoprinosina oral, também chamada de inosiplex, é uma das primeiras opções de tratamento. Em um estudo, cerca de um terço dos pacientes teve os sintomas estabilizados ou melhorados após seis meses apenas com isoprinosina ou em combinação com alfa-interferon injetado nos ventrículos do cérebro. Drogas antivirais, como ribavirina, também foram tentadas em pacientes com panencefalite esclerosante subaguda. Outros estudos indicam que cerca de cinco a dez por cento dos pacientes com panencefalite se recuperam por conta própria.

Os pacientes também recebem medicamentos, como a droga antiepiléptica carbamazepina, para controlar os espasmos musculares causados pela panencefalite.

No fim do episódio "Paternity", o paciente adolescente aparece jogando lacrosse novamente, aparentemente curado. Na realidade, a sobrevivência a longo prazo é incomum. A maioria dos pacientes com panencefalite enfraquece aos poucos e morre, independentemente do tratamento recebido.

Ainda assim, o dr. Gascon afirma que histórias ocasionais de sucesso motivam a ele e outros especialistas em panencefalite.

"Talvez eu tenha tido quatro ou cinco pacientes nos últimos 25 a 30 anos de clínica que tiveram esse tipo de recuperação, e sei que são casos esporádicos no mundo todo assim", afirma o dr. Gascon. "É esse tipo de resultados que nos mantém firmes na tentativa de tratar esses pacientes."

Poucas biópsias são tão dramáticas quanto a agulha nos olhos. As biópsias são realizadas rotineiramente como seguimento aos achados de mamografias, testes para câncer de próstata, entre outros.

A biópsia estereotáxica com agulha é uma forma popular de descobrir se determinado caroço visto na mamografia é um tumor ou meramente um cisto. Antes de a técnica ser introduzida, muitas mulheres eram submetidas a pequenos procedimentos cirúrgicos para que o médico pudesse remover e inspecionar o caroço suspeito. Como alternativa à remoção cirúrgica do caroço, nos casos em que é possível senti-lo, o médico pode simplesmente inserir uma agulha e retirar algumas células. Um patologista examina as células em busca de sinais de câncer.

A biópsia estereotáxica com agulha leva essa tecnologia um passo além, permitindo que os médicos encontrem caroços mesmo quando não podem ser sentidos. A mulher deita de bruços em uma mesa especial com uma abertura para o seio. Um tipo especial de dispositivo de mamografia tira imagens do seio de vários ângulos e, em seguida, depois o computador calcula precisamente o local do caroço suspeito. Além disso, o computador controla a agulha da biópsia montada sob a mesa, orientando-a diretamente até o nódulo. Dessa maneira, o médico sabe que as células que estão sendo examinadas são do mesmo ponto que pareceram suspeitas na mamografia.

Os homens também têm sua cota de biópsias com agulha – para câncer de próstata. Quando um exame de sangue ou de próstata levanta suspeita de câncer, amostras da próstata podem ser tiradas por meio da biópsia com agulha. Na maioria dos casos, o médico que realiza a biópsia é guiado por ultra-som. No entanto, essa técnica não é tão precisa quanto a da biópsia estereotáxica do seio. Mesmo quando várias amostras são tiradas, pequenos tumores ficam de fora.

Nem sempre as biópsias são realizadas com agulhas. O termo simplesmente refere-se a recuperar algum tecido para exame pelo método mais adequado. Algumas biópsias envolvem pequenos procedimentos cirúrgicos. Uma biópsia dos pulmões pode ser realizada com um broncoscópio.

Broncoscópio é um dispositivo com um tubo flexível que pode ser inserido pela garganta até os pulmões. Com fibras óticas, o médico pode ver aonde está indo a ponta do tubo. Pode sugar fluidos pelo tubo para exame. O médico pode coletar tecido sólido utilizando minúsculos fórceps inseridos pelo tubo.

Amostras de procedimentos de biópsia, qualquer que seja a técnica utilizada, são enviadas a um laboratório de patologia para exame sob um microscópio ou análise por outros métodos.

Imagens

Em quase todos os episódios, a equipe solicita imagens de alta resolução dos pacientes. Com muita freqüência, os exames são imagens por ressonância magnética (MRI) e tomografia computadorizada (TC), mas também utilizam imagens de ultra-som ou da medicina nuclear. Cada uma dessas tecnologias tem pontos fortes e fracos e cada uma é usada de maneira específica para ajudar o médico a fazer o diagnóstico ou orientar o tratamento.

MRI

MRI é a sigla em inglês para imagens por ressonância magnética, também chamada de ressonância magnética nuclear (NMR).

Ímãs potentes fazem com que os átomos de hidrogênio no corpo, integrantes da água e de outras moléculas, se alinhem ao longo da direção do campo. Pulsos de radiofreqüência fazem com que alguns dos átomos de hidrogênio se movimentem e emitam energia. A energia é detectada e mapeada por um computador para produzir a imagem por ressonância magnética, que é interpretada por um radiologista.

Geralmente os exames são usados para visualizar tecidos moles, que vão do cérebro ao abdômen, passando pelos músculos e tendões.

O nome original dessa técnica, ressonância magnética nuclear, caiu em desuso em parte por conta da preocupação das pessoas, imaginando que os dispositivos ou a energia para a geração das imagens eram radioativos. Não são. Neste caso, a palavra "nuclear" significa apenas o núcleo dos átomos que são afetados pelos campos magnéticos e pulsos de radiofreqüência.

Existem também novos tipos de máquinas de MRI chamadas de MRIs funcionais. Em vez de tirar imagens estáticas do interior do corpo, as MRIs funcionais (às vezes chamadas de f-MRIs) podem fazer filmes. As f-MRIs são usadas na investigação do cérebro. À medida que os participantes do estudo realizam várias tarefas, as imagens podem mostrar quais partes do cérebro estão sendo utilizadas.

TOMOGRAFIA COMPUTADORIZADA

A tomografia computadorizada (TC) também é chamada de CAT scan, abreviação em inglês para tomografia computadorizada axial.

O nome refere-se ao uso de computadores para criar imagens bi ou tridimensionais a partir de uma série de leituras de raio X. O dispositivo emite um feixe estreito de raio X, que é medido por um detector no outro lado do paciente que está sendo examinado. A intensidade desse feixe revela quanta energia do raio X é absorvida ou dispersa na passagem do feixe. Essa única informação não revela muito, mas, com o computador realizando uma série de cálculos completos, todas essas informações dispersas dos feixes enviados pelo corpo em todos os ângulos podem ser agrupadas para gerar uma imagem detalhada no corpo do paciente.

As imagens por tomografia computadorizada dos tecidos moles, em geral, são menos detalhadas do que as produzidas por MRIs. Uma imagem padrão de TC não mostra os vasos sangüíneos muito bem. Entretanto, se uma solução de contraste for injetada no fluxo sangüíneo, então uma imagem de tomografia computadorizada poderá oferecer uma visão preciosa do fluxo sangüíneo e das anormalidades da estrutura dos vasos sangüíneos. A solução de contraste absorve os raios X de modo que os vasos sangüíneos se destaquem e brilhem nas imagens por TC.

Os tomógrafos foram projetados para utilizar a quantidade máxima necessária de radiação por raios X. O risco de cânceres ou de outros problemas relacionados com a radiação de um único exame é extremamente baixo. Entretanto, o risco aumenta se o paciente precisar de vários exames ou de monitoramento constante. Além disso, os médicos raramente fazem tomografias em mulheres grávidas, especialmente nas primeiras semanas de gestação, pois a radiação pode aumentar o risco de má-formações ou de câncer no feto.

RAIO X

O termo comumente significa o emprego de raios X para obter uma única imagem bidimensional dos ossos e das principais estruturas do corpo. A radiação é semelhante à utilizada nas tomografias computadorizadas, só que não existe manipulação dos dados para criar ângulos diferentes. Os raios X são a maneira mais antiga de geração de imagens médicas. Em 1895, o físico alemão Wilhelm Conrad Roentgen descobriu como produzir radiação de alta energia que atravessasse vários objetos sólidos do mesmo modo que a luz normal passa pelo vidro translúcido. Essa radiação "X" tem efeitos sobre o filme fotográfico e por isso a técnica pode ser usada para gerar imagens de sombras da estrutura interna do corpo.

As máquinas modernas produzem imagens muito mais nítidas, é claro, e utilizam muito menos radiação. Os raios X são usados rotineiramente para verificar a presença de cáries, diagnosticar se há ossos quebrados, procurar infecções de tuberculose nos pulmões e muito mais. Em determinado momento, os raios X eram parte dos checkups de rotina, mas essa prática acabou uma geração atrás, em meio às preocupações sobre a exposição desnecessária à radiação. Da mesma forma, as esperanças iniciais de que raios X regulares do tórax pudessem ajudar a detectar sinais precoces de câncer de pulmão nos fumantes foram perdendo força à medida que estudos demonstram que, quando os tumores se tornavam detectáveis, já estavam muito avançados para serem tratados com sucesso. Existem estudos em andamento para ver se os mais recentes tomógrafos, de alta resolução, são úteis para os fumantes.

Aplicações especializadas dos raios X incluem angiografia, mamografia e testes de densidade óssea.

A angiografia usa fluidos de contraste injetados nas artérias para ajudar a produzir imagens detalhadas do fluxo sangüíneo. A técnica pode localizar e medir estreitamentos ou bloqueios que podem causar ataques cardíacos ou derrames. As imagens podem ser feitas em tempo real para ajudar a orientar o médico com o uso de cateteres ou com outros métodos para restaurar o fluxo sangüíneo. A angioplastia e os *stents* cardíacos são terapias de ponta para ataques cardíacos e dor no peito devido a problemas de circulação com o emprego de cateteres. Diferentemente da maioria das operações de revascularização cardíaca, o tórax do paciente permanece fechado, por isso esses tratamentos baseiam-se na angiografia para mostrar aos cardiologistas a localização das pontas dos cateteres que estão sendo usados.

A mamografia é o uso de uma máquina de raio X especificamente projetada para procurar tumores e outras anomalias nos seios.

Os exames de densitometria óssea, usados para verificar a existência de sinais de osteoporose, utilizam raios X, mas não para criar uma imagem convencional. As informações importantes aqui consistem em mostrar a força dos ossos. Passando os raios X pelo corpo, a máquina pode calcular a densidade dos ossos em função da quantidade de energia de raio X bloqueada.

Embora a principal diferença entre os raios X padrão e a tomografia computadorizada seja o fato de os tomógrafos usarem cálculos de computador para criar a imagem, os raios X padrão estão evoluindo para o formato digital. Cada vez mais, dispositivos semelhantes a câmeras digitais estão substituindo o filme. Os computadores também estão sendo usados para aperfeiçoar e até mesmo começar a examinar todos os tipos de imagens, incluindo raios X padrão.

MEDICINA NUCLEAR

Em vez de enviar um feixe de energia pelo corpo para revelar o que está dentro dele, a medicina nuclear em geral utiliza fluidos ligeiramente radioativos que são infundidos ou ingeridos pelo paciente para encontrar tumores, pequenas fraturas ósseas ou outras anomalias. A substância radioativa, chamada de marcador, é formulada para coletar dados em uma área de interesse ou se acoplar a um tumor ou outra anomalia. Uma câmera que consegue detectar radiação de baixo nível vê o acúmulo do marcador como um ponto de acesso.

Em geral, as imagens são pouco nítidas, não mostrando detalhes das estruturas internas do corpo. No entanto, os raios X padrão e a maioria das outras técnicas de geração de imagens precisam ser direcionados para uma parte específica do corpo. Isso significa que os médicos precisam ter alguma idéia de onde procurar. Uma vantagem dos marcadores da medicina nuclear é que podem ajudar a encontrar tumores quando os médicos não sabem onde procurar. Por exemplo, nos pacientes com sintomas que sugerem que o câncer pode estar localizado em qualquer parte do corpo, uma imagem da medicina nuclear pode revelar o local em que o tumor se esconde. Os marcados também são usados para monitorar alguns pacientes de câncer para recorrências após o tratamento, já que talvez seja possível localizar tumores microscópicos.

PET scan (sigla em inglês para Positron Emission Tomography, ou tomografia por emissão de pósitrons) é uma das aplicações da medicina nuclear. Um PET scan tem alguma similaridade com as tomografias computadorizadas. Um anel de detectores detecta as emissões radioativas de baixo nível e um computador usa a tomografia para agrupar os dados em uma imagem. A diferença é que, durante um PET scan, a radiação vem de uma substância marcadora introduzida no corpo do paciente, enquanto as tomografias computadorizadas envolvem raios X advindos de um emissor externo e que passam pelo corpo do paciente antes de chegar ao detector.

Os PET scans são freqüentemente usados para detectar câncer, porque as células tumorais tendem a consumir mais glicose do que a maioria das células normais; por isso um marcador radiativo feito de glicose se concentrará no tumor, produzindo, assim, uma área brilhante na imagem gerada por PET. Os PET scans também são usados por clínicos e pesquisadores para estudar a atividade cerebral. Quando uma região do cérebro está ativa, utiliza mais glicose, por isso fica mais brilhante em um PET scan que utiliza um marcador de glicose. Por exemplo, os PET scans ajudaram os pesquisadores a identificar as partes do cérebro que estão envolvidas na visão e em outros sentidos, onde as lembranças são armazenadas e que áreas são estimuladas quando um fumante traga um cigarro.

A tomografia por emissão de fótons (SPECT) funciona de modo muito parecido com o PET scan, mas o marcador é projetado para gerar um tipo de radiação diferente. As imagens SPECT são menos detalhadas do que as dos PET scans, mas os dispositivos são menos caros e mais amplamente disponíveis.

ULTRA-SONOGRAFIA

Os aparelhos de ultra-som estão se tornando tão comuns na medicina que ameaçam o papel do venerável estetoscópio como o primeiro instrumento a ser usado pelo médico para pesquisar o corpo do paciente. Como o nome indica, os aparelhos usam ondas de som de alta freqüência, como o sonar, para criar uma imagem. Diferentemente dos feixes de raio X, que atravessam o paciente para chegar ao detector, a energia do ultra-som reflete no transdutor, que emite e detecta ondas de som, daí o apelido do ultra-som ser "eco".

O ultra-som não apresenta o mesmo tipo de preocupação com a segurança que os raios X; nem as máquinas são tão caras quanto as de ressonância magnética. Na verdade, os aparelhos de ultra-som continuam a diminuir tanto em termos de custos quanto de tamanho. Existem dispositivos portáteis que custam menos de mil dólares e foram fabricados para substituir os estetoscópios em certas situações.

O ultra-som não só é usado para visualizar fetos e órgãos, mas é particularmente adequado para medir o fluxo sangüíneo, graças ao efeito Doppler. O efeito Doppler é ouvido quando a sirene de uma ambulância ou de um carro de polícia em movimento parece mais alta no momento em que o veículo se aproxima e depois diminui de intensidade à medida que o veículo passa. Essa mudança de intensidade pode ser usada para calcular a velocidade com que o sangue está fluindo na direção do transdutor de ultra-som ou em direção contrária. O ultra-som Doppler é freqüentemente utilizado para detectar problemas com válvulas cardíacas, pois é sensível à passagem do sangue por uma válvula que deveria estar totalmente vedada.

O dr. Elliot Fishman, da Universidade Johns Hopkins, enfrenta rotineiramente os tipos de casos que seriam típicos do dr. House, casos que desafiaram outros médicos.

Ele lembra o caso de um paciente que atendeu recentemente.

"O paciente tinha muitos sintomas vagos – perda de peso, mal-estar. O exame de sangue tinha valores alterados e a taxa de sedimentação era elevada. Todos esses dados indicavam um processo crônico. Em seguida, ele foi submetido a uma tomografia computadorizada. Pensou-se que o paciente poderia ter algum tipo de malignidade. Acabaram descobrindo que ele sofria de vasculite, uma condição chamada de Arterite de Takayasu, caracterizada pelo espessamento das paredes dos vasos sangüíneos. É tratada com esteróides. Não é uma cura, mas em geral pode ser controlada", afirma o dr. Fishman. "Foi totalmente inesperado. Ninguém havia pensado nisso, mas a tomografia computadorizada deixou o quadro bem claro."

Segundo ele, o seriado mostra um quadro bem realista dos médicos que utilizam as imagens médicas para ajudar a resolver casos completos... e identificar condições raras que realmente aparecem.

"Com as tomografias, realmente dá para ver o que está lá dentro", afirma o dr. Fishman.

As tomografias e ressonâncias magnéticas de fato podem ver demais, gerando ansiedade e testes adicionais para verificar aparentes anormalidades que, no final das contas, não representam qualquer risco à saúde.

Pesquisadores no sul da Califórnia analisaram mais de mil tomografias computadorizadas de corpo inteiro realizadas em um centro de imagens particular para um estudo de revisão de casos. Três em cada quatro pacientes que foram examinados haviam decidido fazer o exame por conta própria; em outras palavras, não tinham sido encaminhados por um médico e provavelmente não havia um problema médico envolvido que exigisse testes por geração de imagens.

Quase todas as tomografias, nove em dez, encontraram algo, mas isso não significa que essas imagens tenham impedido que as pessoas ficassem doentes ou morressem. Na maior parte das vezes, nada foi feito, porque a anormalidade vista nas imagens não parecia ser importante. Em cerca de um terço dos casos, os indivíduos foram encaminhados para a realização de novos testes ou outros tipos de seguimento.

Imagine se todo mundo fizesse uma tomografia de corpo inteiro só para ver o que está acontecendo dentro de seu corpo! O resultado seriam milhões de pessoas indicadas para novos testes. E só raramente algo realmente ameaçador seria descoberto. Além disso, mesmo que algo perigoso fosse encontrado em um teste assim, talvez não pudesse ser tratado; portanto, o destino final do paciente não mudaria. A única maneira como a tomografia funcionaria nesse caso seria dar ao paciente a má notícia mais cedo e provavelmente aumentar o número de exames, preocupação e despesas.

Quando alguém decide fazer uma tomografia sem indicação, em geral paga do próprio bolso. Nos Estados Unidos, uma tomografia do tórax, abdômen e pélvis em um aparelho de tomografia computadorizada móvel pode ser obtida a 398 dólares. Na outra ponta da balança, um centro de imagens e spa resort no Havaí oferece translado do aeroporto, colar perfumado de boas-vindas, tratamentos de spa, refeições e acomodação por duas noites, além de cinco testes com imagens e outros exames, tudo por quatro mil dólares.

Os altos valores dos exames acabam com o entusiasmo popular pelas imagens de tomografias computadorizadas. De acordo com uma pesquisa de mercado realizada por uma empresa de imagens médicas da área de Boston, o custo era o motivo mais comum citado pelas pessoas para não querer fazer uma tomografia computadorizada. Ao reconhecer que um teste inicial muitas vezes leva a novas perguntas, essa empresa inclui uma quantidade limitada de exames no pacote básico. "Se alguém tem alguma coisa, especialmente no fígado ou nos rins, às vezes aparece na tomografia como um cisto, mas não é possível ter cem por cento de certeza, por isso fazemos uma ultra-sonografia para confirmar esse achado, ou a anomalia no fígado ou nos rins, como parte do exame sem cobrar qualquer adicional. Estamos fazendo isso para deixar o menor número de lacunas possível", afirma o dr. Max Rosen. Mas ele concorda que os centros de imagens não podem oferecer um acompanhamento completo de novos exames toda vez que o resultado apontar para algum tipo de anormalidade.

O radiologista dr. James Borgstede, presidente do Conselho do Colégio Norte-Americano de Radiologia, afirma que as tomografias iniciais não são problemáticas. "O verdadeiro problema está nos resultados falso-positivos obtidos nesses exames. Quem paga por eles?", pergunta. "Sabe como é, os pacientes vêm e pagam pelo exame, mas, quando algo aparece, que em geral é um falso-positivo, então o seguro entra em cena. Se você tiver um plano de saúde, alguém no plano pode fazer esse tipo de exame, e isso muda o perfil de seu plano de saúde e acaba afetando toda a estrutura de seu benefício. Então, acho que precisamos pensar isso do ponto de vista epidemiológico e populacional."

Alguns especialistas vão além, argumentando que, até que as tomografias provem seu valor, as pessoas que optarem pelo exame sem sintomas ou fatores de risco claros arcarão com os custos das conseqüências. O dr. Fishman, chefe do Laboratório de Imagens Médicas

Avançadas nas instituições médicas do Centro Johns Hopkins, em Baltimore, no estado norte-americano de Maryland, observa que um resultado positivo leva a um fluxo constante de exames de acompanhamento regulares, uma fonte de renda para os centros de imagens, mas um dreno para os planos de saúde. "Em minha opinião, eles deveriam fazer o seguinte: se alguém quiser fazer o exame por conta própria, deverá ser responsável por tudo", ele argumenta. Embora apóie a cobertura dos exames iniciais solicitados pelo médico como parte de uma assistência mais abrangente, Fishman adverte para o custo envolvido para a sociedade das tomografias computadorizadas realizadas sem controle. "Na verdade, isso quebraria o sistema. Esses custos acabam tornando-se astronômicos quando buscamos coisas sem sentido", ele alerta. "Não quero que meu plano de saúde aumente de preço porque as pessoas decidiram por conta própria solicitar estudos em centros de categoria duvidosa e depois outros estudos para fazer o acompanhamento de quadros que não têm importância alguma."

O preço potencial para as tomografias computadorizadas patrocinadas pelos próprios pacientes é tão incerto quanto seus potenciais benefícios para a saúde. De acordo com um relato publicado do debate em sessão plenária sobre a tomografia computadorizada na Conferência Científica de 2002 da Sociedade de Radiologia da América do Norte (RSNA), o dr. Bruce Hillman, diretor de Radiologia da Universidade de Virgínia em Charlottesville, afirmou que um estudo sobre tomografias computadorizadas indicou que um exame de rotina em indivíduos saudáveis de 50 anos em busca de cânceres importantes, aneurismas e doenças cardíacas poderia custar 150 mil dólares por ano de vida salva.[2] Em outras palavras, se um grupo grande de pessoas aparentemente saudáveis com 50 anos fosse submetido ao exame, provavelmente alguma forma de câncer tratável seria descoberta.

Digamos que vinte cânceres fossem descobertos e que cada paciente vivesse em média cinco anos a mais por conta da detecção e do trata-

[2] Cobertura da reunião anual de 2002 da RSNA por Diagnostic Imaging.com.

mento precoces. Isso significaria que o programa de triagem poderia receber o crédito para um total de cem anos de sobrevida. De acordo com o cálculo do dr. Hillman, seria necessário fazer testes no valor de 15 milhões de dólares para chegar a um resultado desses.

Outros cálculos geram estimativas de custo menores. No debate da RSNA, o dr. Michael Brant-Zawadzki, diretor-médico de Radiologia do Hoag Memorial Hospital em Newport Beach, na Califórnia, indicou outras análises de testes mais limitados para identificação de câncer de pulmão que prevêem que a tomografia computadorizada pode custar menos de 50 mil dólares por ano de vida salva.

Embora o uso da tomografia possa ser realista, existe algo muito irreal sobre as imagens médicas apresentadas no seriado: os radiologistas são invisíveis. Chase, Foreman ou Cameron, em geral, estão no controle e até o dr. House pára de vez em quando para monitorar o trabalho. Não é assim que as imagens são feitas na maioria dos hospitais.

O dr. Borgstede, radiologista em Colorado Springs, afirma que os médicos raramente olham para os exames finais. Essa função é do radiologista.

"Poucos médicos efetivamente chegam a analisar as imagens. Alguns o fazem, mas não é comum. Eles confiam no laudo. Mesmo quando analisam os filmes, quanto mais sofisticado o teste, mais confiarão no radiologista para ter a interpretação", afirma o dr. Borgstede.

O dr. Fishman concorda, observando que os radiologistas são treinados para reconhecer padrões diferentes nas imagens. Segundo ele, um radiologista em um centro de referência como o dele, que examina muitas imagens de vários casos complexos, tem experiência para reconhecer padrões incomuns capazes de alterar um diagnóstico.

Por exemplo, uma mulher com sintomas de doença no fígado foi submetida a uma tomografia, sendo encaminhada para um oncologista no Johns Hopkins.

"A imagem externa foi interpretada como metástase no fígado", afirma. Em geral, esse diagnóstico tem um prognóstico muito ruim. Mas o dr. Fishman resolveu analisar melhor o resultado.

"No final das contas, a mulher tinha hidatidose, uma infecção muito rara do fígado. É encontrada em países sul-americanos, causada por um parasita encontrado em ovelhas. Essa mulher vinha de Washington, mas era peruana e provavelmente portadora do parasita desde a infância", afirma o dr. Fishman.

"Ela foi encaminhada para o Hopkins para ressecção de um tumor hepático, em vez de hidatidose. Como tumor, não era passível de ressecção. Como hidatidose, era tratável."

Sensibilidade e especificidade

Com qualquer tipo de teste, existe um equilíbrio entre o grau de sensibilidade e a especificidade.

A sensibilidade representa a freqüência com que o teste detectará o que está sendo testado. Assim, um teste com sensibilidade de noventa por cento dará um resultado positivo em noventa das cem pessoas que efetivamente apresentam o quadro que está sendo investigado.

A especificidade representa a freqüência com que o resultado negativo está correto; ou seja, a freqüência com que quem não tem a doença ou condição recebe o resultado de teste correto. Um teste com especificidade de noventa por cento terá um resultado negativo em noventa das cem pessoas que não apresentam o quadro que está sendo investigado.

Na maioria dos casos, um teste que é mais sensível será menos específico e vice-versa. Em outras palavras, se você quiser descobrir todos os casos possíveis, a outra face da moeda é identificar de modo incorreto o maior número de pessoas possivelmente com algo que elas realmente não apresentam. Esse resultado é chamado de falso-positivo. Quando um teste informa incorretamente que alguém não tem a doença quando de fato tem, o resultado é chamado de falso-negativo.

Vamos usar as mamografias como exemplo. Quanto mais detalhada a imagem e mais cuidadoso o radiologista que a interpreta, maior será a probabilidade de que algo seja considerado suspeito, talvez identificando um pequeno tumor de mama. Evidentemente, quanto mais sensível o teste, maior será a probabilidade de que identifique uma mancha que na verdade não seja câncer. Por outro lado, na tentativa de ser mais específico para não preocupar desnecessariamente mulheres que não sofrem de câncer, existe o risco de perder um tumor pequeno.

Interpretar a sensibilidade e a especificidade pode ser algo capcioso, em parte porque a interpretação de resultados não depende apenas da precisão do teste, mas também de a condição ser ou não comum.

Considere a seguinte hipótese: em uma cidade com 1 milhão de habitantes, existe uma doença que infecta uma em cada cem pessoas. Isso significa que existem, provavelmente, 10 mil pessoas na cidade com a doença.

Imagine que você faça o teste para a doença com uma sensibilidade de 99 por cento e uma especificidade de 98 por cento. Parece muito bom, não é? O teste provavelmente identificará 9.900 das 10 mil pessoas com a doença.

Por outro lado, a especificidade de 98 por cento significa que, a cada cem pessoas saudáveis testadas, duas serão informadas incorretamente que podem estar com a doença. Como 10 mil pessoas apresentam a doença, isso significa que as 990 mil pessoas restantes na cidade são saudáveis. Nesse caso, então, a especificidade de 98 por cento significa que quase 20 mil pessoas (dois por cento das 990 mil) serão informadas de que seu teste é positivo para uma doença que realmente não possuem.

Evidentemente, em testes de triagem, nem médico nem paciente sabem com antecedência se o paciente tem a doença. Tudo que sabem é o resultado do teste. Ao analisar novamente os números nessa situação hipotética, sabemos que, no conjunto, haverá 29.700 pessoas com resultados positivos (os 9.900 "verdadeiramente" positivos mais os 19.800 "falso-positivos"). Como 9.900 dos 29.700 resultados de teste positivos são "verdadeiros", existe uma em três chances de que qualquer resultado de teste positivo individual seja verdadeiro. Ou, de outro modo, duas em cada três pessoas com um resultado de teste positivo na verdade não têm a doença.

Agora considere o que acontece com doenças menos comuns. Digamos que, na mesma cidade de 1 milhão de habitantes, a doença para a qual você está sendo testado afeta apenas uma pessoa em cada mil. Isso significa que provavelmente mil pessoas na cidade têm a doença.

Um teste com sensibilidade de 99 por cento e especificidade de 98 por cento provavelmente identificará 990 das mil pessoas com a doença. Lembre-se de que os restantes 999 mil habitantes da cidade são saudáveis e que dois por cento das pessoas saudáveis receberão um resultado "falso-positivo".

Testar todo mundo na cidade geraria cerca de 20.970 resultados positivos (os 990 "verdadeiros" positivos mais os 19.980 "falso-positivos"). Como apenas 990 dos 20.970 resultados positivos são "verdadeiros", a probabilidade de qualquer resultado positivo individual ser verdadeiro é de menos de cinco por cento, o que significa que, a cada vinte pessoas com resultado positivo, apenas uma não será saudável.

Em muitos casos, o limiar para declarar um teste "positivo" ou "negativo" pode ser ajustado para cima ou para baixo, conforme a maneira como o teste é realizado ou os resultados são interpretados. O limiar pode ser baixo nos casos em que a doença tenha conseqüências graves e o seguimento de um teste de triagem é relativamente benigno (talvez apenas repetição do primeiro teste, ou outro que talvez seja ligeiramente mais demorado ou custe mais caro, mas não envolva risco físico algum para o paciente). Por outro lado, talvez você queira estabelecer um limite mais alto e, assim, deixar de fora alguns casos, se a doença não for imediatamente perigosa ou se o seguimento de um teste positivo for uma biópsia cirúrgica ou outro procedimento invasivo que você deseja evitar, se possível.

Não se sinta mal se as estatísticas confundirem você. A sensibilidade e a especificidade podem enganar muitos médicos também. Uma pesquisa descobriu que apenas um em cada cinco médicos interpreta corretamente o significado de um resultado positivo quando recebe os dados de sensibilidade e especificidade dos testes.

Segurança da ressonância magnética

Não surpreende o fato de que quase todos os pacientes primários no seriado façam uma ressonância magnética em algum momento do episódio, já que os MRIs oferecem um método único e poderoso de investigar profundamente o corpo de um paciente.

Esses exames são cada vez mais populares na assistência médica de rotina. Existem cerca de 10 mil aparelhos de ressonância magnética nos hospitais e clínicas norte-americanos examinando aproximadamente 10 milhões de pacientes todos os anos.

A segurança raramente entra na discussão acerca da realização ou não de um exame de ressonância magnética em determinado paciente, ou do momento adequado para tanto. Isso ocorre, principalmente, porque as ressonâncias são realmente muito seguras. Diferentemente da tomografia computadorizada, esses exames não usam raios X nem envolvem marcadores radioativos como PET scans ou outras formas de medicina nuclear, por isso não há qualquer preocupação quanto ao risco de câncer ou quaisquer outros efeitos de radiação ionizante.

Pode parecer que a única desvantagem dos MRIs seja o custo, que pode variar de algumas centenas de dólares para bem mais do que mil dólares, dependendo da área em questão, da sofisticação do aparelho, da extensão da interpretação necessária e das políticas de preços específicas da instituição que possui o aparelho.

Mas nada na vida é totalmente seguro. A maioria dos metais deve ficar do lado de fora da sala de exames de ressonância magnética, porque os ímãs extremamente potentes do aparelho podem atrair até mesmo objetos muito pesados e atirá-los contra os pacientes ou em qualquer outra pessoa na sala. Um tanque de oxigênio pode se tornar um míssil mortal se deixado na sala de MRI. Cadeiras, suportes de soro intravenoso, materiais usados pelo pessoal da limpeza e até carrinhos de entrega já foram sugados pelos aparelhos de ressonância magnética.

O outro risco importante é o dano aos marca-passos, às bombas de administração de fármacos e a outros dispositivos implantados nos pacientes. Em "Histories" ("Histórias", 1-10), Cuddy interrompeu um exame de ressonância magnética imediatamente antes de o campo magnético ser acionado porque a paciente tinha um pino cirúrgico no braço. Ela disse que o ímã teria arrancado o implante do corpo da paciente. E uma placa de metal usada para reconstruir a mandíbula de um paciente forçou a equipe a descobrir a causa de um derrame sem o benefício de um exame de MRI. Entretanto, em ambos os casos, uma ressonância magnética ainda teria sido possível, porque a maioria dos implantes ortopédicos, como articulações substitutas ou parafusos para ajudar a cicatrizar ossos fraturados, assim como a maioria dos implantes dentários, é feita de metais não-magnéticos. Alguns implantes em geral usados em procedimentos realizados nos olhos, no cérebro ou nos vasos sangüíneos podem ser magnéticos e podem ser sugados pelo campo magnético do aparelho de exame, com conseqüências potencialmente dolorosas e até envolvendo risco de vida. Os pacientes com qualquer tipo de implante precisam alertar seus médicos e a equipe médica antes de um exame de ressonância magnética, para ficarem seguros.

De acordo com relatos feitos ao Food and Drug Administration (FDA), dos Estados Unidos, houve cerca de trezentos incidentes de segurança atribuíveis aos exames de MRI entre 1995 e o início de 2005. Nove pessoas morreram. Uma morte deveu-se a um objeto voador. A maioria das mortes ocorreu devido a uma falha do marca-passo ou de outro dispositivo implantado.

As estatísticas do FDA incluem apenas casos relatados de danos reais. Incidentes sem maiores repercussões não são reportados. Um sistema mais abrangente de relato de casos no estado da Pensilvânia registrou 88 incidentes relacionados a exames de ressonância magnética em apenas 16 meses; uma taxa muito mais elevada de incidentes do que os registros do sistema do FDA para o país inteiro, embora os incidentes da Pensilvânia tenham sido, em geral, menos graves do que reportados pelo FDA.

Existem sinais de melhoria. Muitos novos dispositivos implantáveis têm menos probabilidade de ser afetados pelos campos magnéticos. Mas o poder dos MRIs exige respeito... e cuidado com itens que podem ser arremessados ou danificados pelos extraordinários campos magnéticos dos aparelhos.

A tecnologia médica avançada oferece informações sobre o que ocorre no corpo dos pacientes que as gerações anteriores de médicos sequer sonhavam em ter. No entanto, todos esses dados vêm acompanhados de um novo desafio: o excesso de informação. Quais fatos são críticos e quais são apenas "ruído" irrelevante? Os computadores ajudaram a criar uma enxurrada de informações. Mas também são uma parte essencial dos esforços para tentar entender tudo isso.

CAPÍTULO 4

Há um computador na casa?

Será que o dr. House poderia ser substituído por um computador algum dia? Uma máquina não teria esse nível de sarcasmo, esse desprezo pela autoridade ou esse grau de dependência no Vicodin. Mas será que um computador conseguiria igualar sua capacidade de diagnosticar?

"Se você me perguntasse se eu saberia desenvolver um programa de computador melhor do que um médico muito bom, eu responderia que sim", afirma o professor Enrico Coiera, diretor do Centro de Informática e Saúde da Universidade de New South Wales, em Sidney, na Austrália, em um enfático endosso da capacidade da máquina.

Por um lado, todo médico já é assistido pelo computador. É sua única maneira de se manter atualizado.

Um século atrás, seria razoável supor que um bom médico tinha condições de ficar a par da literatura médica, mas não hoje em dia. Mecanismos de busca especializados em medicina são essenciais para os médicos que pesquisam casos incomuns ou fora do escopo normal de sua prática. O Medline, administrado pela National Library of Medicine, contém mais de 13 milhões de referências a artigos em publicações sobre as ciências da vida, a maioria editada nos últimos quarenta anos. Além disso, muitas dessas referências contêm links para cópias digitais dos artigos na íntegra.

As pesquisas podem ser personalizadas para procurar em categorias específicas de estudos clínicos, mas também podem analisar diferentes tipos de informação médica. Uma categoria crescente é a de "revisões sistemáticas". Esses relatórios utilizam sofisticados métodos estatísticos para combinar os resultados de vários ensaios clínicos, na tentativa de ter o quadro geral; em outras palavras, o que há de melhor, levando em conta todos os resultados dos ensaios individuais. A National Library of Medicine também dispõe de recursos especiais que ajudam a localizar informações sobre genética médica, assim como sobre a qualidade e os custos de assistência médica.

A pilha de novos artigos continua a crescer. Em 2004, o Medline acrescentou mais 571 mil novas referências. Isso representa mais do que o dobro do número anual de artigos de pesquisas médicas gerado no início da década de 1980. Atualmente, os médicos estão lidando com uma quantidade muito maior de informação do que seus antecessores. Em média, uma nova citação médica é acrescentada ao Medline a cada 55 segundos. Os médicos não têm condições de se manter atualizados. Precisam de ajuda, e cada vez mais essa ajuda vem dos bancos de dados digitais.

O professor Coiera ressalta que os principais bancos de dados online não são apenas versões eletrônicas dos boletins médicos que os profissionais podem consultar. Quando alguém digita um termo de busca, o programa procura por resumos que contêm informações relevantes e atualizadas. Essencialmente, o computador está decidindo o que os médicos devem procurar primeiro.

Os PDAs, os assistentes pessoais, como os dispositivos portáteis Palm ou Pocket PC, estão colocando esses bancos de dados ao alcance de um número cada vez maior de médicos. Os PDAs também contêm orientações de tratamento, declarações de consenso e listas dos órgãos de saúde pública, de sociedades médicas e das instituições de assistência em que os médicos trabalham.

O *Manual Merck*, considerado o livro didático mais usado na medicina, é um respeitável tomo com encadernação de couro de quase 3 mil páginas. Mas os médicos podem transportar a versão eletrônica do livro em seus PDAs. Não é pouca coisa. A versão para PDA do *Manual Merck* contém informações suficientes sobre as condições e os sintomas dos pacientes que poderiam acabar com o suspense de vários episódios do seriado *House*.

O caso de um atleta estudante que estava com uma infecção de sarampo que atacou seu cérebro em "Paternity" ("Paternidade", 1-02) é um bom exemplo. O gancho que fez com que o dr. House se interessasse pelo caso foi um espasmo mioclônico, uma contração muscular involuntária. A maioria das pessoas tem isso de vez em quando ao adormecer, por exemplo, mas o dr. House ficou intrigado quando viu a perna do rapaz se contrair enquanto ele estava bem acordado.

Se House, Foreman, Chase ou Cameron tivessem procurado em seus PDAs pela entrada "Mioclonus" em sua versão eletrônica do *Manual Merck*, teriam visto que as contrações ocorrem normalmente quando a pessoa está caindo no sono e que os soluços são uma forma comum de mioclonia que afeta o diafragma. Mas se tivessem continuado a ler em busca de condições menos comuns, teriam visto a seguinte lista: panencefalite esclerosante subaguda, distúrbio cerebral causado por uma infecção latente de sarampo, que foi exatamente o que acabaram descobrindo.

Como o professor Denis J. Protti escreveu em um artigo para o site do British National Health Service, "com relação aos PDAs e aos demais dispositivos de mão e sem fio, o uso por parte dos médicos dessas tecnologias está crescendo rapidamente. Ao habilitar o pronto acesso a várias fontes de informação sobre os pacientes e ao conhecimento médico em vários formatos, as aplicações móveis inteligentes oferecem um nível admirável de eficiência para os profissionais sem interromper as interações entre médicos e pacientes. Fornecer níveis cada vez mais elevados de assistência médica implica equipar os médicos em tempo real com uma gama de informações sofisticadas e atualizadas sobre o atendimento dado ao paciente que antes era impossível".

É verdade que os médicos memorizam grande quantidade de informações sobre o corpo humano e as enfermidades às quais ele está vulnerável. Mas já se foi o tempo em que o cérebro do médico e a prateleira do consultório detinham todas as informações necessárias. Especialmente quando há algo incomum sobre determinado caso, hoje os médicos se voltam instintivamente a seus dispositivos portáteis e telas de computador a fim de obter ajuda cibernética.

Os computadores também estão fazendo o verdadeiro trabalho médico nos consultórios. Por exemplo, a maioria dos exames de sangue é interpretada por uma máquina.

"Tudo ocorre nos bastidores. Os pacientes não ficam sabendo de nada. Você recebe o exame de volta e vê que algo foi anotado no final da página dizendo se você é ou não portador da doença, e você acha que esse resultado foi dado por um ser humano; mas muito provavelmente ele foi gerado por uma máquina e conferido por um humano", afirma o professor Coiera, que é autor de *Guide to Health Informatics*.

Pelo menos três sistemas estão comercialmente disponíveis para ajudar os radiologistas a fazer pesquisas em mamografias em busca de sinais de câncer de mama, embora um olho humano tome a decisão final. A detecção assistida por computador é considerada parte da prática padrão e os seguros-saúde pagarão pelo uso dos sistemas de computador em certas aplicações, como detecção de câncer de mama.

Os pesquisadores estão investigando ativamente outras maneiras de usar os computadores a fim de detectar anomalias significativas nas pilhas de dados de imagens geradas por aparelhos cada vez mais sensíveis de ressonância magnética, tomografia computadorizada, PET scan e outros tipos de máquinas de imagens. Na verdade, estudos das imagens de corpo inteiro revelam que quase sempre essas imagens detectam algum tipo de anomalia, mas os nódulos encontrados raramente são perigosos. Fazer a triagem dentre todas as imagens de alta resolução para separar o que pode ser importante de todo o ruído de fundo é uma tarefa assustadora. Os computadores podem ajudar a classificar os dados.

O câncer de pulmão é um dos focos do trabalho. No momento, raramente o tratamento para câncer de pulmão tem sucesso, em parte porque o câncer, em geral, já se espalhou quando o paciente percebe algum sintoma. Novos aparelhos de tomografia computadorizada podem encontrar nódulos no pulmão quando ainda são bem pequenos e relativamente fáceis de remover cirurgicamente. Entretanto, muitos desses pequenos caroços acabam não sendo cânceres, assim como a maioria dos caroços nos seios são, na verdade, cistos ou outras massas provavelmente não perigosas. Por isso, um desafio com que deparam os radiologistas é decidir quando vale a pena investigar um pequeno ponto em uma imagem e quando é melhor deixar para lá, poupando o paciente de procedimentos invasivos desnecessários.

Existem vários modelos de inteligência artificial diferentes que são usados em aplicações médicas. Todos seguem um caminho diferente para atingir o objetivo de fazer com que uma máquina imite alguns dos passos seguidos por uma pessoa ao analisar um problema.

Os sistemas baseados em regras são uma maneira de tentar capturar e informatizar os processos do pensamento humano. De certo modo, os programas de computador que utilizam um sistema baseado em regras são semelhantes às conhecidas listas de verificação que podem orientar determinado médico a chegar ao diagnóstico correto. Por exemplo, quando um paciente apresenta febre e calafrios, várias doenças são possíveis. Se o paciente acabou de voltar da África, então a malária sobe na lista de possibilidades de diagnóstico. Caso contrário, então talvez o problema seja uma variedade de pneumonia viral. Esse tipo de processo SE > ENTÃO pode ser programado em um computador.

Esses tipos de sistemas baseados em regras exigem a descrição explícita do processo lógico que os programadores desejam imitar, mas eles não são a única forma de informatizar a resolução de problemas.

Redes neurais baseiam-se não em listas de verificação explícitas, mas em um tipo de modelo do próprio cérebro; ou seja, em conexões entre os neurônios que são fortalecidas com o uso. Em vez de inserir longas listas de declarações SE > ENTÃO para guiar o computador, uma rede neural é treinada.

"É possível treinar a rede neural em inúmeros exemplos do que você deseja encontrar, até que ela desenvolva uma espécie de imagem em sua própria mente do que está procurando. Então, da próxima vez que você mostrar um exemplo, a rede decidirá se ele parece ou não com o que você deseja encontrar", afirma o professor Coiera.

As redes neurais são adequadas à leitura de eletrocardiogramas ou imagens de tomografias, tarefas que envolvem o reconhecimento de padrões. Entretanto, o professor Coiera observa que, embora as redes neurais possam conectar um conjunto de observações com um conjunto de diagnósticos, não são muito boas de explicações.

"Uma rede neural nunca vai explicar o porquê", afirma.

Às vezes, essa explicação é crucial para que a pessoa que está lendo a resposta do computador decida se a informação é ou não confiável.

Outro tipo de diagnosticista computadorizado pode se tornar mais popular à medida que mais registros de saúde sejam informatizados também. As redes de probabilidade foram desenvolvidas para analisar uma série de sintomas e outras informações, e combiná-las com as explicações mais prováveis. Esse tipo de sistema funciona melhor quanto maior o número de exemplos que o computador dispuser de casos reais em que determinado conjunto de dados descreve uma doença específica. O crescimento dos registros eletrônicos de saúde ajudará a fornecer aos sistemas de redes de probabilidade a quantidade de "experiência" de que precisam para tornar as conexões mais precisas.

Mas até que ponto um computador pode ser eficiente na escolha do diagnóstico certo quando a condição é extremamente rara ou se houver algo de estranho quanto aos sintomas... o tipo de caso em que seguir todos os procedimentos e pistas comuns leva à conclusão errada?

"Essa é a pergunta-chave. Os sistemas de computador são fantásticos no que há de padrão. Isso não significa que não possam captar raridades, mas serão muito bons em situações em que tenham muitos e muitos dados. Por isso, se tiver um caso raro que ninguém nunca viu, porque existem duas doenças e uma está mascarando a outra, e se esse caso é muito raro, então a máquina não será necessariamente muito boa nisso", afirma o professor Coiera. "Mas, ainda assim, é possível usar a máquina para encontrar casos relacionados."

O dr. House puxa os casos raros de sua vasta memória regularmente. Por exemplo, em "Fidelity" ("Fidelidade", 1-07), a equipe está procurando possíveis hipóteses para explicar como uma mulher que nunca tinha saído do país poderia contrair a doença do sono africana. A doença é tipicamente disseminada pela mosca tsé-tsé. O dr. House afirma que a paciente poderia ter sido infectada por contato sexual. Ele faz referência ao relato de um caso de transmissão sexual da doença do sono que foi publicado em uma revista médica portuguesa.

Evidentemente, reles mortais não conseguem se manter atualizados com a literatura médica em língua inglesa, muito menos pesquisar artigos escritos em vários outros idiomas. No entanto, com a ajuda de um computador, não precisam disso. Em vez de confiar na memória, ou em buscas manuais na literatura médica, os médicos podem usar o computador para acelerar o processo de pesquisa de casos semelhantes ao do paciente que está sendo examinado no momento.

"Esse é um exemplo de outro tipo de sistema, chamado de lógica baseada em casos, em que é possível encontrar casos muito semelhantes ao que acaba de encontrar: sintomas, sinais e dados com apresentação semelhante", diz o professor Coiera.

A lógica baseada em casos pode ser o tipo de sistema de computador que mais se assemelha ao modo como as pessoas realmente pensam; ou seja, com a incorporação de toda a experiência individual, de todos os casos tratados, no processo de diagnóstico do próximo caso.

"Envolve a exposição anterior a casos semelhantes, e não a capacidade de pensar logicamente sobre os casos", afirma o professor Coiera.

"Descobrimos que o conhecimento que as pessoas têm baseado em sua experiência anterior é a característica que as distingue, em oposição a algum tipo de habilidade lógica genérica e superpoderosa. Esse tipo de visão é, na verdade, a lembrança de um caso semelhante que viram vinte anos antes, ou algo que guardaram da literatura médica", afirma. "Então, não se trata apenas de reunir informações. Acreditamos que esses médicos fazem uso de uma forte lógica baseada em casos que os fazem estabelecer relações com sua experiência passada."

A doença do sono

Se Foreman, Chase ou Cameron tivessem decidido checar a obscura referência portuguesa do dr. House, uma busca em um banco de artigos da literatura médica usando as palavras-chave "doença sono transmissão sexual" resultaria na edição da *The Lancet*, de 17 de janeiro de 2004. Uma carta em inglês, e não em português, descreve um caso muito parecido com o mencionado no seriado.

Os médicos escreveram de Lisboa, em Portugal, contando que haviam tratado uma jovem com doença do sono africana, embora ela nunca tivesse viajado para a África. Eles descobriram que o seu companheiro, um homem brasileiro que tinha estado em Angola, estava infectado com o parasita tripanossoma, embora ele não apresentasse sintoma algum da doença.

A doença do sono, normalmente, é transmitida por picadas da mosca tsé-tsé. Há relatos de transmissão por transfusão de sangue ou agulhas contaminadas. Mas, nesse caso, os médicos acreditam que a mulher tinha sido infectada por contato sexual. Seu bebê de 19 meses de idade também estava doente. Provavelmente, ela passou os parasitas a ele antes do nascimento.

Em "Fidelity", House e sua equipe estão tentando chegar à conclusão se sua paciente tinha doença do sono ou tularemia, também chamada de "doença do coelho". Seu diagnóstico dependia da confirmação se era ela ou o marido que tinha um caso extraconjugal, porque o contato sexual extraconjugal ajudaria a explicar a doença do sono, com base no relato de transmissão sexual do caso em Portugal.

No seriado, era fundamental fazer um diagnóstico correto, porque o tratamento específico para cada uma das doenças poderia causar efeitos colaterais graves e ameaçar a vida da paciente. Na realidade, a febre do coelho geralmente é tratada com antibióticos, como a estreptomicina, que não costuma ser arriscado. Uma droga, o cloranfenicol, pode levar à anemia aplástica, um grave distúrbio sangüíneo, em alguns casos. Entretanto, o cloranfenicol raramente é a primeira opção, embora alguns especialistas relatem que ele parece ser mais eficiente do que a estreptomicina no ataque à bactéria da tularemia no tecido cérebro-espinhal.

A droga da doença do sono mostrada nesse episódio, o melarsoprol, contém arsênico. Pode ser perigoso, mais de um paciente em vinte pode morrer. Ainda assim, o melarsoprol é usado rotineiramente na África para tratar com eficácia casos da doença do sono.

Nos casos da mãe e do filho infectados em Portugal, os médicos reportaram que ambos foram tratados com sucesso com um medicamento alternativo, a eflornitina, que é considerada menos perigosa do que o melarsoprol.

Em muitos casos, ser uma máquina pode ser uma vantagem quando se trata de fazer o diagnóstico médico correto. As máquinas não são afetadas pela experiência recente. Se você jogar uma moeda e tirar cara cinco vezes seguidas, a maioria das pessoas apostará que a próxima jogada dará coroa; mas um computador calculará corretamente que as chances ainda são 50-50, independentemente dos cinco resultados consecutivos anteriores.

Na medicina, uma das habilidades mais difíceis que os jovens médicos precisam dominar é a capacidade de procurar doenças comuns e ordinárias mantendo, ao mesmo tempo, a mente aberta para a possibilidade de estranhas raridades que podem aparecer, sem se fixar em um só diagnóstico. As máquinas não são tendenciosas nem têm qualquer ligação emocional com um diagnóstico específico.

Não surpreende, portanto, que haja ceticismo quanto à possibilidade de as máquinas avançarem em seu território. Essa afirmação está no episódio "Failure to Communicate" ("Falha na Comunicação", 2-10).

No final das contas, o paciente tem parasitas da malária em seu cérebro, o que aparentemente resulta de uma cirurgia realizada na América do Sul. O dr. House pede que a equipe inspecione visualmente um exame de sangue, em vez de fazer o processamento por computador. Quando Foreman vê o parasita no microscópio, ele e Cameron culpam o computador por não ter identificado esse sinal crítico.

Mas será que é justo culpar o computador? O motivo pelo qual ninguém suspeitara de malária no episódio é que o paciente havia ocultado o fato de ter viajado para a América do Sul, sem contar sequer para esposa. A malária está praticamente erradicada nos Estados Unidos e só aparece em casos em que a pessoa viajou para uma região em que a doença é comum. Não havia motivo algum para procurar parasitas até que a viagem secreta do paciente foi revelada.

Alguns exemplos de sistemas de computador disponíveis aos médicos incluem:

O GIDEON (*Global Infectious Diseases and Epidemiology Networks*) é um sistema de computador comercialmente disponível que é atualizado semanalmente com informações sobre surtos de doenças infecciosas em todo o mundo. Os usuários inserem o máximo de informação possível sobre os sintomas dos pacientes e os locais em que o paciente esteve recentemente. Em seguida, o programa lista os possíveis diagnósticos com classificações de probabilidade.

Em um estudo feito pelos desenvolvedores do GIDEON, informações sobre 495 pacientes foram inseridas. O diagnóstico correto foi obtido em praticamente 95 por cento dos casos, e era o primeiro diagnóstico listado em três de cada quatro casos.

Um exemplo de demonstração compilado pelos criadores do sistema GIDEON parece muito com o tipo de caso que poderia chegar às mãos do dr. House. Um jovem de 20 anos de repente cai doente depois de uma viagem para a Tailândia e a Mongólia. No hospital, o médico insere os sintomas, os achados do exame físico e os resultados dos exames de sangue. A princípio, o software coloca tuberculose no topo da lista de várias possíveis infecções. Caso o resultado não corresponda às expectativas do médico, é possível solicitar uma explicação.

Nesse exemplo, o médico lembra que o paciente mencionou a presença de ratos em sua barraca na Mongólia. Adicionar essa informação ao histórico do paciente lança a peste para o topo da lista, em parte porque o software é constantemente atualizado, por isso pode levar em conta relatos recentes de peste na Mongólia.

O software GIDEON apresenta detalhes sobre a bactéria *Yersinia pestis* e os tratamentos recomendados. Esse tipo de sistema de apoio à decisão pode reunir conhecimentos dos melhores especialistas e dos mais recentes relatórios de laboratórios do mundo todo para uso por médicos em qualquer hospital, clínica ou consultório.

O DXplain é outro sistema de apoio à decisão que está comercialmente disponível aos clínicos. O nome baseia-se na abreviação médica para diagnóstico em inglês: Dx. Como o GIDEON e outros sistemas semelhantes, o DXplain coleta informações do histórico do paciente, achados físicos e resultados de testes e imagens. Em seguida, apresenta uma lista de condições comuns e raras para serem levadas em conta.

De acordo com seus criadores, o DXplain contém "mais de 4.800 manifestações clínicas com mais de 2.200 doenças diferentes". Esse sistema inclui todo tipo de condição, não apenas doenças infecciosas. Os médicos podem inserir informações clínicas para ver que doenças podem estar presentes ou inserir uma doença suspeita para verificar que sinais e sintomas podem estar presentes.

Os pesquisadores da Mayo Clinic em Rochester, Minnesota, fizeram uma pesquisa com um grupo de estudantes de Medicina com acesso ao DXplain à medida que faziam suas sessões clínicas. Praticamente três em cada quatro estudantes de Medicina afirmaram que o sistema freqüentemente – ou sempre – sugeria diagnósticos que eles não haviam considerado. E o restante afirmou que o DXplain oferecia um diagnóstico novo pelo menos em alguns dos casos. A maior parte dos estudantes afirmou que gostaria de ter o sistema de apoio à decisão regularmente disponível.

O UpToDate é um recurso popular baseado em computador para médicos. Tem como objetivo ajudar esses profissionais a encontrar respostas de forma rápida para atender às exigências sempre dinâmicas da prática médica. É supervisionado por várias sociedades médicas. Várias pesquisas independentes destacadas no site do UpToDate, www.uptodate.com, informam que o sistema é usado por muitos médicos e, em geral, é a fonte de referência eletrônica mais consultada. Os médicos informaram aos pesquisadores que obtinham respostas em menos de 15 minutos e que muitas vezes evitavam ter de recorrer a um especialista. Muitos dos médicos em várias das pesquisas realizadas afirmaram que mudaram o diagnóstico ou o tratamento dado ao paciente com base nas informações aprendidas usando o sistema de computador UpToDate.

O professor Coiera criou um catálogo on-line de sistemas de inteligência artificial que estão sendo estudados ou usados em aplicações clínicas. O trabalho de manter o catálogo em www.openclinical.org está sendo levado adiante por terceiros. A seção sobre sistemas de inteligência artificial na prática clínica agora inclui dezenas de aplicativos diferentes, não apenas para ajudar os médicos e demais profissionais a fazer diagnósticos, mas também para oferecer apoio no atendimento de casos agudos, com a utilização e a interpretação de testes de laboratório e de imagens médicas, a administração da prática clínica e a educação tanto de pacientes quanto de estudantes sobre as áreas ligadas à assistência médica.

Os softwares de suporte à decisão estão se expandindo para além dos mundo médicos. Existe um número crescente de sistemas baseados na Web orientados a pacientes. Por exemplo, um desses sites permite que os pacientes forneçam detalhes muito específicos sobre seu tipo de câncer, se é melanoma ou câncer de mama ou de próstata, ou vários outros tipos. Os sistemas utilizam os laudos dos exames clínicos e de laboratório e a própria avaliação dos pacientes sobre sua saúde, além de oferecer sugestões sobre o tipo de tratamento que pode ser considerado, assim como as pesquisas disponíveis. Evidentemente, o sistema não faz recomendações médicas. Tem como objetivo ser um instrumento educacional que ajuda as pessoas a entender a enorme quantidade de informações sobre tratamentos de câncer disponíveis, a fim de encontrar as partes mais relevantes a seu tipo específico de câncer.

Existe uma série de ferramentas para pessoas que estão preocupadas com o risco de desenvolver uma doença cardíaca. Utilizam recomendações de grupos especializados e resumos de pesquisa em uma tentativa de fornecer previsões individualizadas com base em fatores como idade, colesterol, pressão arterial e fumo. Por exemplo, uma calculadora do risco de doença cardíaca leva em conta os potenciais benefícios – e riscos – de certas ações preventivas, como tomar aspirina e medicamentos que possam reduzir o colesterol ou a pressão arterial. Evidentemente, todos que visitam o site são aconselhados a não fumar, a se alimentar melhor e a incorporar algum tipo de atividade física em sua rotina diária.

À medida que proliferam esses sistemas baseados na Web, surgem questões sobre sua credibilidade e especialização. Quem procura um médico sabe que ele é registrado e talvez membro de algum conselho profissional, com alguma especialização em determinada especialidade médica. No entanto, qualquer pessoa pode criar um site e não existe necessariamente qualquer conexão entre o grau de sofisticação do site e o valor subjacente da informação ou conselho que oferece. Os pacientes acabam tendo de se virar sozinhos... e verificar quem está fornecendo as informações em determinado site, se é um órgão público ou universidade, ou, talvez, uma empresa particular interessada em vender produtos, ou mesmo um indivíduo.

E o estetoscópio?

Os computadores estão se infiltrando até no símbolo mais representativo da medicina: o estetoscópio.

O estetoscópio "personifica a essência da medicina: usar a ciência e a tecnologia junto com a habilidade humana de saber ouvir para determinar o que aflige um paciente", de acordo com um trecho do *New England Journal of Medicine*, escrito pelo dr. Howard Markel, Ph.D. Ele é diretor do Centro de História da Medicina da Faculdade de Medicina da Universidade de Michigan, em Ann Arbor.

Entretanto, o estetoscópio pode estar se transformando mais em um símbolo do que em um instrumento regular, pelo menos em sua forma clássica. Hoje existem estetoscópios eletrônicos que assumem boa parte das funções de escuta e interpretação dos sons no corpo dos pacientes.

A brochura on-line de um dispositivo desses afirma que, "quando combinado com o software de análise de som da 3M, o resultado é um sistema de ausculta de ponta e excepcional, que permite ver o som produzido pelo visor do fonocardiograma. Essa combinação de hardware e software melhorará as oportunidades de aprendizado, servirá como auxílio ao diagnóstico e ajudará a se fazer um uso mais efetivo da telemedicina".

Esse modelo específico custa pouco mais de quatrocentos dólares, em comparação com aproximadamente cem dólares para um estetoscópio clássico. O médico ainda pode escutar por meio desse modelo híbrido, mas outros estetoscópios digitais fazem toda a escuta de forma eletrônica, usando microfones ou ultra-som para coletar dados para análise.

Em um estudo de pesquisa, um estetoscópio eletrônico foi usado para alimentar dados a um programa de computador que usava um tipo de inteligência artificial de rede neural. Nesse teste, o sistema eletrônico tinha de fazer a distinção entre pacientes com uma grave doença cardíaca dos demais, que haviam tido murmúrios ou sopros cardíacos considerados inofensivos. O computador acertou tudo.

Os pesquisadores observaram que um sistema assim poderia ser usado para testar crianças a fim de identificar sinais precoces de doenças cardíacas.

Embora muitos médicos sintam-se nostálgicos ao pensar em seu primeiro estetoscópio e se prendam a ele como um elo com a tradição médica, de certa forma, a tomada dos estetoscópios clássicos pela tecnologia moderna é apropriada. Quando o estetoscópio foi criado, também enfrentou muito ceticismo, inclusive médicos que rejeitavam o dispositivo como um afastamento radical da prática apreciada na época de colocar o ouvido contra o tórax do paciente.

Um comentário recente publicado em um site do British National Health Service citou uma análise negativa feita sobre os estetoscópios que apareceu no *London Times* em 1834. "Que o dispositivo venha a ter um emprego generalizado, apesar de seu valor, é algo muito duvidoso, porque sua aplicação benéfica requer muito tempo e causa bastante trabalho ao paciente e ao médico; porque sua natureza e qualidade são estranhas e opostas a nossos hábitos e conceitos", dizia o jornal.

O historiador médico dr. Markel observa que, em retrospecto, as sementes da possível derrocada do estetoscópio já podiam ser vistas em seu próprio surgimento. "Afinal de contas, sua criação iniciou uma tendência irreversível na medicina, separando fisicamente os médicos responsáveis pelo diagnóstico e seus pacientes, ainda que fosse apenas pela distância de um tubo oco", escreveu o dr. Markel.

A tecnologia médica está sempre avançando. Embora o mais recente teste de laboratório e estudo de imagens, juntamente com as técnicas mais antigas de exames físicos e relatos de história pessoal, forneçam informações essenciais, eles não fazem, sozinhos, o diagnóstico do paciente. Mesmo sem o auxílio do computador, cabe aos médicos reunir todos os fatos conhecidos, julgar a credibilidade e a relevância dos achados e, em seguida, selecionar as melhores explicações da gama de possíveis diagnósticos. É aí que entra em cena o quadro branco do dr. House.

CAPÍTULO 5

O quadro branco

Boa parte da ação no seriado ocorre em salas de exames, no laboratório, ao lado do leito dos pacientes e nas salas de tratamento... mas o centro do trabalho do dr. House está na "sala de diagnóstico". Nessa generosa área de conferência encontra-se seu quadro branco. Nesse quadro, o dr. House e sua equipe listam os sintomas e sinais dos pacientes... muitas vezes com os possíveis diagnósticos. O quadro branco é a essência do programa. As concisas anotações escritas no quadro filtram e acompanham cada caso, desde a apresentação até a resolução.

Embora poucos médicos contem com as próprias salas de conferência particular, todos confiam em um processo semelhante personificado pelo quadro branco. "Diagnóstico diferencial" é o exercício lógico durante o qual os sinais e sintomas clínicos são comparados com possíveis diagnósticos. Na maior parte dos casos, os diagnósticos são razoavelmente diretos.

Quase sempre existe mais de uma possível explicação para a queixa principal do paciente, mesmo que um diagnóstico seja muito mais provável do que outros. Por exemplo, um paciente que está com tosse, dor de cabeça e dores musculares provavelmente está gripado... mas o "diferencial" inclui uma série de outras infecções por bactérias, fungos ou outros vírus. Como discutido anteriormente, jovens médicos são treinados para procurar os suspeitos mais comuns sugeridos pelos sintomas e sinais; ou seja, que são cavalos, e não zebras, os responsáveis pelo barulho de cascos ouvido. Os médicos da sala de emergência são treinados para rapidamente investigar os diagnósticos dos casos mais letais. Por exemplo, a dor no tórax pode ser causada por um rompimento na aorta, que pode matar em questão de minutos. Ataque cardíaco é mais provável, mas não é tão mortal ou traiçoeiro. Distensão muscular e azia são os diagnósticos mais comuns, mas menos perigosos.

Esses casos são descartados pelo dr. House como banais e indignos de atenção. Cada episódio do seriado se constrói em torno de um caso cheio de idas e vindas que frustram expectativas, quer seja um verme no cérebro de uma jovem paciente, uma bomba-relógio provocada pelo vírus mutante do sarampo ou um distúrbio genético que parece ser doença mental. Os casos são realmente bizarros. No entanto, apesar de quase sempre as situações retratadas parecerem exageradas, coisas estranhas acontecem.

Embora uma lista razoavelmente gerenciável de infecções e doenças crônicas, distúrbios metabólicos e anomalias genéticas explique a grande maioria dos casos, o dr. F. Parkes Weber, afirmou que, "para cada doença ou síndrome comum, existem várias outras, raras". Em outras palavras, cada condição rara é por si só rara, mas, somando-se todas as condições raras, não é tão incomum assim ver um caso estranho desses. Como disse um médico de emergência veterano, em todos os plantões aparece uma surpresa, e uma vez ao mês, um caso muito complicado de resolver.

Quer seja um caso específico complicado ou simples, o processo de gerar diagnósticos diferenciais e eliminá-los é essencialmente o mesmo. Um artigo sobre a arte de diagnosticar descreveu seis etapas básicas: agrupar os achados clínicos em padrões, selecionar um achado principal, listar as possíveis causas, estudar a lista, selecionar um diagnóstico e, em seguida, validá-lo. Uma qualidade importante consiste em ser capaz de fazer uma hipótese abrangente o suficiente para abarcar o diagnóstico real, sem embarcar em uma busca interminável por causas improváveis. Além disso, essas escolhas críticas são feitas com base em evidências incompletas.

> Como as propriedades dos elementos individuais do histórico e do exame físico em geral não estão disponíveis, é preciso confiar na experiência clínica e na intuição para prever até que ponto muitas informações modificam o diagnóstico diferencial. Para alguns problemas clínicos, inclusive o diagnóstico de embolia pulmonar, a intuição dos clínicos provou-se incrivelmente precisa.
>
> – *Users' Guides to the Medical Literature,* American Medical Association

Em "Daddy's Boy" ("Queridinho do Papai", 2-05), o paciente era um jovem que acabara de se formar. Em uma festa, ele de repente sofre um ataque com sensações semelhantes à de um choque. Além disso, tinha dores de cabeça, náuseas e tonteira. A lista inicial no quadro branco só tinha esses sintomas listados.

Em geral, a apresentação formal de um caso feita nas escolas de Medicina é muito mais detalhada. O quadro branco (em uma faculdade de Medicina ou em uma sala de conferências do hospital, os achados e as causas de fato são listados em um quadro branco) geralmente listaria todas as principais características do paciente e os achados dos exames e testes, em jargão médico. Além disso, haveria uma coluna listando as causas que levaram os médicos que estão fazendo a apresentação a considerar essas possibilidades dentre os diagnósticos diferenciais.

No programa, Wilson, o dr. House e o restante da equipe passam rapidamente por uma série de possíveis causas. Na realidade, a lista pode ser bastante longa.

Por exemplo, esclerose múltipla foi rapidamente mencionada por Cameron. Os diagnósticos diferenciais para esclerose múltipla incluem cerca de duas dúzias de outras doenças e síndromes, que variam de infecções que atacam o sistema nervoso até massas expansivas no cérebro, de infecções oportunistas causadas por Aids a distúrbios metabólicos hereditários, de distúrbios nos vasos sangüíneos à doença de Lyme.

O lúpus também está na lista de diagnósticos diferenciais para esclerose múltipla. Existem testes específicos que podem ser realizados para verificar se a doença está ou não presente. Um dos mais comuns é o de anticorpos antinucleares. Uma amostra de sangue é tirada para verificar a presença de anticorpos que atacam as próprias células do paciente. Se os anticorpos atacarem as células nervosas, o resultado pode ser algum distúrbio neurológico.

Os resultados dos testes para detecção de anticorpos antinucleares devem ser somados à lista de achados. No entanto, como ocorre com a maior parte dos testes, essa única informação não será capaz de solucionar o caso. Praticamente todos os pacientes com lúpus apresentam um teste positivo para anticorpos antinucleares. Entretanto, isso não ocorre com cerca de um em cada vinte casos, por isso um teste negativo não significa necessariamente que o paciente esteja livre de lúpus. Por outro lado, um resultado positivo nem sempre indica lúpus. Na verdade, um resultado positivo para anticorpos antinucleares pode sugerir um dos vários tipos de distúrbios auto-imunes, incluindo a síndrome de Sjögren, que é uma doença inflamatória sistêmica, ou esclerodermia, ou, ainda, outras doenças reumáticas relacionadas.

Além dos resultados dos testes que acrescentam mais informação à lista do quadro branco, o tempo muitas vezes oferece mais pistas. Nesse caso específico do seriado, o paciente desenvolveu uma paralisia do esfíncter. Esse evento levou Foreman a sugerir a síndrome de Miller Fisher, que é uma variedade da síndrome de Guillain-Barré. Essas síndromes tendem a ocorrer após uma infecção. Os pacientes sofrem de sintomas relacionados a um ataque auto-imune que danifica as células nervosas. Eles têm ação muscular anormal ou fraca e certas formas de paralisia, que podem progredir até um nível perigoso.

Houve um pico no número de casos da síndrome de Guillain-Barré nos Estados Unidos em 1976, depois que as pessoas foram vacinadas contra a gripe suína. Existem relatos esparsos de casos após outras vacinações, mas nenhum estudo científico relatou evidências de um elo entre a síndrome de Guillain-Barré e qualquer outra imunização que não a da vacina contra a gripe suína de 1976.

Como as causas da síndrome de Guillain-Barré e a síndrome de Miller Fisher são pouco compreendidas, essas síndromes são difíceis de provar ou descartar. Como resultado, podem ficar na lista do quadro branco como causas potenciais, enquanto outros diagnósticos são investigados.

A síndrome de Guillain-Barré e a de Miller Fisher têm as próprias listas de diagnósticos diferenciais, que se sobrepõem ao de esclerose múltipla ou outras causas de distúrbios neurológicos. Os clínicos podem procurar sinais de síndromes paraneoplásicas, que poderiam apontar para um câncer subjacente.

O dr. David N. Gilbert, diretor de ensino médico do Centro Médico de Providence Portland, em Portland, no estado norte-americano do Oregon, e co-editor de *The Sanford Guide to Antimicrobial Therapy*, descreve o diagnóstico diferencial como uma "árvore que está sempre brotando". Um possível diagnóstico pode sugerir vários outros mais e assim por diante. O dr. Gilbert afirma que, à medida que os médicos tornam-se mais experientes, adquirem a habilidade de reconhecer padrões que os ajudam a entender pistas fragmentárias que são apresentadas pelo paciente. A queixa é aguda ou crônica? Está progredindo rapidamente ou devagar? É um processo inflamatório ou não?

As ramificações dos diagnósticos diferenciais podem ser seguidas *ad infinitum*, caso os clínicos não imponham alguns limites ao processo. As doenças mais comuns naturalmente recebem mais atenção. As conseqüências das condições e os tratamentos disponíveis também são levados em conta. Esses julgamentos tornam-se rotineiros para médicos experientes.

"Na elaboração de um diagnóstico diferencial, o bom médico coloca uma ressalva no final da lista: 'Ou pode ser algo mais que ainda não pensei'", afirma o dr. John Sotos, autor de *Zebra Cards*, um livro que ajuda os médicos a se familiarizarem com os sinais e sintomas de condições pouco conhecidas.

"Na hora da avaliação, se as coisas não se encaixarem direito, é preciso ampliar a lista. O que não se deve fazer é ficar preso a uma hipótese inicial e tentar encaixar todas as manifestações dos pacientes nessa hipótese. Isso é intelectualmente desonesto e presta um desserviço ao paciente. Você cometerá erros. É preciso ser frio, analisar os indícios, ver o que se encaixa. Em seguida, quando algo não se encaixar, é importante expandir seu campo de busca", afirma Sotos.

Uma habilidade crítica é decidir quando determinado achado que não parece atender ao padrão é significativo e quando é apenas uma distração. O dr. Sotos afirma que não há uma linha clara ou um único momento em que essa decisão é tomada. A lista de diagnósticos diferenciais evolui à medida que novas informações se tornam disponíveis.

O dr. Sotos realça a diferença entre o modo de trabalho de clínicos experientes e o tipo de diagnóstico diferencial formal que se tem em uma sala de conferência em um centro médico acadêmico.

"Eu o descreveria como um exercício didático. É muito artificial. Serve para pessoas inexperientes. Esse exercício se transforma ao longo do tempo em um processo de combinação de padrões", afirma. Entretanto, mesmo médicos veteranos podem se valer de um processo mais formal se precisarem ir além do escopo rotineiro de sua prática ou especialidade. "Mesmo alguém muito experiente em neurologia, por exemplo, quando de repente se vê diante de um caso que envolva obstetrícia, vai voltar àquele processo lento e deliberado."

O dr. Sotos afirma que, embora o quadro branco apareça com destaque em todos os episódios do seriado, o dr. House muitas vezes avança, tomando decisões rápidas sobre que testes ou tratamentos devem ser tentados em seguida, decisões que muitas vezes só são explicadas mais adiante.

A arte da medicina

Quando um paciente apresenta problemas clínicos desafiadores, um médico eficiente deve ser capaz de identificar os elementos cruciais por meio do exame físico e da análise do histórico complexo, e extrair os principais resultados laboratoriais dos laudos computadorizados detalhados para concluir se deve "tratar" ou "observar" determinado paciente. Decidir se uma pista clínica deve ser levada adiante ou descartada e ponderar se o tratamento proposto envolve mais risco do que a própria doença são julgamentos essenciais que o médico habilidoso deve fazer muitas vezes por dia. Essa combinação de conhecimento médico, intuição, experiência e bom julgamento define a arte da medicina, que é tão necessária ao exercício da profissão quanto um bom banco de dados científicos.

– *Harrison's Principles of Internal Medicine*, 16ª edição

Como observado anteriormente, ao discutir avaliações em uma sala de emergência, uma ruptura na aorta é forte candidata quando o paciente se queixa de dor no peito, embora seja uma condição relativamente rara, porque pode matar rapidamente. Uma condição incomum também pode receber mais atenção se houver um tratamento eficaz disponível, mesmo que as conseqüências da doença não sejam imediatamente sinistras. Por outro lado, se não houver tratamento eficaz para determinada condição, então ela pode ser colocada no final da lista de possíveis causas, já que um atraso não vai necessariamente alterar o desfecho final para o paciente.

Por exemplo, quando uma pessoa procura o médico queixando-se de movimentos musculares involuntários e rigidez, uma possível causa é a doença de Huntington. Esse distúrbio hereditário é raro, e afeta cerca de uma pessoa em cada 20 mil na maior parte das nações do Ocidente. A doença de Huntington acaba sendo mortal, mas a progressão pode levar mais de uma década. Não há cura conhecida.

Todavia, a queixa inicial que pode sugerir uma possível doença de Huntington também pode ser causada pela doença de Parkinson, que pode ser tratada durante um período longo. Outra possibilidade é a doença de Wilson, um distúrbio relacionado à maneira como o corpo processa o cobre. Essa doença pode ser tratada por meio de dieta cuidadosa e medicação. Assim, um médico pode, primeiro, seguir as pistas que levam ao diagnóstico da doença de Wilson, reduzindo o consumo de cobre na dieta do paciente, a fim de evitar a progressão da condição.

Está tudo nos olhos

Uma mãe de 38 anos começa a agir de modo estranho. Ela bebe e apresenta sinais de danos hepáticos. Assim, o diagnóstico de esquizofrenia e alcoolismo que ela recebe no início do episódio "The Socratic Method" ("O Método Socrático", 1-06) parece razoável. No entanto, House duvida da resposta fácil, claro, e por fim uma observação sobre uma consulta ao oftalmologista desmarcada o leva a um diagnóstico de doença de Wilson, uma disfunção genética que leva à sobrecarga prejudicial de cobre no organismo.

House suspeita que os sintomas psiquiátricos da paciente talvez não sejam de esquizofrenia, e por bons motivos. Há uma lista muito longa de condições que podem ser confundidas com esquizofrenia. Então, quando ele revisou as notas feitas pelo filho da paciente e viu que ela havia perdido uma consulta ao oftalmologista, seria bastante natural imaginar quais seriam os resultados de um exame oftalmológico.

Anéis amarelo-esverdeados na córnea do olho são um sinal clássico da doença de Wilson, embora nem sempre sejam óbvios. Um exame de rotina dos olhos do paciente usando uma luz especial em geral realçará esses anéis de cobre e grânulos de enxofre. Esses depósitos são chamados de anéis de Kayser-Fleischer.

Na prática, qualquer paciente com suspeita de esquizofrenia provavelmente seria examinado para checar a existência da doença de Wilson, uma vez que há tratamento específico e eficaz disponível. Certamente, parece que anéis característicos de Kayser-Fleischer não passariam despercebidos.

A presença de cicatrizes no fígado também é um sinal de doença de Wilson. A disfunção genética afeta a capacidade do corpo de regular os níveis de cobre. O resultante excesso de cobre danifica primeiro o fígado e, à medida que os níveis de cobre se elevam, algum escapa para a circulação sangüínea e é depositado em outros órgãos. Qualquer paciente com doença hepática inexplicada deve ser examinado para a doença de Wilson. A insuficiência hepática é a característica mais letal dessa disfunção.

Uma pergunta feita pelo episódio é por que a paciente teria marcado uma consulta ao oftalmologista. Chase sugere catarata. A catarata, um enevoamento das lentes dos olhos, realmente ocorre em pacientes com a doença de Wilson. No entanto, o tipo geralmente ligado à doença, chamado de catarata girassol, não afeta a visão, mostrando-se improvável que seja causa suficiente para fazer o paciente procurar um oftalmologista.

O tratamento preferencial para a doença de Wilson envolve agentes quelantes que se ligam ao excesso de cobre para que o corpo possa excretá-lo de maneira mais fácil, além de mudanças na dieta para limitar a ingestão de cobre.

No limiar

Poucas coisas na vida ou na medicina são absolutamente certas, por isso os médicos também organizam suas pesquisas diagnósticas em torno de limiares de teste e tratamento. Quando algo está abaixo do limiar de teste, significa que aquela causa específica é tão improvável que não vale a pena ser testada, mesmo que não seja completamente impossível. Na outra ponta do espectro, se uma possível causa exceder o limiar do tratamento, significa que a probabilidade é elevada o suficiente para seguir adiante com o tratamento, mesmo que o médico não possa oferecer cem por cento de garantia ao paciente.

Existem fórmulas para calcular os limiares de teste e tratamento, embora os médicos possam abordá-los de maneira mais informal. Os cálculos, precisos ou intuitivos, incluem os benefícios e os problemas potenciais dos testes e tratamentos.

Por exemplo, em casos raríssimos, o primeiro sintoma de um tumor no cérebro é dor de cabeça. Mas os médicos não solicitam uma ressonância magnética de todos os pacientes que apresentam dores nas têmporas. A ressonância magnética pode não ser perigosa na maioria dos casos, mas o teste é caro e é pouco provável que produza informações úteis para quem sofre de dores de cabeça. Ainda que o custo não fosse problemático, os profissionais de saúde são responsáveis pelo uso adequado dos recursos médicos. Testar todos os pacientes pode significar longas filas de espera e um atraso potencialmente prejudicial aos pacientes cujos resultados dos testes talvez sejam cruciais.

Ou ainda considere todos os exames de sangue disponíveis. Quantas vezes você realmente deseja ter suas veias espetadas para tirar mais soro para testes? Além da dorzinha da picada de um exame de sangue, sempre há o risco de um resultado falso-positivo; ou seja, alguns testes terão resultado positivo mesmo quando o paciente na verdade não apresenta aquela condição. Por exemplo, os exames de sangue PSA, que têm como objetivo detectar sinais de câncer de próstata, podem apresentar altos níveis de antígeno prostático específico por vários motivos. O próximo passo após confirmar o resultado de um exame sangüíneo com valores altos de PSA é geralmente um procedimento de biópsia com agulha para coletar amostras de tecido da próstata. Embora o teste de biópsia com agulha confirme a presença de câncer, na maioria das vezes nenhum tumor é encontrado.

Assim, a questão que os homens e seus médicos enfrentam é: quando vale a pena submeter-se ao desconforto e à ansiedade de um procedimento de biópsia com agulha? Nem sempre é fácil responder a essa questão... e a resposta pode ser diferente para homens diferentes, dependendo de seu ponto de vista pessoal.

Um equilíbrio semelhante dos riscos e benefícios deve ser feito com os tratamentos. Qual o grau de certeza necessário para iniciar a terapia? Depende.

Se a doença for perigosa e o tratamento mostrar-se razoavelmente seguro, então o limiar de tratamento pode ser muito baixo. Por exemplo, os pacientes que chegam à sala de emergência com dor no tórax podem receber aspirina muito antes de os médicos terem certeza de que um ataque cardíaco está em andamento, porque o tratamento rápido com aspirina pode ajudar a restaurar o fluxo sangüíneo até o músculo do coração, limitando, assim, os danos do ataque cardíaco. A aspirina pode causar sangramento no estômago ou nos intestinos, mas o risco é relativamente baixo, especialmente para um paciente que está sendo monitorado na emergência.

Voltando ao exemplo do câncer de próstata, esse limiar de tratamento é mais alto. O tratamento mais comum para câncer de próstata é a cirurgia para remover a glândula da próstata. A cirurgia não só é dolorosa, mas muitos pacientes também sofrem de incontinência urinária e impotência de longo prazo ou até mesmo permanente. Ninguém se apressa em recomendar cirurgia com base apenas em um teste de PSA do sangue. Mesmo depois de um procedimento de biópsia e de um câncer ser confirmado, pode haver dúvidas sobre se o limiar do tratamento foi ou não ultrapassado. Além disso, os tumores de próstata tendem a crescer muito lentamente; os tumores podem levar anos ou até mesmo décadas para causar problemas de saúde. Um homem idoso com outros problemas de saúde pode optar por não fazer a cirurgia, mesmo que tenha câncer, pois considera que a cirurgia para remover um pequeno tumor não vai oferecer benefícios suficientes a ponto de superar o trauma da operação e suas conseqüências.

Em geral, o limiar de teste do dr. House é quase zero. Se houver alguma chance de encontrar algo, ele tende a solicitar outro exame de sangue, uma punção lombar, ressonância magnética, tomografia computadorizada e assim por diante. Ele também demonstra um baixo limiar de tratamento, em geral começando a terapia muito antes de ter certeza sobre um diagnóstico. Os riscos de testes e procedimentos raramente o demovem da idéia.

Talvez o exemplo mais extremo esteja no episódio "Autopsy" ("Necropsia", 2-02). O dr. House disse que a única maneira de provar a existência de um possível coágulo no cérebro de uma jovem paciente seria resfriar seu corpo até que ele basicamente se desligasse e depois drenar o sangue de seu cérebro e fazê-lo voltar acompanhando o fluxo via ressonância magnética. A medida drástica da parada hipotérmica às vezes é usada para reduzir os riscos de cirurgia no cérebro ou em suas artérias principais. O tecido cerebral pode sobreviver mais tempo sem o fluxo sangüíneo normal quando está frio. Esse fenômeno explica a sobrevivência de algumas pessoas que foram reanimadas depois de ficarem submersas em águas geladas. Adotar uma medida tão extrema para minimizar o risco de um procedimento de tratamento é uma coisa; sujeitar um paciente a um processo muito arriscado para confirmar um diagnóstico é algo muito diferente.

Às vezes, é mais difícil analisar a lista de diagnósticos diferenciais quando os sintomas são os mais comuns de todos. Fadiga ou uma sensação geral de cansaço é uma das queixas mais comuns e também a mais difícil de identificar. A lista de diagnósticos diferenciais pode incluir hipotireoidismo, diabete, anemia, mononucleose, depressão e muito mais.

"Após examinar o paciente, posso achar que o diagnóstico mais provável com base em tudo que sei sobre aquele caso é anemia. Então, esse será meu diagnóstico hipotético. No entanto, terei em mente todos esses outros diagnósticos; não vou descartá-los. Vou continuar pensando em todos eles", afirma o dr. Rick Kellerman, médico de família.

No entanto, se a análise da lista não levar a um suspeito principal, o dr. Kellerman afirma que pode procurar uma segunda opinião, não só para ter a perspectiva de outro médico sobre a possível causa subjacente da queixa, mas também para verificar se o problema é urgente ou não. Há tempo para fazer mais exames? Ou será que um dos suspeitos na lista de diagnósticos diferenciais é perigoso o suficiente para justificar o tratamento, mesmo antes de ter certeza absoluta da causa real?

Avançar com o tratamento antes de os fatos serem apurados é uma ocorrência freqüente no seriado. Em um episódio, o dr. House determina o tratamento para a síndrome de Guillain-Barré, embora os testes de anticorpos para a doença tenham sido negativos. Ele suspeitou que o teste talvez tenha deixado algum elemento escapar. Como House achava que o tratamento por plasmaferese, que é um tipo de filtragem sangüínea, e o uso intravenoso de imunoglobulina G apresentavam poucos riscos de efeitos colaterais, fazia sentido prosseguir. Se o tratamento funcionasse, sustentaria o diagnóstico de síndrome de Guillain-Barré... e, se não ajudasse, eles poderiam investigar melhor as outras possibilidades.

Sem exageros

No início da investigação de um caso, o dr. House, freqüentemente, prescreve uma série de antibióticos. Sua idéia é a seguinte: se a doença for uma infecção bacteriana, o antibiótico ajudará; se for um problema diferente, a maior parte dos antibióticos tem poucos efeitos colaterais, por isso seu uso se justifica em qualquer caso.

Na verdade, o uso excessivo de antibióticos criou uma séria ameaça à nossa capacidade de combater doenças infecciosas. O problema é que os micróbios estão evoluindo e se tornando resistentes aos antibióticos e a outros agentes antimicrobianos. De acordo com os Centros de Controle e Prevenção de Doenças dos Estados Unidos (CDC), praticamente 2 milhões de pacientes nesse país são infectados durante seu período de internação e cerca de 90 mil morrem como resultado das infecções contraídas.

Os hospitais são refúgios para micróbios. Afinal de contas, estão repletos de doentes, incluindo várias pessoas vulneráveis a infecções, porque seu sistema imunológico está enfraquecido. Para piorar a situação, muitos dos micróbios nos hospitais são como criminosos detidos em prisões de segurança máxima: eles conhecem todos os truques e podem ser extremamente cruéis. Mais de setenta por cento das bactérias que causam infecções hospitalares são resistentes a pelo menos um dos medicamentos mais comumente usados para tratá-las, afirma o CDC.

Alguns micróbios estão se tornando resistentes a várias drogas. Um relatório publicado no periódico *Clinical Infectious Diseases* afirmou que, em 1992, cerca de um terço das infecções por *Staphylococcus aureus* nas unidades de tratamento intensivo era resistente a vários fármacos importantes. Em 2003, quase dois terços das amostras de *Staphylococcus aureus* coletadas nas UTIs eram resistentes a múltiplas drogas. A possibilidade de haver supermicróbios que não sejam passíveis de tratamento por meio dos medicamentos disponíveis atualmente é uma preocupação crescente. Além disso, o número de novas drogas em teste é pequeno.

Alguns especialistas alertam para o fato de que o futuro pode ser como nos dias que antecederam a descoberta dos antibióticos, quando os médicos não dispunham de armas eficazes para combater os micróbios comuns. Os pacientes melhoravam por conta própria... ou não. Existem campanhas internacionais em andamento para impedir essa perspectiva assustadora. Uma característica importante dessas campanhas é aconselhar os médicos e seus pacientes a resistir à necessidade de prescrever antibióticos de rotina em caso de suspeita de infecção. A esperança é que, com o uso cuidadoso de drogas antimicrobianas, os pesquisadores terão mais tempo para desenvolver novas ferramentas, com o objetivo de ficarmos um passo à frente dos micróbios em constante evolução.

Iniciar o tratamento para ajudar a diminuir a lista de diagnósticos diferenciais, ajudando, assim, o paciente, é uma variação do conceito de limiar do tratamento. Ou seja, em geral os médicos não podem esperar para ter absoluta certeza sobre a causa de determinada queixa do paciente. Se houver pelo menos uma base razoável para suspeitar de determinada causa, e se os efeitos colaterais e os demais riscos do tratamento parecerem aceitáveis, então o fato de que iniciar um tratamento pode ajudar a provar ou descartar o diagnóstico preliminar é mais um item a favorecer a continuidade do tratamento.

Evidentemente, o médico precisa monitorar os efeitos da terapia a fim de determinar se o tratamento é a escolha correta. No episódio "DNR" ("Ordem para não ressuscitar", 1-09), o paciente estava recebendo vários tratamentos ao mesmo tempo. Quando começou a melhorar, não havia como saber qual tratamento surtira efeito. Nesse caso, o dr. House recomendou interromper todos os tratamentos e, em seguida, acrescentar um de cada vez. Desse modo, seria possível identificar qual deles estava funcionando.

Não fazer nada

Existem casos em que não fazer nada é a melhor linha de ação, pelo menos durante algum tempo.

A "ação do tempo" é uma expressão comum utilizada para fazer referência a esses casos em que a inação, pelo menos durante algum tempo, é a melhor opção.

"Digamos que eu não saiba qual é o problema. Os resultados dos testes estão normais e não há uma condição grave que ameace a vida do paciente", comenta o dr. Kellerman. "Nesses casos, um de nossos melhores e mais eficientes testes é esperar um pouco. Não anos, é claro, mas você já acompanhou o caso e deve esperar durante uma ou duas semanas para ver o que acontece. Alguns quadros, devido à ação de vírus, estresse ou outros fatores, simplesmente desaparecem e o paciente se sente melhor. Talvez nem consigamos determinar exatamente o que aconteceu."

Não existem regras rígidas e rápidas que determinem quanto tempo é preciso esperar para que certa doença se resolva por conta própria ou manifeste sua verdadeira intensidade, mas médicos e pacientes muitas vezes são recompensados pela espera.

No primeiro episódio do seriado, mesmo o dr. House, apesar de seu temperamento tipicamente impaciente, recomendou esperar, embora a condição do paciente fosse bem grave. Nesse caso, as causas prováveis na lista de diagnósticos diferenciais tinham ritmos de progressão muito diferentes. Por isso, o dr. House decidiu que, se apenas observasse, a verdadeira causa se manifestaria. Na ocasião a velocidade do declínio do paciente eliminou a possibilidade de câncer. Por fim, a equipe médica encontrou indícios de que o cérebro e outros órgãos do paciente haviam sido infectados pelo parasita tênia.

Neurocisticercose

Cistos cerebrais causados por tênias são raros nos Estados Unidos, mas parecem estar ocorrendo com mais freqüência mesmo entre aqueles que nunca viajaram para países estrangeiros onde as infecções parasitárias são mais comuns. A cisticercose é causada pelo estágio larval do parasita tênia encontrado em porcos, *Taenia sollium*. Cerca de mil casos são reportados nos Estados Unidos anualmente. Um caso em cada dez pode ser de neurocisticercose, o que significa que cistos se desenvolveram no cérebro ou na medula espinhal.

Como retratado no primeiro episódio do seriado, o primeiro sintoma da neurocisticercose em geral são convulsões. Pode não haver indício óbvio sugerindo a existência de tênia. Na verdade, quatro casos foram reportados na comunidade de judeus ortodoxos em Nova York, que nunca comeram nem manipularam carne de porco. Os investigadores chegaram à conclusão de que os parasitas provavelmente haviam sido transmitidos por trabalhadores domésticos que ajudavam a preparar as refeições.

Às vezes, a fonte dos parasitas nunca é encontrada. Quando uma menina saudável de 6 anos que mora em um subúrbio de Chicago teve uma convulsão, os médicos iniciaram o tratamento para o que consideraram ser abscesso cerebral. Durante a cirurgia cerebral, os médicos descobriram que o que tinha a aparência de abscesso na verdade era um cisto contendo larvas de tênia parcialmente degeneradas. A única viagem ao exterior que a menina havia feito foi para a Irlanda, onde é rara a ocorrência de tênias. Nenhum sinal de parasita foi encontrado no exame de fezes da menina ou de outros membros de sua família.

As infecções parasitárias por tênia em geral são diagnosticadas por meio de testes do sistema imunológico que encontram sinais de uma reação de anticorpos aos parasitas. Ressonâncias magnéticas, tomografias computadorizadas e exames oculares também ajudam os médicos a encontrar indícios da presença de cistos. Um simples exame de fezes pode revelar a presença de parasitas, mas nem sempre, como foi o caso da menina de Chicago.

No episódio-piloto, a equipe de House não fez uma tomografia do cérebro do paciente, embora esses exames revelem a presença de cistos de tênias nessa região. No entanto, quando esse tipo de exame não está disponível, os médicos às vezes tiram radiografias de outras partes do corpo em busca de sinais de parasitas, como sugerido por Chase.

O albendazol é um dos medicamentos tipicamente utilizados para tratar casos graves de neurocisticercose. O medicamento pode reduzir a freqüência e a gravidade das convulsões, mas talvez não as elimine por completo.

O dr. Gilbert observa que esperar e observar eram procedimentos mais comuns no passado, enquanto a resposta típica hoje em dia à incerteza é solicitar exames e testes.

"Os médicos costumavam esperar que mais sinais e sintomas se manifestassem", afirma o dr. Gilbert. "O tempo pode estar a seu favor e, às vezes, esperar é o melhor remédio."

Ele se lembra de uma jovem que atendeu na década de 1970. Ela não estava se sentindo bem e uma cultura da garganta apresentou resultado positivo para estreptococo. Ele prescreveu antibiótico, mas, em vez de melhorar, a paciente piorou. Sua garganta estava inflamada. Os testes de sua função renal pareciam um pouco alterados. O dr. Gilbert não sabia qual era a causa dos sintomas, mas, certamente, não era estreptococo. Ele interrompeu o uso do antibiótico, que claramente não estava ajudando, e encaminhou a paciente para outros médicos.

Anos mais tarde, ele e a ex-paciente se encontraram novamente. Ela parecia diferente. A parte superior de seu nariz tinha achatado. Um nariz em sela pode ser sinal de uma doença chamada granulomatose de Wegener, que é um problema incomum nos vasos sangüíneos, em que os vasos inflamados impedem a circulação sangüínea até certos tecidos.

A granulomatose de Wegener não estava na lista original de diagnósticos diferenciais do dr. Gilbert. Não existem exames de sangue que possam identificar especificamente granulomatose de Wegener. Por fim, foi feita uma biópsia da área afetada da paciente, que é o principal método para diagnosticar a doença. A terapia médica em geral ajuda, mas muitos pacientes sofrem recidiva.

"Com base no que eu vi quando a examinei pela primeira vez, essa hipótese seria impossível", afirma o doutor. "Mas o tempo revelou outros sintomas."

Em muitos lugares do mundo, em que não há disponibilidade de aparelhos de imagens de alta tecnologia, esperar e observar que sintomas se manifestem, e em que ordem e ritmo, ainda são os principais procedimentos táticos para se chegar a um diagnóstico.

É claro que existem casos que ficam sem solução. Um estudo com mais de mil pacientes que procuraram clínicas de otorrinolaringologia queixando-se de tonteira revelou que cerca de um em cada quatro casos ficou sem diagnóstico.

Febre é outro sintoma que pode frustrar médicos e pacientes. Na verdade, febres persistentes já deixaram tantos médicos perplexos que a condição ganhou um nome próprio: "Febre de origem desconhecida." A definição clássica é de uma febre que persiste durante mais de três semanas, com temperaturas documentadas acima de 38°C em várias ocasiões e um diagnóstico incerto após uma avaliação prolongada no hospital durante uma semana. As causas reais dos casos que acabam sendo resolvidos variam de infecções a tumores, ou doença vascular, com outras causas diversas também possíveis.

Os casos de febre que atormentam os médicos parecem ter mudado ao longo dos anos. Quando as causas subjacentes acabam sendo descobertas, câncer não costuma ser a explicação mais comum atualmente. Os pesquisadores afirmam suspeitar de vários fatores envolvidos nessa mudança. No entanto, acreditam que os avanços na tecnologia de diagnóstico, como ultra-som ou tomografias computadorizadas, permitiram identificar casos de tumores antes de serem rotulados de "febre de origem desconhecida".

Mesmo diante do tremendo avanço tecnológico, um em cada três casos de febre de origem desconhecida fica sem solução. Esses pacientes melhoram por conta própria e a doença simplesmente fica sem explicação. Infelizmente, alguns casos inicialmente intrigantes acabam se revelando letais. Em uma série de pacientes, câncer no sangue era o responsável por cerca de um em cada dez casos do que fora considerado febre de origem desconhecida. Entretanto, essas doenças sangüíneas, particularmente o linfoma não-hodgkiniano, representavam mais da metade de óbitos registrados pelos pesquisadores.

> A doença em geral conta seus segredos entre parênteses.
>
> – Wilfred Batten Lewis Trotter (1872-1939)

O dr. House deveria reconhecer o trabalho pioneiro do cirurgião de câncer e neurocirurgião britânico Wilfred Trotter. Os casos que ele e sua equipe tratam não têm solução fácil. Eles só conseguem decifrar os indícios por meio de uma cuidadosa investigação. Quando as pistas sutis são reconhecidas, muitas vezes levam a uma mudança radical na direção da investigação diagnóstica.

"É aquela observação casual que o paciente faz que desperta a atenção do médico. Quando o paciente se apresenta com a síndrome 'A', seu quadro está inteiramente compatível com a síndrome 'A' e o médico está considerando a síndrome 'A' como hipótese, uma observação do tipo 'Ah, sim, meus dedos do pé ficam azuis quando isso acontece', aparentemente sem importância, faz com que o médico de repente mude o diagnóstico para a síndrome 'B'", afirma o dr. John Sotos, que citou o dr. Trotter em seu livro sobre doenças e condições incomuns, *Zebra Cards*.

No primeiro episódio do seriado, foi um comentário casual de Foreman sobre comer um sanduíche de presunto que levou a equipe a considerar a possibilidade de infecção causada por um parasita de origem alimentar.

No episódio "Daddy's Boy", discutido anteriormente neste capítulo, o sinal precoce mais dramático do paciente foram sensações semelhantes a choques. Nenhuma das suspeitas se manifestou. De repente, o dr. House abandonou todas as hipóteses anteriores e partiu para a ação quando um amigo do paciente fez uma observação aparentemente fortuita sobre o trabalho do rapaz durante o verão no ferro-velho de seu pai. Esse "parêntese" continha a pista mais importante: a doença do paciente poderia estar relacionada a algo encontrado em pátios de ferros-velhos. Bastou procurarem nos pertences do garoto para encontrar um objeto de metal aparentemente ordinário. A sucata não era nada inofensiva. Era radioativa.

Embora o envenenamento por radiação só tenha aparecido no quadro branco no final do episódio, já havia indícios desse quadro. No início, Cameron mencionou que os choques poderiam ser sinal de Lhermitte, que às vezes é um sintoma precoce de esclerose múltipla. Entretanto, a esclerose múltipla não é a única causa. O sinal de Lhermitte também pode ser causado por exposição à radiação. Na verdade, a sensação de choque é uma conseqüência comum da radioterapia.

Heurística

Embora a medicina seja cada vez mais científica, os médicos são humanos... e ao lidar com evidências disponíveis em um caso difícil a natureza humana pode levá-los a tomar decisões erradas. A análise da maneira como se dá o entendimento humano revela que freqüentemente seguimos atalhos para tomar decisões.

Esses atalhos fazem parte do motivo pelo qual médicos experientes chegam rapidamente a um diagnóstico sem passar por todas as etapas de um exame completo e de um processo de diagnóstico diferencial formal, como fazem os jovens residentes ou recém-formados.

Toda profissão tem suas "regras gerais", estratégias baseadas na experiência do que geralmente funciona ou não. Chamamos essas regras de heurística. Um exemplo de uma heurística popular é a navalha de Occam, a crença de que, quando várias soluções são possíveis, então devemos escolher a mais simples. Na maior parte das vezes, a heurística melhora nossa eficiência. Permite que tomemos decisões mesmo quando as evidências estão incompletas ou confusas. É natural que as pessoas se valham dessas estratégias quando estão com pressa... e os médicos que tentam tomar uma decisão sobre determinado diagnóstico estão quase sempre com pressa.

Apesar de sua enorme utilidade prática, a heurística também pode nos guiar na direção errada.

Três décadas atrás, Amos Tversky e Daniel Kahneman escreveram um trabalho muito citado que foi publicado na revista *Science*, intitulado "Judgment under Uncertainty: Heuristics and Biases". Os autores apresentavam um modelo de como as pessoas tomam decisões, embora muitas vezes não disponham de todos os fatos. Eles propuseram quase uma dúzia de tipos de vieses ou "ilusões cognitivas" que podem afetar o julgamento.

A precisão com que o modelo consegue captar o processo de tomada de decisões do ser humano no mundo real foi questionada. Ainda assim, o famoso artigo e outros artigos e livros tiveram profunda influência nos conceitos populares sobres o processo de pensamento humano, particularmente no diagnóstico médico. Certamente, os médicos precisam estar cientes disso e tentar contrabalançar a tendência natural de tomar decisões rapidamente. Na verdade, esse treinamento é parte essencial do pensamento crítico subjacente à formação médica.

A HEURÍSTICA DA DISPONIBILIDADE

Se tiver ouvido falar de determinada situação recentemente ou assistido a seu desenrolar, você terá mais chances de pensar nela quando estiver diante de situações semelhantes.

"Essas heurísticas podem ser inimigas do processo de diagnóstico. Por isso, algumas instituições treinam seus estudantes e residentes médicos a reconhecer quando estão sendo levados por um caminho equivocado por uma dessas heurísticas, incluindo a da Disponibilidade. Se eu vi um caso de alcaptonúria na semana passada, é muito mais provável que eu faça um diagnóstico igual esta semana por causa da heurística da Disponibilidade. O que aconteceu recentemente fica em nossa mente", afirma o dr. Sotos.

A alcaptonúria é um distúrbio metabólico hereditário raro que pode ser uma das causas da descoloração da urina, mas ocorre em menos de uma pessoa em cada 25 mil.

Obviamente, o seriado parte da premissa de que não é por ser extremamente improvável que algo deixará de ser a causa de determinada condição. Na verdade, muitos médicos experientes se lembram de casos em que um estudante de Medicina escolhe uma doença rara como explicação para os sintomas do paciente. Às vezes, segundo o dr. Sotos, os jovens médicos acabam acertando o diagnóstico.

"O residente termina sua apresentação e diz: 'Acho que este é um caso evidente de sarcoma de células reticulares', que é uma doença extremamente rara, e todos riem dele. Uma semana depois, descobre-se que o paciente de fato estava com sarcoma de células reticulares. Perguntaram ao estudante como ele sabia disso e ele respondeu: 'Bem, o que mais causa esplenomegalia?' É claro que existem vários fatores que podem causar a hipertrofia do baço, mas esse era o único motivo que ele conhecia", conta o dr. Sotos.

A "disponibilidade", ou a quantidade de atenção popular dispensada a determinado assunto, também pode afetar as percepções comuns sobre várias ameaças à saúde. Eis um teste popular: diga qual o tipo de câncer que mata mais mulheres nos Estados Unidos todos os anos. A resposta mais comum é câncer de mama, mas a resposta correta é câncer de pulmão. Segundo estimativas de 2006 da Sociedade Americana de Câncer, o câncer de pulmão mata mais de 72 mil mulheres por ano em comparação com as 41 mil mortes causadas pelo câncer de mama. No entanto, como o câncer de mama recebe mais atenção da mídia e do público em geral do que o câncer de pulmão, muitas pessoas acreditam que ele seja o principal responsável pelas mortes por câncer.

A HEURÍSTICA DA REPRESENTATIVIDADE

Informações adicionais ajudam os médicos a fazer o diagnóstico correto, não é? Bem, nem sempre. Às vezes, informações extras podem ser motivo de distração e obscurecer fatos importantes.

A heurística da Representatividade é o que nos leva a pressupor que alguém que pertence a determinado grupo compartilha características semelhantes com outros daquele grupo. Em um contexto médico, essa heurística pode levar um médico a superestimar ou subestimar a probabilidade de determinado diagnóstico.

No início do episódio "Daddy's Boy", quando o dr. House ouviu que o paciente era um estudante universitário que acabara de se formar, ele rapidamente partiu do pressuposto de que a queixa tinha alguma relação com farras descomunais. Ele extrapolou o conceito do grupo, de universitários se formando, para o indivíduo, que estava doente por uma causa totalmente diferente.

A profissão é uma informação muito importante sobre o paciente. No entanto, é preciso ter cuidado para que a heurística da Representatividade não aumente a importância de determinado fato em detrimento de outras pistas.

Digamos que um voluntário que presta assistência internacional e viaja freqüentemente para a África e um fornecedor local de refeições prontas cheguem ao hospital queixando-se de vômito, diarréia, fadiga e febre. Pode ser natural pressupor que as causas sejam diferentes: ou seja, que o voluntário esteja exposto a vários patógenos exóticos e que o fornecedor passe a maior parte do dia de trabalho na cozinha de seu estabelecimento. O exame no voluntário internacional inclui verificar a presença de amebas e outras criaturas asquerosas, enquanto o do fornecedor envolve verificar a presença da bactéria salmonela, porque ele manipula frangos crus.

No entanto, se os médicos que atenderem esses pacientes considerarem que saber a profissão deles é mais importante do que perguntar sobre suas atividades recentes, provavelmente não descobrirão que ambos comeram ostra em um bar no hotel em que o voluntário estava hospedado, que, por acaso, situava-se bem em frente ao escritório do último cliente atendido pelo fornecedor. Nesse caso, as ostras transmitiram o vírus de Norwalk de um cozinheiro infectado. As queixas dos pacientes não tinham relação alguma com sua ocupação.

ANCORAGEM E AJUSTE

Ao tentar fazer estimativas rapidamente ou com informações incompletas, nossos pressupostos iniciais muitas vezes influenciam os resultados.

Por exemplo, as pessoas tendem a imaginar que uma série de cálculos que começam com um número grande terá um resultado maior do que uma série semelhante que começa com um número pequeno. Em um teste, Tversky e Kahneman usaram as seguintes equações:

1 x 2 x 3 x 4 x 5 x 6 x 7 x 8 = ?
8 x 7 x 6 x 5 x 4 x 3 x 2 x 1 = ?

As pessoas que calcularam a equação começando com 1 chegaram a números médios menores do que as que calcularam a equação começando com 8, embora o resultado de ambas seja o mesmo.

Outra maneira comum de ver o efeito da Ancoragem e do Ajuste no julgamento humano é fazer perguntas do tipo "Qual a freqüência do resfriado comum? Você acha que uma estimativa de que trinta por cento das pessoas ficaram resfriadas no inverno passado é alta ou baixa demais?" Em seguida, faça a mesma pergunta com uma ligeira alteração: "Você acha que uma estimativa de que setenta por cento das pessoas ficaram resfriadas no inverno passado é alta ou baixa demais?" Em geral, as estimativas serão mais altas no grupo de pessoas que responderam à segunda pergunta, porque suas mentes se fixam na estimativa mais alta que é proposta como ponto de partida.

Um médico pode ter de resistir à armadilha da Ancoragem e do Ajuste, dependendo da ordem em que determinada informação ou resultado de teste torna-se disponível. Por exemplo, se o resultado de determinado teste sangüíneo levar o médico a acreditar que é quase certo que o paciente esteja com a doença em questão, mas um segundo teste colocar em dúvida esse diagnóstico, o médico tenderá a manter o diagnóstico original, não o contrário (que seria o caso, se a ordem dos testes fosse inversa, ou seja, se ele recebesse o resultado questionando o diagnóstico em primeiro lugar).

EM BUSCA DE CONFIRMAÇÃO

Uma característica recorrente da natureza humana é a tendência de enfatizar informações que confirmem nossas crenças e descontar os fatos contraditórios.

Na hipótese de um fornecedor de refeições prontas que apresenta problemas de estômago, se o médico acredita que a salmonela foi a causa do quadro, a admissão, por parte do fornecedor, de que ele havia manipulado carne de frango crua teria um peso muito forte. Do mesmo modo, o médico poderia desconsiderar o fato de que outros colegas do fornecedor não contraíram a doença, supondo que tenham sido mais cuidadosos em sua higiene pessoal.

Se o quadro branco tiver cumprido sua missão de ajudar os médicos a organizar todas as informações provenientes de exames e testes, e a propor e comparar diagnósticos diferenciais por meio de sintomas e sinais –, o resultado deve ser um diagnóstico que ultrapassa o limiar de tratamento.

Evidentemente, dar o nome certo à doença não é algo que encerra a batalha. A meta é preservar ou restaurar a saúde do paciente. O tratamento voltado à cura ou ao manejo eficaz da condição é o tema do próximo capítulo.

CAPÍTULO 6

Vamos fazer você se sentir melhor

Para o dr. House, a caçada é tudo.

Diante do quadro branco, em "Daddy's Boy" ("Queridinho do Papai", 2-05), ele afirma: "Tenho certeza de que voltaremos a nos encontrar." Ele está falando sobre a doença e não do paciente. Seu foco é fazer o diagnóstico certo; curar os pacientes que lotam os hospitais parece ser um subproduto fortuito. Para o dr. House, um final feliz significa desmascarar a doença. Para os pacientes, a situação é exatamente inversa, é claro. A causa é menos preocupante do que a cura. Finais felizes para os pacientes significam tratamentos bem-sucedidos.

Em "Control" ("Controle", 1-14), o dr. House interessou-se pessoalmente pelo desfecho do transplante de coração de sua paciente. O cirurgião deu a boa notícia ao final da operação: "Ela vai viver mais do que todos nós."

Embora nem todo paciente do seriado volte para casa completamente curado, a média da equipe é invejável. Uma vida longa e saudável é o prognóstico mais comum, graças ao tratamento eficaz possibilitado pelo diagnóstico correto. Na verdade, as chances de plena recuperação podem ser relativamente boas para o tipo de paciente de *House*; ou seja, jovens e normalmente saudáveis, exceto por uma estranha e ameaçadora enfermidade.

Quando o problema é de exposição externa, como um pesticida, ou uma infecção tratável, ou mesmo um tumor localizado, remover ou erradicar a causa da doença pode restaurar a saúde. O mesmo vale para vítimas de trauma, como pessoas envolvidas em acidentes de carro ou aquelas que quase se afogam e são rapidamente ressuscitadas. Assim que a crise passa, a vida volta praticamente ao normal após um período de reabilitação.

Mesmo os receptores de corações transplantados, muitas vezes, vivem longos anos bem. Já existem transplantados que vivem com seus novos corações há mais de vinte anos. Entre os receptores mais jovens (a paciente em "Control" tinha 32 anos), mais de duas em cada três pessoas têm uma sobrevida de pelo menos cinco anos. Uma pesquisa feita com pacientes submetidos a transplante de coração realizada dez anos após a cirurgia mostra que, em geral, todos estavam vivendo bem. Entretanto, esses pacientes precisam tomar medicação imunossupressora para evitar a rejeição dos órgãos transplantados, e os efeitos colaterais de longo prazo dessas drogas se fazem sentir nos níveis físico e emocional.

Ipeca & corações partidos

O xarope de ipeca era um medicamento básico para se ter em casa. Era quase que universalmente recomendado para o tratamento de emergência, a fim de induzir vômito em caso de intoxicações.

Mas a ipeca também tem um histórico de abuso por parte de pessoas com distúrbios alimentares, como bulimia nervosa. Essas pessoas usam a droga para purgar alimentos de seus estômagos após comer muito. O distúrbio alimentar e o comportamento de purga são bastante agressivos ao corpo. A ipeca tem os próprios riscos.

No episódio "Control" ("Controle", 1-14), uma alta executiva vinha escondendo sua bulimia e o abuso de ipeca até um problema cardíaco quase matá-la. Existem vários relatos na literatura de graves lesões ou até mesmo mortes causadas pelo abuso de ipeca por pessoas que sofrem de distúrbios alimentares.

Ipeca, ou ipecacuanha, é uma planta nativa da América do Sul. A palavra deriva da língua tupi dos índios da região. Com o uso crônico, a ipeca danifica o tecido muscular. Quando ocorre lesão no músculo do coração, essa condição é chamada de cardiomiopatia. O resultado pode ser insuficiência cardíaca.

De acordo com o *Cecil Textbook of Medicine*, a morte súbita por insuficiência cardíaca é um dos riscos do abuso de ipeca. O livro afirma que a morte é incomum, mas é difícil chegar a números conclusivos.

Como a ipeca é vendida sem prescrição médica, os fabricantes não mantêm um registro dos problemas como ocorre com os medicamentos com prescrição, por isso não há meio de saber exatamente quantas pessoas foram vítimas do abuso da planta, ou morreram por causa disso. Ainda assim, existem alguns relatos de centros de intoxicação e outros. Em 2003, uma apresentação submetida ao FDA como parte de uma revisão da condição de medicamento "de balcão" dessa planta indicou que seis dos 17 casos de toxicidade por ipeca que foram investigados envolveram mulheres com distúrbios alimentares que abusaram da substância. Suas idades variavam entre 19 e 35 anos. Cinco delas apresentaram sintais de miopatia. Uma sofreu parada cardíaca causada por emetina, um dos componentes químicos da ipeca.

Quatro dessas mulheres morreram por causa da toxicidade da ipeca. Uma sofreu danos cardíacos permanentes. Só uma se recuperou.

As pessoas que abusam da ipeca podem ter resultados anormais em eletrocardiogramas ou testes de enzimas musculares. A ipeca também pode ser detectada em rastreios toxicológicos do sangue, urina e tecidos.

A paciente em *House* recebeu um transplante de coração porque a ipeca causara danos irreparáveis a seu coração. Existem alguns relatos na literatura médica de que os pacientes podem se recuperar do uso abusivo de ipeca, incluindo o caso de uma paciente cuja função cardíaca voltou ao normal dez dias após o abuso ter sido interrompido.

O autor do relatório apresentado ao FDA sobre danos e mortes causados pela ipeca recomendou a realização de estudos adicionais para avaliar a extensão do problema. Também aconselhou mudar o rótulo nas embalagens de ipeca para evidenciar os riscos potencialmente graves à saúde e alertar sobre a possibilidade de abuso. Ele afirmou que o FDA deveria até mesmo passar a exigir prescrição médica para o uso do medicamento.

Depois de ter descoberto que o uso abusivo de ipeca era a causa da lesão cardíaca de sua paciente, o dr. House informou-a sobre os problemas causados pelo uso habitual do produto, mas disse que era ótimo para fazer uma criança vomitar depois de ingerir acidentalmente um frasco de aspirinas.

A Academia Americana de Pediatria, que há décadas concorda com essa perspectiva, mudou sua visão em 2003. A Academia adotou a nova política afirmando que a ipeca não deve ser mais mantida em casa como tratamento de emergência em casos de intoxicação.

"Embora pareça fazer sentido induzir vômito após a ingestão de uma substância potencialmente tóxica, nunca foi provada sua eficácia na prevenção da intoxicação. Pesquisas recentes não conseguiram demonstrar efeitos benéficos para as crianças tratadas com ipeca. Esse é o principal motivo pelo qual essa política mudou", afirmou a Academia em sua declaração.

Em geral, os índices de sobrevida após o tratamento de problemas graves de saúde diminuem à medida que os pacientes envelhecem, porque outras doenças tendem a aparecer. No entanto, o principal fator é a saúde geral, não meramente a data de nascimento do paciente. Por exemplo, pesquisas recentes sobre importantes cirurgias cardíacas indicam que, se a saúde total do paciente for levada em consideração, a idade isoladamente tem pouco efeito nas taxas de sobrevida.

As estatísticas de transplantes de coração sustentam essa visão. Um receptor de um transplante cardíaco na faixa dos 30 anos, como a paciente do episódio "Control" ("Controle", 1-14), tem praticamente setenta por cento de chances de estar vivo cinco anos mais tarde. Entretanto, a média de cinco anos de sobrevida para transplantados cardíacos na faixa dos 50-60 anos é até mais alta, embora estatisticamente a diferença seja próxima demais. Os transplantados com mais de 65 anos têm índices de sobrevida ligeiramente abaixo de cinco anos, porém, mais uma vez, a diferença não é significativamente relevante.

Assim, quando o dr. House se envolveu em uma discussão com o comitê de transplantes do hospital em defesa de um paciente de 65 anos no episódio "Sex Kills" ("Sexo Mata", 2-14), a premissa do debate estava fora de questão. O dr. House censurou o comitê por não valorizar o paciente simplesmente por causa de sua idade. Ainda assim, os especialistas em transplantes afirmam que, embora o foco apenas na idade do paciente seja uma simplificação excessiva do processo, a cena tinha algo de verdadeiro, porque a falta de doadores de órgãos força as equipes médicas a fazer escolhas difíceis sobre quem receberá ou não um transplante. Como o paciente do dr. House em "Sex Kills" parecia gozar de ótima saúde, a não ser pela infecção bacteriana que lesionou seu coração, poderia ser considerado um ótimo candidato para transplante.

Assim que o paciente é considerado um bom candidato, a idade não é um dos critérios básicos para alocar os órgãos que se tornam disponíveis. O principal fator é se o possível receptor já está doente a ponto de depender de uma máquina (como um dispositivo ventricular) para fazer parte ou todo o trabalho do coração doente. O outro fator crítico é o grau de proximidade do doador com o receptor. Quanto mais rápida for a transferência, melhor será o resultado; um coração doado não pode sobreviver fora do corpo mais do que cerca de quatro horas.

O roteiro desse episódio dá uma reviravolta quando se descobre que ninguém quer o coração de uma vítima de acidente de carro do Hospital-Escola Princeton-Plainsboro, porque os resultados dos testes indicaram que ela estava com hepatite C incurável. Assim, o dr. House parte para provar que o resultado dos testes estava errado. Ele sustenta que a vítima com morte cerebral provavelmente tivera outro tipo de infecção, que ele poderia curar, tornando o transplante seguro.

Embora o pressuposto do episódio pareça estranho e macabro, ou seja, de que o dr. House teria de "curar" uma mulher morta para salvar a vida de sua paciente, na verdade esse tipo de tratamento é feito o tempo todo. Existem protocolos detalhados para o tratamento de doenças infecciosas e outras condições que afetam os órgãos de potenciais doadores. Os especialistas em transplante afirmam que tratar os potenciais doadores, mesmo após a morte cerebral, é uma estratégia vital para enfrentar a terrivelmente escassa oferta de órgãos doados. Um grupo revisou as principais opções de tratamento em um artigo chamado "Care of the Potential Organ Donor", que foi publicado no *New England Journal of Medicine*.

"Cuidar do doador representa basicamente cuidar, ao mesmo tempo, de vários receptores. O manejo médico atento garante que o maior número de órgãos possa ser recuperado na melhor condição possível para proporcionar os melhores desfechos para os pacientes. As terapias existentes parecem melhorar a obtenção de órgãos", afirmam os autores.

O artigo observa que as infecções não necessariamente eliminam a possibilidade de doação de órgãos. Além disso, as estatísticas de transplantes indicam que os receptores de órgãos de doadores com infecções bacterianas têm as mesmas chances de sobrevivência a longo prazo que os demais receptores.

Embora as infecções bacterianas possam ser tratadas com antibióticos, não há cura rápida para vírus como os da hepatite B ou C. O receptor de um órgão infectado com hepatite tende a desenvolver a infecção, que pode não ser curável. Isso significa, conforme afirmou o dr. House, que um teste positivo de hepatite C inutilizaria o coração de um doador doente, certo? Não necessariamente. A infecção por hepatite B ou C pode ser tratada. Um paciente pode aceitar melhor a ameaça a longo prazo da lesão ao fígado causada pela hepatite do que a morte por insuficiência cardíaca em uma semana, que era o destino que aguardava a paciente do episódio.

Existem algumas infecções que são consideradas "contra-indicações absolutas" para a doação de órgãos. Essas incluem HIV, sarampo, raiva, um tipo de vírus que pode causar câncer nas células sangüíneas (vírus da leucemia-linfoma das células T), dentre outras. Um desses vírus realmente poderia inviabilizar as opções de transplante, a menos que o dr. House encontrasse uma solução única. Considerando que a falta de órgãos de doadores significa a morte precoce de muitos pacientes, as equipes e os pacientes de transplantes podem muito bem aceitar órgãos possivelmente infectados com hepatite C.

Os especialistas em transplantes usam o termo "critérios ampliados" quando falam sobre órgãos que não são perfeitos, mas que ainda podem ajudar a estender a vida dos pacientes à espera do transplante. No cálculo dos transplantes, os órgãos de uma pessoa jovem e saudável que de repente sofre lesões fatais, de um acidente de carro ou ato de violência, podem ser considerados "ideais". No entanto, quando um trágico acidente de carro encurta a vida de pessoas mais velhas que talvez tenham problemas crônicos de saúde, seus órgãos ainda podem ter um valor considerável. Os especialistas em transplantes pedem aos indivíduos e às suas famílias para que sempre considerem a possibilidade de doação, porque a carência de órgãos é muito grande.

Restaurar completamente a saúde pode significar esperar demais depois de chegar tão perto da morte, mas a escolha do melhor tratamento é fundamental para dar ao paciente a melhor oportunidade de cura. Freqüentemente, selecionar o tratamento pode ser tão desafiador quanto fazer o diagnóstico correto; sempre existem incertezas e concessões.

Nos casos de pacientes típicos com enfermidades típicas, os médicos podem consultar volumes cheios de conselhos e recomendações compilados com base na experiência clínica e em estudos científicos. Mas o termo "típico", muitas vezes, não descreve os pacientes do dr. House. Freqüentemente, ele e sua equipe precisam abrir caminhos novos; assim, podem buscar tratamentos experimentais.

Tratamento experimental

Em "Maternity" ("Maternidade", 1-04), quando um vírus se espalha por uma unidade neonatal, Foreman sugere usar uma droga antiviral experimental que ele afirma ter produzido resultados positivos em um teste de laboratório. Em "Mob Rules" ("Nas Mãos da Máfia", 1-15), um caso grave de hepatite C é o inimigo. Chase sugere usar um medicamento experimental semelhante a certos tratamentos anti-retrovirais para HIV. Ele ressalta que o medicamento está sendo testado em cães. Dessa vez, Foreman é cético, pois fica preocupado com o fato de que a droga, que nunca foi testada em humanos, possa ser letal.

Embora medicamentos experimentais, às vezes, sejam administrados em situações de emergência, cabe o ceticismo. Só porque um novo medicamento surgiu não significa que ele é melhor. Na verdade, a Pharmaceutical Research and Manufacturers of America (PhRMA), associação americana de pesquisa e fabricação farmacêutica, que é uma entusiástica defensora dos benefícios dos novos medicamentos, observa que, de cada 10 mil compostos que entram em fase de testes de laboratório, apenas um chegará a ser usado clinicamente de forma regular. Isso significa uma taxa de fracasso de 99,99 por cento. Portanto, é extremamente improvável, se não impossível, que um medicamento que ainda esteja apenas em fase de testes laboratoriais possa ajudar um paciente à beira da morte.

Os testes de laboratório dos medicamentos analisam como a molécula experimental afeta algum componente da doença. Por exemplo, será que vai matar ou enfraquecer uma bactéria ou um vírus quando forem combinados em uma lâmina do laboratório? O medicamento se acopla a uma proteína essencial usada pela doença, de modo a bloquear o crescimento ou a capacidade infecciosa da doença, sugerindo, assim, que pode diminuir a progressão no paciente? Essas são perguntas críticas, mas cobrem apenas alguns aspectos de uma doença ou condição. Os testes de laboratório não são capazes de prever, com certeza, como determinada droga agirá em contato com os processos biológicos incrivelmente complexos de uma pessoa viva.

Mesmo se a droga for aquela dentre 10 mil que conseguirá chegar do laboratório ao mercado, nos primeiros estágios da pesquisa, ninguém sabe ao certo a dose a ser usada em humanos ou mesmo como administrá-la. Será que deve ser injetada, ingerida, ou administrada por infusão? Será que vai interagir com outros medicamentos? Quanto tempo deve durar o tratamento?

As chances são melhores para medicamentos que demonstram um resultado positivo em testes animais, como o potencial tratamento contra hepatite indicado por Chase em "Mob Rules". Entretanto, há uma resposta clássica a notícias de que um medicamento experimental curou o câncer em ratos: "Vou recomendá-lo a todos os ratos que conheço que sofram de câncer."

Embora os testes em animais sejam muito mais informativos do que os resultados dos testes de laboratório, existem enormes diferenças entre os animais e os humanos em termos de como seu organismo metaboliza as drogas. Por exemplo, uma série de testes animais de um composto que está de algum modo relacionado ao tipo de tratamento contra a hepatite mencionado em "Mob Rules" demonstrou grandes diferenças na maneira como as diferentes espécies lidam com a droga. Os pesquisadores analisaram a biodisponibilidade, que é uma medida de quanta droga efetivamente entra no fluxo sangüíneo. A biodisponibilidade varia de vinte por cento em ratos para quatro vezes mais, de setenta a oitenta por cento, em cães e macacos rhesus. Em outras palavras, mesmo depois de ajustar as doses para levar em conta o tamanho e o peso dos diferentes animais, a dose equivalente seria quatro vezes mais forte nos cães e macacos do que nos ratos. Se só houver dados disponíveis relativos a estudos em animais, e se não for possível ter acesso a informações críticas sobre biodisponibilidade e outros fatores, seria muito fácil administrar a dose errada de um novo medicamento a um paciente.

Uma agora infame história de primeira página do *The New York Times*, em 1998, falava com grande entusiasmo sobre testes de uma nova classe de medicamentos que haviam eliminado tumores em camundongos. Esse artigo citava um famoso cientista que previa a cura para o câncer em dois anos. No entanto, as duas primeiras drogas do novo tipo de medicamento, angiostatina e endostatina, que foram criadas para impedir a chegada de sangue aos tumores em desenvolvimento, não produziram resultados imediatos ou drásticos quando foram administradas a pacientes com câncer. Embora os pesquisadores continuem a estudar a angiostatina, a endostatina e outras drogas semelhantes, a experiência frustrante serviu de forte lembrete de que o fracasso é muito mais comum do que o sucesso no mundo dos tratamentos experimentais.

Em "Babies e Bathwater" ("Bebês e Banheiras", 1-18), o dr. House afirmou que um medicamento dessa classe, chamado de drogas antiangiogênicas, ou inibidores de angiogênese, porque interferem no desenvolvimento de novos vasos sangüíneos, conseguiu gerar remissões completas em trinta por cento dos pacientes de câncer. Entretanto, o progresso foi ilusório no combate contra o câncer de pulmão de pequenas células que o paciente teve nesse episódio. Um ensaio com um inibidor de angiogênese chamado Bevacizumab despertou muito interesse em 2005 após uma tentativa, que também fez uso de quimioterapia padrão, gerando um índice de resposta de 27 por cento nos pacientes com um tipo diferente de câncer, chamado de câncer de pulmão de não-pequenas células. Em média, os pacientes em terapia experimental sobreviveram por um ano; apenas dois meses a mais do que os pacientes que receberam terapia normal. Dois meses de sobrevida adicional podem ser importantes, mas está muito longe de ser uma cura.

Além das diferenças entre espécies no metabolismo das drogas, existem também diferenças vitais nas próprias doenças. O câncer nos cães é muito semelhante, mas não exatamente igual, ao câncer em seres humanos. Além disso, as doenças em animais de laboratório freqüentemente são artificiais. Os tumores cancerosos em camundongos de laboratório podem ser criados, primeiro, em uma lâmina e, depois, injetados nos animais. Muitos desses camundongos também não são "normais", pois foram desenvolvidos especialmente para fins de pesquisa. Uma das raças mais famosas é chamada de camundongo "nu". São animais sem pêlos, como sugerido no nome; mas a característica mais interessante para os pesquisadores é que esses camundongos carecem de timo e não produzem células T. Sem esse componente crítico do sistema imune, os camundongos não rejeitam os tumores de células humanas, permitindo que os pesquisadores realizem mais experimentos. Outros camundongos também foram criados para desenvolver espontaneamente vários tipos de câncer, a fim de que os pesquisadores possam ver os efeitos dos novos tratamentos.

Esses animais especiais de laboratório desempenham um papel central na pesquisa médica, mas médicos e pacientes não podem simplesmente concluir que o que é bom para um rato de laboratório é bom para uma pessoa.

Se o tratamento potencial passar por testes de laboratório e depois por testes animais, ainda assim, em geral, enfrenta pelo menos três níveis de ensaios clínicos em humanos. Os ensaios de Fase I são de segurança. Esses ensaios iniciais, em geral, envolvem pelo menos algumas dezenas de voluntários. Às vezes, são voluntários doentes, mas na maioria das vezes são pessoas saudáveis, já que o teste envolve apenas segurança, não eficácia. A principal pergunta é: o novo tratamento causará efeitos colaterais inaceitáveis? Embora os resultados dos testes de Fase I às vezes sejam chamados de "promissores" ou "encorajadores", os estudos não são projetados para demonstrar se o tratamento efetivamente gera benefícios. Cerca de dois terços dos tratamentos experimentais passam pelos ensaios de Fase I em humanos.

Os ensaios de Fase II são criados para determinar se o tratamento experimental efetivamente funciona. A maior parte dos medicamentos que chegam a esse estágio não vai além, porque não corresponde às expectativas geradas pelos testes em laboratório e em animais.

O teste de Fase III, geralmente, é o maior ensaio clínico, que coloca à prova o novo tratamento. Pode envolver milhares de pacientes em várias localidades, os quais são acompanhados durante meses ou anos. É nessa fase que os pesquisadores descobrem se os benefícios da nova droga compensam os efeitos colaterais... e em que dose. Embora os medicamentos sejam submetidos a anos de estudos antes de chegar a esse ponto, aqueles que entram na Fase III de ensaios em humanos não podem ser considerados produtos acabados. Na verdade, até três em cada quatro desses medicamentos não chegam ao final do ensaio.

Para aquele fármaco que consegue passar no grande teste, os ensaios clínicos de Fase III são, em geral, a última etapa antes que um fabricante requisite permissão ao FDA para a comercialização do produto novo; mas mesmo ensaios de grande porte não revelam tudo sobre os novos medicamentos. As experiências da combinação de drogas para emagrecer fen-fen (fentermina + fenfluramina), o analgésico Vioxx e muitos outros medicamentos mostram que, mesmo quando as drogas parecem ser satisfatórias nos ensaios que envolvem milhares de pessoas, quando elas entram em uso clínico efetivo os benefícios podem ser menores e os riscos maiores do que o esperado.

Ainda assim, para fins de argumentação, vamos dizer que exista uma droga experimental que possa ajudar um paciente desesperado, mas que ainda não recebeu aprovação do FDA. Será que um médico poderia usá-la, caso parecesse ser a única esperança para tratar o paciente?

Foreman disse que um de seus professores da faculdade de Medicina estava desenvolvendo antídotos contra a guerra química para os militares e que este seria o tratamento ideal para salvar os adolescentes que haviam sido expostos a doses potencialmente letais de pesticidas em "Poison" ("Veneno", 1-08). Ele deu um telefonema e um lote foi enviado imediatamente.

Na verdade, pode acontecer. Não é fácil, nem comum, mas ainda assim é possível.

O FDA tem procedimentos para uso de emergência de tratamentos experimentais, incluindo formulários para preenchimento e envio. No entanto, os médicos podem entrar em contato com uma autoridade do órgão a qualquer momento, 24 horas por dia, por telefone, a fim de obter uma autorização imediata, caso necessário. Os regulamentos do FDA autorizam especificamente o uso de drogas experimentais em situações de emergência em que não há tempo para passar pelos canais normais. Em geral, a situação de emergência envolve um único caso. Os médicos, ainda assim, precisam preencher formulários e fornecer informações quando cessada a emergência. Se quiserem usar o medicamento novamente em outros pacientes, o hospital teria de submeter mais documentos e participar de um ensaio clínico ou estabelecer um procedimento formal para aplicar drogas experimentais a pacientes que não estão participando de ensaios clínicos.

Entretanto, mesmo que a aprovação do FDA não represente um problema, descobrir a existência de tratamentos experimentais e depois obter amostras pode ser realmente algo desafiador. Novas drogas, em geral, são segredos muito bem guardados pelas empresas farmacêuticas. Na verdade, é contra a lei para o FDA sequer admitir a existência de um novo medicamento, a não ser que o fabricante escolha divulgar publicamente essa informação. E o FDA não se envolve com a distribuição e o fornecimento do medicamento; isso cabe inteiramente ao fabricante ou aos pesquisadores proprietários do produto. Pode haver um suprimento extremamente limitado de um novo medicamento e ele pode se destinar exclusivamente a pacientes em ensaios clínicos.

Os pacientes interessados nas novas drogas são estimulados a participar de ensaios clínicos. O governo federal dos Estados Unidos mantém um site, clinicaltrials.gov, que lista muitos desses ensaios. Participar de um desses estudos não significa necessariamente ficar curado. Alguns ensaios usam placebo ou pílulas falsas para ajudar a provar que os efeitos obtidos são realmente devidos à droga em teste. Embora muitos afirmem que não querem receber placebo, o fato é que, na maioria dos ensaios, os pacientes do grupo placebo têm desfecho tão bom ou melhor do que os demais que recebem o novo medicamento. As novas drogas são chamadas de "experimentais" por um bom motivo: ainda não existe comprovação de sua eficácia... e elas podem gerar surpresas desagradáveis.

Talidomida

A "garota-propaganda" da regulamentação de medicamentos por parte do FDA nos Estados Unidos é a talidomida.

Na década de 1960, essa droga foi aprovada para uso em várias nações européias como sedativo. No princípio, parecia funcionar bem, com poucos efeitos colaterais. No entanto, o produto não havia sido submetido aos exaustivos ensaios em humanos que são realizados hoje em dia, incluindo estudos dos potenciais efeitos em um feto em desenvolvimento. As conseqüências da falta de pesquisas foram trágicas. Cerca de 8 mil bebês nasceram sem braços ou pernas, ou com nadadeiras em vez de braços.

Antes que o terrível índice de más-formações fosse reconhecido, o fabricante da talidomida tentou forçar a aprovação da droga para venda nos Estados Unidos também. No entanto, como observa um artigo do FDA, uma cientista do órgão insistia na necessidade de mais testes. A dra. Frances Kelsey, Ph.D., não ficou satisfeita com os resultados em testes animais. Em seguida, a Europa registrou um aumento no número de casos de más-formações. No final das contas, alguns adultos também sofreram graves efeitos colaterais, incluindo paralisia permanente das mãos e dos pés.

Agora a talidomida está de volva... de certa forma. As propriedades que causam tantos danos aos fetos em desenvolvimento podem ser úteis contra certas doenças. No final da década de 1990, o FDA finalmente aprovou as vendas nos Estados Unidos, não para o uso original do medicamento como um sedativo. O órgão autorizou a venda de talidomida para tratar uma condição inflamatória que afeta pessoas que sofrem de lepra, também chamada de hanseníase. O dr. House encomendou um lote para tratar de um menino que sofria da doença no episódio "Cursed" ("Amaldiçoado", 1-13). Cameron ficou chocada no início, reagindo ao estigma histórico da talidomida e à sua ligação com terríveis defeitos de nascença. Mas o dr. House argumenta que há poucas chances de que um menino de 12 anos engravide.

As prescrições de talidomida são altamente controladas. É um produto "tarja preta", com informações realçadas na bula que precisam ser distribuídas com o medicamento. Em linhas gerais, o alerta é o seguinte:

AVISO: RISCO DE GRAVES DEFEITOS DE NASCENÇA SE INGERIDO DURANTE A GRAVIDEZ. A TALIDOMIDA PODE CAUSAR GRAVES MÁS-FORMAÇÕES OU A MORTE DE FETOS. O MEDICAMENTO NUNCA DEVE SER USADO POR MULHERES GRÁVIDAS OU QUE VENHAM A FICAR GRÁVIDAS DURANTE SEU USO. MESMO UMA ÚNICA DOSE (UMA CÁPSULA [50, 100 ou 200 mg]) INGERIDA POR UMA MULHER GRÁVIDA PODE CAUSAR GRAVES MÁS-FORMAÇÕES NO FETO.

A talidomida também pode ter benefícios potenciais para alguns pacientes com degeneração macular e certas feridas que afligem os aidéticos.

Uma incrível nota histórica: a dra. Kelsey não era uma avaliadora experiente do FDA quando resistiu à pressão dos fabricantes da talidomida. Ela trabalhava no órgão há pouco tempo e a talidomida foi a primeira droga sob sua incumbência. Sua teimosia em exigir mais estudos transformou-a em uma lenda do FDA.

Na maioria dos casos do seriado, o tratamento é quase sempre direto e óbvio. Se for uma infecção, acabe com ela com um ataque de antibióticos ou antivirais. Se for um tumor, arranque-o fora. Em "TB or not TB" ("Tuberculose?", 2-04), o dr. House está confirmando suas suspeitas de um tumor no pâncreas do paciente em uma cena... e, na cena seguinte, o paciente tem alta hospitalar, inteiramente recuperado.

Se for intoxicação ou envenenamento, remova a fonte.

Bagulho contaminado

Em "Sports Medicine" ("Medicina Desportiva", 1-12), a combinação de ossos frágeis e quebradiços, problemas de fertilidade e testículos retraídos, assim como problemas renais em um jogador de beisebol profissional, deixou perplexos o dr. House e sua equipe, até que ele observou que a esposa do paciente tinha problemas olfativos. De repente, o envenenamento por cádmio, provavelmente por fumar maconha cultivada em solo contaminado, saltou para o topo da lista de possíveis diagnósticos.

Todas as peças do quebra-cabeça se encaixam. O cádmio está ligado a perda óssea, problemas renais, testículos retraídos e sentido olfativo prejudicado. A maconha e outras plantas podem tirar cádmio do solo e concentrá-lo. Inalar fumaça contendo cádmio pode levar o metal pesado tóxico para dentro do organismo.

"Ai, ai"

Problemas ósseos ligados ao cádmio tornaram-se óbvios quando alguns pesquisadores descobriram a causa da doença de "*Itai-itai*", no Japão, logo após a Segunda Guerra Mundial. "*Itai-itai*" significa, literalmente, "Ai, ai". O termo refere-se à dor sentida por pacientes cujos ossos quebravam com freqüência e que não consolidavam adequadamente. Os pacientes também apresentavam degeneração dos rins.

Por fim, os médicos correlacionaram a doença de "*Itai-itai*" com a contaminação ambiental generalizada das minas de cádmio da região. Depois que controles ambientais foram implementados e o ambiente foi limpo, os casos de "*Itai-itai*" diminuíram.

Os efeitos tóxicos do cádmio às vezes são chamados de forma adquirida da síndrome de Fanconi, que é um distúrbio hereditário. Os ossos perdem e ganham tecido ao longo de nossa vida. O processo envolve um delicado equilíbrio. No entanto, os rins dos pacientes com a síndrome de Fanconi excretam importantes minerais, em vez de reabsorvê-los no fluxo sangüíneo. Quando cálcio ou outros importantes minerais se perdem dos ossos de maneira mais rápida do que são substituídos, os ossos não crescem adequadamente e fraturam.

Embora os pesquisadores tenham estabelecido a ligação entre cádmio, contaminação ambiental e efeitos tóxicos em seres humanos há meio século, a ameaça não terminou. Os pesquisadores já viram problemas nos ossos, nos rins e em outros órgãos resultantes de níveis de contaminação por cádmio bem menores do que os vistos na experiência do Japão. Por exemplo, a poluição causada por uma refinaria na Bélgica foi relacionada com redução da densidade óssea, índices mais altos de fraturas ósseas e uma diminuição anormalmente acentuada da altura de homens e mulheres mais velhos. Acredita-se que as lesões ósseas vistas na comunidade belga estejam relacionadas com lesões renais causadas pela poluição por cádmio.

Os estudos do Argonne National Laboratory, em Argonne, no estado norte-americano de Illinois, sugerem que os trabalhadores nas fábricas podem ser contaminados por níveis extremamente baixos de cádmio, níveis que atualmente são legais. Os pesquisadores acreditam que mesmo pequenas exposições ao cádmio podem acelerar a perda óssea. Como a perda óssea, ou osteoporose, é um problema comum em pessoas da terceira idade, os problemas apresentados por um operário mais velho, ou por aposentados de uma fábrica com a presença de cádmio, podem ser atribuídos à idade, quando, na verdade, podem fazer parte da exposição ao cádmio.

Outros estudos ligam os elevados níveis de cádmio a testículos reduzidos em homens. Existem também evidências de que o cádmio e outros metais pesados podem causar danos ao neuroepitélio olfativo, interferindo, assim, no sentido do olfato. Na verdade, alguns pesquisadores afirmam que uma proporção significativa de casos de lesões ao olfato que atualmente estão listadas como "idiopáticas", ou sem explicação, pode ser causada por exposição ao cádmio ou a outros metais.

É possível ser contaminado por cádmio mesmo que você não trabalhe nem viva perto de minas de cádmio, usinas ou outras fontes industriais de metais pesados. O cádmio está presente na fumaça do cigarro. As fábricas de tabaco retiram o metal tóxico do solo e depois o fumo o transfere para os pulmões.

A exposição elevada a cádmio é um dos riscos de fumar qualquer marca de cigarro; no entanto, os níveis de cádmio e os riscos resultantes de lesões ósseas e renais parecem ser maiores com cigarros vendidos no mercado negro. Estudos na Jamaica, no Reino Unido e em outros países documentaram a presença de níveis mais altos de cádmio em cigarros ilícitos. Um estudo na Jamaica revelou níveis de cádmio no tabaco equivalentes a cinqüenta vezes os níveis encontrados nos cigarros comerciais. Os pesquisadores afirmam que os níveis elevados refletem as conhecidas altas concentrações de cádmio no solo da região.

Evidentemente, a Jamaica também é conhecida por sua produção de maconha. O risco de exposição ao cádmio pode ser maior em relação à maconha do que ao tabaco. A planta *Cannabis sativa* parece ser extraordinariamente eficiente em retirar cádmio do solo. Na verdade, a maconha ou o cânhamo podem ser instrumentos úteis para limpar locais de lixo tóxico. Por exemplo, em um conjunto de testes na Europa Oriental, os cientistas ambientais descobriram que as plantas de maconha são mais eficientes do que várias outras plantas em extrair metais pesados, particularmente o cádmio, de solos contaminados.

Nos tratamentos médicos reais, as decisões de tratamento nem sempre são tão diretas quanto as do seriado. Será que a cirurgia é melhor do que o tratamento medicamentoso? Será que o tratamento deve ser agressivo, apesar dos riscos mais altos de efeitos colaterais, ou conservador, mesmo que isso signifique mais incerteza sobre a solução do problema? Nos casos em que as opções de tratamento são experimentais ou procedimentos alternativos, como os médicos tomam a melhor decisão por seus pacientes? Parte da resposta a essa questão envolve outra pergunta: quais são as evidências?

Medicina baseada em evidências

O termo "medicina baseada em evidências" em geral gera uma resposta confusa. Afinal de contas, a medicina não é *toda* baseada em evidências? Surpreendentemente, a resposta é não; boa parte da prática médica moderna não tem provas científicas concretas. Em vez disso, pode haver fortes indícios de pesquisas ou pode haver um longo histórico de experiências clínicas para sustentar determinada linha de tratamento; ou, talvez, simplesmente pareça lógico.

Isso não quer dizer que o tratamento que não tenha passado pelos mais rigorosos ensaios clínicos controlados e randomizados não seja boa medicina. Afirma-se freqüentemente que se a aspirina fosse lançada hoje como um novo medicamento experimental, talvez não fosse aprovada, por causa dos riscos concretos de hemorragia potencialmente ameaçadora ou de superdose tóxica, além do risco de causar síndrome de Reye nas crianças. Mas a aspirina também ajuda milhões de pessoas a aliviar a dor e pode reduzir substancialmente as chances de morte por ataques cardíacos em pessoas qu estejam em condições de alto risco.

No entanto, existem muitos exemplos de tratamentos que todos "sabem" que funcionam, apesar da falta de evidências científicas. Uma famosa revisão dos tratamentos cardíacos realizada no início da década de 1990 revelou que, embora as injeções de lidocaína fossem usadas rotineiramente para prevenir fibrilações cardíacas perigosas, não havia estudos concretos para apoiar essa prática. O tratamento com lidocaína ainda é usado, mas existe um debate acirrado sobre métodos alternativos preferenciais.

Em outro caso, envolvendo uma terapia cardíaca bem aceita, a maioria dos médicos acreditava que determinado grupo de drogas que comprovadamente ajudavam a controlar anormalidades no ritmo cardíaco eram úteis também aos pacientes que tinham ligeiras arritmias. Tornou-se prática corrente administrar essas drogas a pacientes que apresentavam pequenas arritmias detectáveis com monitores cardíacos, embora não estivessem sentindo sintoma algum. Em seguida, um grande ensaio envolvendo esses pacientes assintomáticos revelou que os pacientes que recebiam as drogas populares chamadas encainida e flecainida tinham mais chances de morrer do que os pacientes que recebiam pílulas de placebo. Um dos pesquisadores que conduziu o ensaio desses medicamentos antiarritímicos afirmou que muitos de seus colegas zombaram da realização de testes científicos caros sobre um tratamento que todos "sabiam" que funcionava. O debate terminou quando os resultados mostraram que, nesse caso, o senso comum e a prática de rotina estavam totalmente equivocados.

Os medicamentos ainda são usados para tratar pacientes com arritmias cardíacas mais graves, nos casos em que os riscos são menores do que os benefícios.

De certo modo, a personalidade do dr. House está bem enquadrada na doutrina da medicina baseada em evidências. Embora a maior parte das pessoas tenda a confiar nas opiniões de especialistas, ele demonstra pouco respeito pelas figuras de autoridade ou pelos conselhos de especialistas, com base apenas em suas reputações. Ele não escolheria determinado tratamento simplesmente porque algum especialista o considerou a melhor opção para o caso.

É exatamente assim que funciona a medicina baseada em evidências. A "opinião especializada" é considerada a menor forma de evidência possível; não é desprovida de valor, mas é algo que só deve ser usado quando não houver outros dados disponíveis. Afinal de contas, a opinião do especialista pode não ser mais do que a soma do que um único médico lembra de sua experiência clínica, que está sujeita aos caprichos da memória e aos naturais vieses humanos.

Na hierarquia das evidências, logo acima do parecer do especialista vêm os "relatos ou séries de casos". São coleções de experiências clínicas. São úteis para registrar fatos que ocorreram, mas têm muitos pontos fracos. Por exemplo, um relatório de Portugal ajudou o dr. House a resolver o caso de uma jovem que contraiu a doença do sono africana por transmissão sexual no episódio "Fidelity" ("Fidelidade", 1-07). Entretanto, esse relatório não apresenta informações sobre a freqüência em que determinado fato ocorre ou se o tratamento usado em um caso necessariamente produzirá os mesmos resultados em outros casos.

Mais acima na hierarquia estão os "estudos observacionais". Esses são os tipos de estudo que recebem ampla atenção quando parecem conectar atividades diárias com certos riscos ou benefícios. Por exemplo, quem toma café corre mais ou menos risco de desenvolver determinados problemas de saúde? O uso intensivo de telefone celular está associado a um risco maior de tumores cerebrais? Essas duas perguntas geraram muitas manchetes nos jornais, mas os estudos por trás das notícias em geral não conseguiram oferecer respostas confiáveis. Um dos principais pontos fracos dos estudos observacionais é que eles podem ser descartados por fatores de confusão... ou podem confundir causa e efeito.

Um fator de confusão é algo que os pesquisadores não consideraram que fosse o verdadeiro culpado. Por exemplo, os primeiros estudos realizados sobre os suplementos vitamínicos pareciam sustentar a hipótese de que trazem benefícios à saúde, sem levar em conta o fato de que muitas pessoas que tomavam vitaminas também consumiam dietas mais saudáveis e faziam mais exercícios do que as pessoas que não usavam vitaminas. Os estudos observacionais precisam ser muito cuidadosos sobre alegações de causa e efeito, porque os pesquisadores muitas vezes não sabem o que vem primeiro. Por exemplo, os adolescentes deprimidos têm maior probabilidade de ingerir álcool ou a ingestão de álcool causa depressão em adolescentes? Os estudos observacionais não conseguem diferenciar esse tipo de problema.

Agora chegamos à seara dos "ensaios controlados e randomizados". Em geral, são chamados de "padrão ouro" da ciência médica, porque, se forem criados e desenvolvidos corretamente, poderão superar muitos problemas relacionados com lembrança humana, observações subjetivas, fatores confusos e outros desafios. Em bons ensaios controlados e randomizados, centenas e até milhares de participantes são distribuídos aleatoriamente para receber um ou outro tipo de tratamento, ou nenhum. Os tratamentos em geral são feitos de modo que nem os pacientes nem os pesquisadores sabem quem está recebendo o quê – são os assim chamados estudos duplo-cego.

Os ensaios controlados randomizados podem oferecer respostas definitivas, mas existem limitações. Em geral, são dispendiosos. Podem responder apenas a perguntas limitadas, tais como se determinada droga é melhor do que outra para pacientes com um conjunto específico de sintomas; um ensaio não pode informar como evitar a doença cardíaca ou o câncer. Além disso, não seria ético realizar ensaios clínicos para responder a muitas perguntas importantes. Por exemplo, existem indícios de muitos estudos observacionais de que as pessoas que bebem um pouco de vinho ou outras bebidas alcoólicas apresentam taxas menores de doenças cardíacas do que as pessoas que não bebem. No entanto, permanece a questão: existe mais alguma diferença entre as pessoas que bebem com moderação e as que não ingerem álcool? Um ensaio controlado randomizado poderia resolver a questão, mas um ensaio robusto exigiria que algumas pessoas que não bebem passassem a beber – uma condição inimaginável.

Cura pelo uísque

No primeiro episódio da segunda temporada, "Acceptance" ("Aceitação"), House se vale das histórias de faroeste e usa uma garrafa de uísque para curar a dor de seu paciente: nesse caso, intoxicação por metanol após ingerir fluido de máquina copiadora. Enquanto House e o paciente bebiam, ele explicava que o etanol, na forma de álcool em bebidas, liga-se ao ácido fórmico tóxico, que é um metabólito do metanol, permitindo que o corpo excrete o veneno.

Tecnicamente, a cura incrementada de House pode funcionar... e a dose recomendada de uísque com quarenta por cento de teor alcoólico seria cerca de quatro doses padrão de 45ml para um paciente de noventa quilos, suficiente para deixá-lo embriagado demais para dirigir. Mas a "cura pelo uísque" encaixa-se melhor em um bar do Velho Oeste do que em um hospital moderno, de acordo com os especialistas em controle de agentes tóxicos.

O fomepizol é a terapia de primeira linha para intoxicação por metanol. Em vez de tirar os produtos derivados tóxicos, uma infusão de fomepizol previne que o corpo metabolize o metanol em formaldeído e ácido fórmico.

A droga também é usada para tratar pessoas intoxicadas por etileno glicol, que é o principal ingrediente das substâncias anticongelantes de combustíveis de automóveis.

O que pode ser ainda melhor do que um ensaio controlado randomizado? Vários desses ensaios.

O topo da hierarquia da medicina baseada em evidências é ocupado pelo que chamamos de revisão sistemática dos ensaios controlados randomizados. As revisões sistemáticas seguem um protocolo cuidadoso para coletar informações de vários ensaios e, em seguida, combinar todos os resultados de modo que o produto final seja ainda mais confiável do que os resultados dos ensaios individuais. O método envolve alguns métodos estatísticos extremamente sofisticados, mas as revisões sistemáticas podem revelar o melhor quadro disponível do estado da técnica em determinada área do saber.

Exemplos de revisões sistemáticas recentes incluem relatos de que as pílulas anticoncepcionais não causam ganho de peso e que o tratamento por esteróides para pacientes com lesões na cabeça acabam aumentando o risco de morte.

Informar profissionais e instituições de saúde sobre as evidências médicas é parte dos esforços contínuos para evitar as denominadas "variações inexplicáveis" da assistência médica oferecida. A expressão é usada para fazer referência aos casos em que determinado paciente, com certa condição de saúde recebe certo tipo de tratamento, enquanto outro paciente, praticamente idêntico, recebe assistência médica completamente diferente, sem uma justificativa clara. Muitas vezes, parece que a forma de tratamento depende menos da condição do paciente do que do local e da época em que determinada doença ocorre.

Dartmouth Atlas of Health Care

Para obter mais informações sobre o tipo de assistência que você tende a receber se for hospitalizado, talvez seja interessante consultar o *Atlas*. Esses conselhos podem parecer estranhos, de início; afinal de contas, um ataque cardíaco em Peoria não é igual a um em Paducah, e um tumor em Tallahasse não é igual a outro em Tempe? Em geral, a resposta é sim, as condições médicas são iguais. No entanto, de acordo com o *Dartmouth Atlas of Health Care*, o tipo de assistência oferecida pode ser bem variável, por motivos pouco relacionados com a ciência.

O *Dartmouth Atlas Project* é administrado pelo Centro de Ciências Clínicas de Avaliação do Dartmouth Medical School, em Hanover, New Hampshire. Os pesquisadores investigam bancos de dados de assistência médica para ter uma idéia do que os médicos estão fazendo... e por que o fazem.

Um dos achados mais consistentes – e assustadores – de seu trabalho é que o local em que o paciente é atendido, muitas vezes, é mais importante do que a condição clínica apresentada. Por exemplo, se você é uma mulher com câncer de mama em estágio inicial, a ciência indica que uma nodulectomia conservadora e um tratamento por radiação são tão eficientes quanto a retirada do seio por mastectomia. Entretanto, com base nos dados do início da década de 1990, embora metade das mulheres em algumas regiões do país tenha sido tratada com cirurgias que preservaram os seios, em outras regiões, quase todas as pacientes foram submetidas a mastectomias.

Existem, é claro, condições em que o tratamento é bastante consistente. Quando alguém cai e quebra o quadril, a ida ao hospital é praticamente garantida. Existem relativamente poucas variações em internações por fratura de quadril nas diferentes regiões dos Estados Unidos, e essas variações estão fortemente ligadas às taxas de fraturas dos quadris em si. Uma observação interessante: as pessoas no sul do país, da Carolina do Norte até o Novo México, tendem a quebrar mais os quadris do que as pessoas de outras partes dos Estados Unidos. O motivo é desconhecido.

Mas os pesquisadores do *Dartmouth Atlas* afirmam que a resposta médica a uma fratura do antebraço envolve um procedimento bem diferente. Embora as fraturas do antebraço sejam bem dolorosas e as opções de tratamento pareçam bem diretas, pacientes em algumas partes dos Estados Unidos têm quase o dobro de chances de serem hospitalizados do que em outras partes do país, onde o tratamento ambulatorial é feito na sala de emergência ou no consultório médico.

Os achados do *Dartmouth Atlas* indicam que os médicos e hospitais têm culturas e hábitos de sua comunidade local; ou seja, suas decisões de tratamento tendem a seguir padrões locais consistentes do que a aderir a padrões objetivos e universais.

Existem três principais categorias do que os pesquisadores do *Dartmouth Atlas* chamam de "variação inexplicável":

1. Subutilização do tratamento efetivo
2. Abuso do tratamento sensível a preferências
3. Uso exagerado de tratamentos sensíveis à oferta

Um exemplo da primeira categoria, a subutilização do tratamento efetivo, é a falta de conformidade com a recomendação enfática de que, a todo paciente que sobrevive a um ataque cardíaco, deve ser receitada medicação betabloqueadora. Nenhuma região dos Estados Unidos apresenta um índice de cem por cento. Nas "melhores" regiões, oitenta por cento dos sobreviventes de ataques cardíacos recebem alta do hospital com prescrições de betabloqueadores. Em outras regiões, essa taxa de prescrição é de dez por cento apenas.

O tratamento para o estágio inicial do câncer de mama é um exemplo do abuso do tratamento sensível a preferências. Nesse tipo de situação, há mais de uma opção de tratamento, e a ciência não favorece especificamente uma ou outra opção. Idealmente, os pacientes escolhem sua opção. Entretanto, a análise de Dartmouth indica que a preferência do médico, e não a do paciente, quase sempre vence. Parece que o dr. House não é o único médico que pensa que sabe melhor do que os pacientes o que eles desejam.

A terceira categoria de variação inexplicável na medicina refere-se à tendência de médicos e hospitais permanecerem ocupados. Os sistemas de assistência médica, em vez de se mostrarem sensíveis à demanda, ou seja, em vez de realizarem mais ou menos procedimentos conforme aumenta ou diminui a necessidade, tendem a sempre operar próximo à capacidade máxima. Assim, quanto mais leitos de hospital estiverem disponíveis, mais provavelmente um paciente será admitido. Quanto mais máquinas de ressonância magnética em uma comunidade, mais exames serão realizados.

Evidentemente, oferecer mais possibilidades de assistência médica seria muito bom, se salvasse mais vidas e reduzisse o sofrimento. Infelizmente, os dados do *Dartmouth Atlas* e informações de muitas outras fontes indicam que mais nem sempre é melhor quando se trata de assistência médica. Na verdade, mais assistência médica pode ser pior para os pacientes.

Cada teste, cada medicamento e cada procedimento podem gerar erros ou afetar os pacientes. Assim, quanto maior o número de procedimentos, maiores serão os erros e os danos causados. Além disso, quando aumenta a oferta, os médicos e os hospitais atendem a todos os pacientes. Depois de cuidar dos pacientes urgentes, eles passam a atender aqueles com necessidades moderadas e, em seguida, tratam dos pacientes menos graves. Por exemplo, dobrar o número de cardiologistas em uma comunidade tende a dobrar o número de consultas médicas a esse especialista, sem qualquer relação direta com o número de pessoas com doenças cardíacas na comunidade. Quando os médicos de qualquer especialidade começam a tratar de pacientes que não têm tanto a ganhar, porque não estão tão doentes assim, expondo-os aos riscos de um teste ou procedimento, a balança pode pender para o lado errado.

Essa preocupação não é apenas hipotética. As análises realizadas pelos pesquisadores do *Dartmouth Atlas* e outros demonstram que, à medida que aumenta a capacidade do hospital, o número de óbitos não diminui como esperado. Na verdade, o número de casos de morte aumenta em comunidades com mais leitos hospitalares disponíveis *per capita*.

Houve alguns estudos no passado que tentaram testar a "intensidade" da assistência médica do mesmo modo como uma nova droga seria estudada: com um ensaio randomizado. Em um estudo, um grupo de pacientes deveria fazer consultas periódicas, enquanto o outro seria acompanhado apenas por telefone. Havia maior probabilidade de os pacientes que compareciam à clínica para encontros pessoais serem internados e até mesmo morrerem.

Em outro teste, os pesquisadores estudaram os pacientes que receberam alta de nove centros médicos para veteranos após tratamentos de diabete, doença pulmonar obstrutiva crônica ou insuficiência cardíaca congestiva. Os pacientes eram designados randomicamente para receber acompanhamento padronizado ou assistência ambulatorial intensiva. A esperança era de que a maior assistência oferecida mantivesse os pacientes em casa e evitasse outra internação. No entanto, verificou-se o oposto. Os pacientes que recebiam acompanhamento mais freqüente tinham maior probabilidade de voltar ao hospital do que aqueles que recebiam menos cuidados. Curiosamente, os pacientes "intensivos" reportaram que estavam mais satisfeitos com sua assistência.

É claro que maior assistência é realmente melhor em muitas ocasiões. No entanto, a mera suposição de que mais é sempre melhor não é verdadeira sempre, quando se trata de assistência médica.

Os pesquisadores do *Dartmouth Atlas* e de outros institutos recomendaram várias estratégias para tornar a prática médica mais alinhada com as evidências científicas e com os padrões recomendados: mas a tarefa não é fácil, porque desafia antigas tradições, crenças e culturas médicas locais.

Larvas e sanguessugas

Provavelmente não existe um tratamento com tradição médica tão longa quanto a sangria por sanguessugas, que está vivendo um período de renascença, embora com um propósito diferente do que na Antigüidade. Colocar 10 mil larvas sobre a barriga queimada de alguém pode parecer tortura medieval, mas é exatamente isso que o dr. House determinou que fosse feito em "Distractions" ("Distrações", 2-12).

Um artigo no periódico *Advances in Skin & Wound Care* indica que as larvas desempenham um importante papel na medicina norte-americana desde o início do século XX, quando um cirurgião chamado William Baer tentou aplicar as pequenas criaturas rastejantes a feridas crônicas de crianças com osteomielite que é um tipo de infecção óssea.

Funciona assim: as larvas se alimentam de tecidos mortos, por isso retiram o tecido que não está cicatrizando e que pode estar servindo de cultura para bactérias nocivas. Esse processo é chamado de desbridamento. Quando o corpo do paciente não consegue limpar o tecido morto por si só, o desbridamento pode ser feito por meio cirúrgico, com a utilização de bandagens, para ajudar a remover as camadas de tecido morto com enzimas, ou com o auxílio de larvas. As secreções das larvas também têm propriedades benéficas.

As larvas são reguladas pelo FDA como dispositivos médicos. Há um fornecedor comercial em Irvine, no estado norte-americano da Califórnia, que envia as larvas em recipientes estéreis aos médicos em todo o país. As larvas vêm acompanhadas de especificações muito semelhantes às bulas de medicamentos, com informações sobre a dosagem adequada, o modo de administração, indicações e contra-indicações, incluindo uma notação de que as larvas são consideradas um item "de uso único". Ah, a especificação também alerta para o fato de que é preciso ficar atento para não deixar as larvas escaparem.

As larvas usadas para desbridamento são as de mosca-varejeira. Como as moscas-domésticas, as varejeiras estão dentre os tipos comuns de moscas encontrados em muitas residências. As moscas-varejeiras têm tórax de cor metálica brilhante, diferenciando-se das moscas domésticas pretas.

Embora as larvas que apareceram no seriado tenham sido simplesmente colocadas sobre a queimadura do paciente, as instruções de uso das larvas médicas afirmam que elas devem ser reunidas em uma gaze estéril umedecida, que então é aplicada como curativo sobre a ferida. Além disso, as larvas da televisão eram muito maiores do que as geralmente usadas para o desbridamento de feridas, que são recém-chocadas e minúsculas.

O uso de larvas médicas pode continuar a crescer em parte por causa da epidemia de obesidade. Como a obesidade leva à diabete, que, por sua vez, causa lesões aos vasos sangüíneos e aos nervos, é provável que mais pessoas desenvolvam ulcerações.

Essas feridas muitas vezes são de difícil cicatrização. As larvas médicas podem poupar alguns pacientes da amputação, ajudando-os a limpar essas feridas persistentes.

As sanguessugas são outra variedade de "animais rastejantes" que, como as larvas, evocam repulsa, fascinação e interesse crescente por seu uso médico. As sanguessugas também são tecnicamente consideradas dispositivos médicos quando usadas para cuidados com pacientes, de acordo com o FDA.

As sanguessugas são animais inteiramente diferentes. Elas estão relacionadas com minhocas. A sanguessuga medicinal, *Hirudo medicinalis*, suga o sangue de animais. Para manter o sangue fluindo, elas injetam um anticoagulante na picada. Essa capacidade de evitar a coagulação do sangue foi o que atraiu os médicos durante séculos.

As sanguessugas e as sangrias são mencionadas em alguns dos primeiros textos médicos da Grécia Antiga. No entanto, o tipo de sangria praticado por milhares de anos acabou saindo de moda há cerca de um século. A prática atual aplica o mesmo tratamento, só que com um propósito inteiramente diferente.

Em vez de drenar o sangue com base na crença de que se trata de um procedimento terapêutico, o uso moderno das sanguessugas está estritamente ligado a evitar a coagulação para preservar o fluxo sangüíneo. As sanguessugas são usadas com freqüência em cirurgias reconstrutivas.

O anticoagulante que as sanguessugas produzem, a hirudina, é eficaz durante várias horas. Algumas sanguessugas são colocadas no local de um enxerto de tecido, ajudando a manter as veias abertas. Ajustando o número de sanguessugas e mordidas, os médicos podem manter um fluxo sangüíneo constante e contínuo durante alguns dias, até que novos vasos tenham crescido no tecido enxertado.

No entanto, o tratamento com sanguessuga envolve algum risco. As sanguessugas transportam uma bactéria em seu intestino que é essencial à sua saúde, mas que pode infectar o paciente.

A hirudina, o princípio ativo encontrado na saliva da sanguessuga, pode ser produzida pelas empresas farmacêuticas. Os pesquisadores estão testando o produto como uma alternativa a outros anticoagulantes. Entretanto, o fato de que a hirudina previne a coagulação durante muitas horas – que é a característica que torna as sanguessugas atraentes para cirurgias reconstrutivas – pode apresentar risco grave de sangramento descontrolado em outras situações.

Apesar de seus benefícios no uso médico controlado, as sanguessugas ainda incomodam muito na natureza. Por exemplo, os médicos no Paquistão reportaram um caso incomum de anemia tão grave que o paciente precisou de transfusão de sangue. Por fim, a fonte do problema foi identificada: uma sanguessuga havia se alojado dentro do nariz do paciente.

Agency for Healthcare Research and Quality

Dentre os grupos que tentam reduzir as variações inexplicáveis na assistência médica está a Agency for Healthcare Research and Quality

(AHRQ), uma pequena parte do gigante Departamento Norte-Americano de Saúde e Serviços Humanos. O pessoal da AHRQ (pronuncia-se "arc") descreve o trabalho da agência como sendo o de patrocinar e conduzir "pesquisas que forneçam informações baseadas em evidências sobre desfechos clínicos, qualidade e custos, uso e acesso a serviços de saúde".

Basicamente, o órgão tenta descobrir o que funciona ou não... e depois divulga os resultados. Por exemplo, um relatório recente concluiu que, quando uma mamografia ou um exame de mama encontra algum nódulo, algumas alternativas à biópsia do seio, tais como exames de ressonância magnética, ainda não são precisas o suficiente para afirmar com segurança se as mulheres estão ou não com câncer. Outro estudo patrocinado pela AHRQ lançou dúvidas sobre a esperança de que as dietas com alto teor de ácidos graxos ômega-3 podem reduzir o risco de câncer.

Como parte de sua função como diretora da AHRQ, a dra. Carolyn M. Clancy, tenta direcionar os médicos para utilizar tratamentos baseados em dados puramente científicos. Às vezes, isso significa estimular o uso de diretrizes e desaconselhar os médicos a seguir apenas seus instintos ou simplesmente reproduzir os mesmos métodos do passado. No entanto, a dra. Clancy não se considera uma mera burocrata que tenta limitar a ação de individualistas espirituosos como o dr. House.

"Um enfoque baseado em evidências para prover assistência médica deriva de estudos de grupos de pacientes", afirma a dra. Clancy, observando que os pacientes do seriado não fazem parte dos casos típicos. "Todos os pacientes têm aspectos únicos e idiossincráticos, e todos nós, creio eu, gostaríamos de ter um médico que levasse em conta nossas características exclusivas quando defrontados com problemas incomuns. O seriado consegue fazer isso de maneira brilhante."

Realmente, a dra. Clancy afirma que, mesmo em um sistema de assistência médica que cada vez mais tenta coletar e aplicar as melhores evidências, há sempre a necessidade do médico que segue a própria iniciativa em qualquer caso específico.

Ela lembra o conselho de um pesquisador em qualidade de assistência médica: "Ele afirmou: 'Não importa o que aconteça em um sistema de qualidade, sempre é bom ter alguém que quebre as regras quando for apropriado.' O protocolo do hospital talvez diga para você fazer X, Y e Z, mas você sabe que algum outro procedimento vai funcionar melhor para esse paciente e você vai querer alguém que o defenda, que defenda particularmente aqueles que têm alguma característica incomum ou alguma faceta particular de sua doença. Acho que todos nós queremos isso e que os sistemas devem ser capazes de promover isso, quando for o caso", afirma a doutora.

Mas, quando a ciência é clara, a dra. Clancy quer que ela seja usada. Uma das maneiras de fazer isso acontecer é promover o uso de recomendações, diretrizes ou listas que possam ajudar os médicos a aplicar os resultados da pesquisa médica – conhecimento que não só é produto da dedicação e do esforço de pesquisadores, mas também fruto de trabalho voluntário altruísta de inúmeros pacientes que participaram de ensaios clínicos e de outros estudos.

"Certamente, os médicos, como todos, prefeririam ser completamente autônomos; ainda assim, como grupo, quando confrontados com evidências de que sua maneira pouco sistemática de trabalhar está surtindo efeitos negativos, eles são flexíveis a mudanças", afirma a dra. Clancy.

Nos casos raros apresentados pelo seriado, as normas e diretrizes, muitas vezes, não se aplicam, precisamente porque são casos inusitados, em que os médicos estão navegando por águas desconhecidas, fazendo o melhor possível com informações incompletas e pouca orientação aplicável da literatura médica.

"Diagnósticos raros e pacientes incomuns continuam a despertar o interesse dos médicos", reconhece a dra. Clancy. No entanto, a maior parte dos erros médicos acontece na rotina diária.

Ninguém critica o dr. House, ou qualquer outro médico na vida real, se ele se esforçar em um caso bizarro e não conseguir salvar o paciente. No episódio "Histories" ("Histórias", 1-10), o diagnóstico de raiva foi dado tarde demais. Mesmo assim, não houve alvoroço. No entanto, o dr. House ficou encrencado quando os colegas desconfiaram que ele talvez tivesse usado inadvertidamente uma seringa com a dose errada de epinefrina e quase matado uma freira com uma grave reação alérgica no episódio "Damned If You Do" ("Se Correr o Bicho Pega", 1-05).

Nesses deslizes e na falta de assistência adequada em condições comuns que a dra. Clancy e outros especialistas em qualidade de saúde vêem oportunidades para os maiores ganhos.

"Não podemos perder de vista o fato de que boa parte do que não funciona no sistema de assistência médica ocorre de modo bastante sistemático, incluindo todas as especialidades, em que sabemos qual é a resposta certa mas ainda não encontramos um meio de aplicá-la de forma rotineira", afirma.

Em um dos primeiros episódios de *House*, o paciente tinha se intoxicado por causa de um remédio que estava tomando para tosse. Supostamente, as pequenas pílulas amarelas serviriam para aliviar a tosse, mas na verdade eram pílulas para gota. Confusão na hora de prescrever um medicamento é apenas uma das muitas possibilidades que os profissionais de saúde têm de cometer erros. Infelizmente, outro tipo comum de erro foi ilustrado em "Control" ("Controle", 1-14), quando Chase testou o fluxo sangüíneo na perna de um paciente, percebendo tarde demais que havia testado na perna errada. O erro foi corrigido sem maiores problemas para o paciente. No entanto, quando um cirurgião opera o membro errado, as conseqüências podem ser irreversíveis. Atualmente, recomenda-se que, antes que o paciente seja anestesiado para uma operação de joelho, por exemplo, observe alguém escrever em uma das pernas com tinta indelével os seguintes dizeres: "OPERE ESTA PERNA" e, na outra, "*NÃO* OPERE ESTA PERNA".

Pode parecer tolice, mas é um passo simples que pode evitar um erro terrível. Na verdade, em "Three Stories" ("Três Histórias", 1-21), há uma cena em que House e Stacy apareceram escrevendo nas pernas dele, antes da cirurgia a que ele foi submetido para remover o músculo lesionado da coxa.

Dr. Garrancho

Os médicos têm a reputação de ter uma péssima caligrafia. No entanto, o dr. House tem uma letra muito legível quando escreve no quadro branco. Os garranchos do dr. Wilson são diferentes. No início do episódio "Daddy's Boy" ("Queridinho do Papai", 2-05), o dr. House chega tarde, por isso Wilson está no quadro branco anotando os sintomas do paciente. Cameron, Chase e Foreman se esforçam para tentar entender o que está escrito.

Quando as receitas médicas estão ilegíveis, isso representa mais do que apenas um aborrecimento. O FDA, a Associação Médica Americana e outros grupos consideram a má caligrafia um aspecto importante que põe em risco a segurança do paciente. Barbara Getty concorda enfaticamente com essa opinião. Ela e sua colega Inga Dubay fazem seminários para os profissionais de assistência médica nos Estados Unidos, denominados "Receita para uma boa caligrafia". Getty afirma que, apesar da proliferação de computadores, ainda não vivemos em um mundo inteiramente eletrônico.

"A caligrafia ainda é importante. É possível comprovar isso em qualquer consultório. Basta observar suas pequenas anotações. São todas feitas à mão, não?" ela reflete. "Meu pedido especial às professoras primárias: 'Por favor, ensinem caligrafia.' Elas acham que não têm tempo suficiente ou têm medo de tentar, mas não é tão difícil assim."

Em seu seminário e em um caderno de caligrafia, Getty e Dubay ensinam um estilo de escrita em itálico para enfatizar a legibilidade. Não é tão rebuscado quanto a letra cursiva que a maioria de nós aprendeu na escola.

"Se você eliminar as voltinhas em sua caligrafia", Getty declarou para uma turma de médicos, "pode não ficar bonita, mas certamente será mais legível."

Getty espera que ao melhorar os garranchos dos médicos esteja contribuindo para melhorar a segurança dos pacientes.

Evidentemente, muitas instituições de assistência médica passaram a adotar sistemas computadorizados, em parte, para tentar eliminar os erros causados por caligrafia mal interpretada. Quando os pedidos médicos passarem a ser feitos por computador, não haverá mais essa preocupação, mas, como todos que usam computador sabem, as máquinas geram preocupações novas e próprias.

Um estudo voltado à identificação de problemas associados a um sistema computadorizado de registro de receitas médicas encontrou quase 25 maneiras de o sistema criar riscos de erro na medicação. Dentre os problemas, destacam-se: às vezes, era difícil ver a lista completa das receitas do paciente; os atendentes, ao usar o sistema erroneamente, acreditavam que ele continha todas as informações importantes, quando, na verdade, ainda havia dados críticos em registros de papel; a configuração das telas de computador, às vezes, permitia que as receitas fossem inseridas duas vezes ou que os médicos entrassem com informações conflitantes sem perceber.

Pesquisadores e outros especialistas afirmaram que, em vez de analisar apenas os problemas que os sistemas de computadores podem resolver, como a caligrafia ruim, a atenção e as pesquisas deveriam ser direcionadas aos novos problemas que podem surgir quando os métodos tradicionais forem substituídos pela alta tecnologia.

Erros médicos de todos os tipos, de origem inteiramente humana ou assistidos por computador, acontecem com mais freqüência do que deveriam.

Errar é humano

Em 2000, o prestigiado Instituto de Medicina dos Estados Unidos chamou a atenção do público com um relatório que destacava o número de erros médicos. O relatório, intitulado *To Err is Human: Building a Safer Health System*, afirma que, na extrapolação dos resultados dos estudos locais para a nação inteira, foi revelado que entre 44 mil e 98 mil norte-americanos morrem todo ano devido a erros médicos.

"Mesmo segundo as estatísticas mais baixas, as mortes por erro médico superam o número atribuído à oitava principal causa de morte. Mais pessoas morrem por ano como conseqüência de um erro médico do que de acidentes de carro (43.458), câncer de mama (42.297) ou Aids (16.516)", afirmou o relatório.

Os autores enfatizaram que, embora os médicos e outros profissionais de saúde estejam envolvidos com os erros médicos, eles também são essenciais para a solução do problema.

"O comitê acredita que o ímpeto para melhorar a segurança do paciente é a motivação intrínseca daqueles que fornecem assistência médica, moldados pela ética, pelas normas e pelas expectativas da profissão."

Quando Chase não conseguiu perceber o sinal de um problema fatal em "The Mistake" ("O Erro", 2-08), um comitê de revisão colocou a culpa pela morte do paciente em seu erro. Especialistas na melhoria da qualidade da assistência médica têm uma visão diferente das causas e soluções para a maioria dos erros médicos, procurando, de modo mais abrangente, em cadeias de eventos ou em ambientes de trabalho, em vez de colocar a culpa apenas em um erro cometido por um só indivíduo.

Muitas das recomendações do comitê do Instituto de Medicina estavam centradas na necessidade de relatar os erros e usar grupos de supervisão, protocolos e outras abordagens sistemáticas para reduzir o dano que, não por acaso, às vezes ocorre quando seres humanos falíveis oferecem assistência médica, que em geral é algo extremamente complexo.

Outro relatório do Instituto de Medicina, publicado no ano seguinte, insistiu na importância de recomendar mudanças abrangentes no modo como a assistência médica é conduzida.

> Problemas de segurança são inaceitavelmente comuns, mas a solução mais eficaz não é intimidar os profissionais da saúde, exigindo que se esforcem mais em suas funções. Médicos, enfermeiros e assistentes já fazem o possível para desempenhar bem sua tarefa. Na verdade, a coragem, a dedicação e o compromisso desse pessoal hoje são os únicos meios concretos de interromper o fluxo de erros latentes em nossos sistemas de assistência médica. A saúde tem problemas de segurança e qualidade porque confia em sistemas de trabalho ultrapassados.
>
> – *Crossing the Quality Chasm: A New Health System for the 21st Century* (2001)

O dr. House pode encolerizar-se contra mais uma forma de cercear sua liberdade de exercer a medicina da maneira que ele considera adequada, mas os dias em que o médico podia dominar e fazer o que bem entendesse na prática diária se foram, se é que algum dia existiram.

Desfechos

Um mantra dos esforços para melhorar a qualidade da assistência médica é "desfechos, desfechos, desfechos". Quais são os resultados para os pacientes? Eles morrem ou vivem? Se viverem, qual será sua qualidade de vida?

O dr. House está centrado na crise do momento. As referências, quando existem, ao que acontece com os pacientes depois são mínimas. Às vezes, como no caso da mulher grávida com câncer de pulmão em "Babies e Bathwater" ("Bebês e Banheiras", 1-18), ou do universitário intoxicado por radiação em "Daddy's Boy ("Queridinho do Papai", 2-05), eles morrem. Às vezes, como a menina gordinha de 10 anos que sofreu um ataque do coração em "Heavy" ("Uma Questão de Peso", 1-16) e depois foi tratada com sucesso para a doença de Cushing, eles saem do hospital melhores do que nunca. De vez em quando, como em "Hunting" ("A Caçada", 2-07), o mistério imediato – nesse caso, cistos no fígado – é resolvido, mas o paciente ainda enfrenta um grave problema; ele teria de viver com HIV/Aids.

No entanto, a impressão geral no final dos episódios é de que os pacientes vivem felizes para sempre, como a personagem que recebeu o coração transplantado em "Control" ("Controle", 1-14), quando o médico afirmou que ela ainda teria muito que viver.

O desfecho mais comum para pacientes do mundo real está no meio-termo; ou seja, após uma crise, em geral, há importantes problemas de saúde que precisam ser tratados. Vale a pena fazer uma análise de uma das dramáticas conquistas da medicina moderna.

Entre 1950 e o final do século XX, o número de mortes por doenças cardíacas caiu em mais da metade, levando em conta o envelhecimento da população. Evidentemente, todos morrem por algum motivo, mas as chances de morrer de doença cardíaca em qualquer idade específica são muito menores hoje em dia do que décadas atrás. Assim, a probabilidade de um homem de 50 anos morrer do coração hoje em dia é muito menor do que em 1950. Existem muitos motivos para esse avanço. O fato de que menos pessoas fumam provavelmente é o principal motivo. Dieta e atividade física também são importantes. Mas a medicina tem seu quinhão de crédito. Em termos de prevenção, o tratamento de pressão alta e colesterol elevado ajuda a retardar a progressão da doença cardíaca.

Se você sofrer um ataque cardíaco ou uma parada cardíaca repentina hoje em dia, o sistema médico está mais preparado do que nunca. Desfibriladores externos automáticos, bombeiros, policiais e outros profissionais treinados para oferecer os primeiros socorros, ambulâncias com UTI móvel e outros fatores significam que os pacientes podem receber choques capazes de fazer seus corações voltarem a bater no ritmo normal imediatamente, sem esperar chegar ao hospital. Medicamentos que rompem coágulos e tratamentos de angioplastia de emergência podem limpar bloqueios e restaurar o fluxo sangüíneo até o músculo do coração rapidamente, prevenindo, assim, boa parte do dano de um ataque cardíaco. Um número muito maior de pessoas hoje volta a levar uma vida normal logo após um ataque cardíaco.

No entanto, esses sobreviventes não ficam curados.

O processo subjacente da doença que levou ao ataque cardíaco ainda existe, mesmo após o ataque ter cessado. Uma crise de saúde grave em geral transforma a pessoa em paciente para o resto da vida. Consultas médicas, receitas, programas para mudar seu estilo de vida, tudo isso se torna parte da nova rotina do indivíduo.

As pessoas que sofreram sérios ataques cardíacos têm risco aumentado de desenvolver insuficiência cardíaca, o que significa que seus corações não podem mais bombear o sangue de modo tão eficaz quanto deveriam. Assim, embora tenham sido salvas de uma ameaça, permanecem vulneráveis. Mesmo com a medicina salvando mais pessoas de ataques cardíacos, o número de internações por causa de insuficiência cardíaca congestiva nos Estados Unidos dobrou nos últimos 15 anos para 1 milhão de casos por ano. Mesmo aqueles pacientes que conseguem se livrar das internações muitas vezes têm de tomar um coquetel de pílulas e fazer consultas freqüentes ao médico.

O progresso contra o câncer também traz novas questões. A boa notícia é que o índice de mortes causadas por câncer ajustado por idade nos Estados Unidos está caindo. Como ocorre com as doenças cardíacas, as campanhas antifumo no país merecem todos os elogios. No entanto, os tratamentos também melhoraram especialmente para os tipos de câncer na infância.

Cerca de 1 milhão de norte-americanos desenvolvem câncer todos os anos, sem incluir lesões de pele secundárias e comuns. Ao mesmo tempo, o número de sobreviventes de câncer está crescendo. Mais de 10 milhões de norte-americanos foram diagnosticados como portadores de câncer e sobreviveram à crise imediata. Entretanto, em muitos casos, a palavra "cura" pode pintar um quadro mais bonito do que ele realmente é. Os sobreviventes de câncer, com freqüência, levam consigo o peso dos efeitos da doença e de seu tratamento. Em geral, permanece o risco aumentado de desenvolver os sintomas novamente, levando, portanto, a maior necessidade de monitoramento e acompanhamento.

O sucesso contra o câncer normalmente é medido pela análise da proporção de pacientes que ainda estão vivos cinco anos após o diagnóstico. A taxa de sobrevida após cinco anos é uma medida útil, mas também tem seus pontos fracos. O fator mais importante que determina a sobrevivência após cinco anos não é o tratamento, mas o tipo de câncer. Poucos pacientes com diagnóstico de câncer de pulmão ainda estarão vivos após cinco anos, em parte porque a doença, em geral, já está em estado mais avançado quando é descoberta. Por outro lado, quase todos os homens diagnosticados com câncer de próstata vivem pelo menos mais cinco anos, na maioria dos casos, porque o câncer de próstata se desenvolve muito lentamente.

É importante fazer distinção entre sobrevida geral, sobrevida livre da doença e sobrevida sem progressão. A sobrevida geral conta todos que ainda estão vivos, sem levar em conta a gravidade da doença. A sobrevida livre da doença está mais próxima ao que a maioria das pessoas pensa quando ouve a palavra "cura" e conta apenas os pacientes que não apresentam traços detectáveis de câncer. A sobrevida livre de progressão é um termo que está crescendo em importância; conta os pacientes cujos cânceres não pioraram desde que começaram a ser controlados. À medida que mais casos de câncer são tratados, em vez de completamente erradicados, a sobrevida livre de progressão se tornará um padrão mais comum. Isso é parte da mudança de mentalidade: deixar de encarar o câncer como uma crise aguda e passar a considerá-lo uma doença crônica com a qual as pessoas podem viver durante muitos anos ou até mesmo décadas.

Uma armadilha comum de usar a taxa de sobrevida de cinco anos como medida do sucesso é o efeito peculiar do "viés de antecipação do diagnóstico". Quando a mamografia tornou-se um procedimento rotineiro, as taxas de sobrevida de cinco anos para câncer de mama aumentaram. O mesmo ocorreu após a introdução do exame de sangue PSA para câncer de próstata. Em ambos os casos, o principal motivo para o aumento na sobrevida de cinco anos não foi o fato de que os pacientes necessariamente morriam depois, mas sim o de seus tumores terem sido descobertos antes, dando início à contagem de cinco anos antes. A detecção precoce realmente pode ajudar as pessoas a viverem mais, mas também pode significar tão-somente que elas tiveram a má notícia sobre a doença antes e que vão passar mais tempo como pacientes, sem alterar significativamente o dia de sua morte. A alegação freqüente de que a detecção precoce é fundamental para melhorar a sobrevida dos pacientes com câncer deve ser considerada pelo menos com algum ceticismo; isso só ocorre quando o tratamento efetivamente ajuda os pacientes a viverem mais do que a data provável de sua morte, caso o câncer não tivesse sido detectado precocemente, em vez de apenas aumentar as estatísticas de sobrevida de cinco anos, movendo as datas de início da contagem.

Esses dois pequenos exemplos de doença cardíaca e câncer refletem uma tendência abrangente. Estamos vivendo uma importante fase de transição na saúde. Crises repentinas do tipo retratado no seriado estão diminuindo. A medicina está mudando o foco, deixando de responder a episódios agudos e alinhando-se para fazer o manejo constante de condições crônicas. Estamos vivendo mais tempo, mas são crescentes os casos de problemas de saúde, que vão de artrite a colesterol alto, insuficiência cardíaca ou diabete.

Vida e morte

O dr. House gosta de deixar bem claro que se a equipe fizer o diagnóstico errado ou seguir o tratamento incorreto, o paciente morrerá. Bem, no final das contas, todos nós morremos, mas em geral isso acontece cada vez mais tarde hoje em dia.

No início do século XX, um bebê nascido nos Estados Unidos tinha uma expectativa de vida de 47 anos, em média. Um bebê nascido no início deste milênio pode esperar viver, em média, cerca de 77 anos. Isso representa três décadas a mais de vida.

Entretanto, esses números podem ser enganosos. Não é verdade que, há um século, as colunas dos obituários estivessem cheias de nomes de pessoas que morreram com 40 e poucos anos. Mortes na infância, muitas vezes de doenças infecciosas, eram rotineiras. Em 1900, um em cada três óbitos era de uma criança com menos de 5 anos. As muitas vidas excessivamente curtas acabaram diminuindo a expectativa média de vida. Em 1997, as crianças com menos de 5 anos representavam apenas um em cada setenta óbitos.

Mas qual é a participação de médicos e da medicina nesse aumento de 30 anos de expectativa de vida médio dos norte-americanos? O desenvolvimento da vacina contra a pólio na década de 1950 talvez tenha sido a principal descoberta da medicina do século XX, mas o drástico declínio do número de mortes na infância por doenças infecciosas começou bem antes desse importante evento. Na verdade, em 1950, a expectativa de vida já havia aumentado para 68 anos, mais de dois terços do aumento total durante o século XX. Água mais limpa, maior fartura e maior qualidade dos alimentos, melhores condições habitacionais e outras melhorias nas condições de vida e sociais da população proporcionaram maiores benefícios. O saneamento básico e bons órgãos de saúde pública, juntamente com melhores condições de vida, evitam um número muito maior de mortes prematuras que um exército de clones do dr. House poderia evitar. Depois de levar todos esses fatores em conta, muitas estimativas afirmam que a medicina é responsável por apenas cinco anos, ou cerca de um sexto, desse aumento da expectativa de vida que ocorreu no último século.

A expectativa de vida ao nascer não é a única medição. Também é importante analisar o outro lado da vida... a terceira idade, quando tudo se torna mais difícil e passamos a depender mais do sistema de saúde. Um norte-americano médio que fez 65 anos em 1950 poderia esperar viver cerca de mais 14 anos. Em 2000, o americano médio de 65 anos tem uma expectativa de vida de mais 18 anos. Esse é um aumento de apenas quatro anos durante o último meio século.

Enquanto isso, o preço pago aos planos de saúde está disparando. Em 1960, os gastos *per capita* com assistência médica eram menos de 150 dólares. Em 2000, os gastos com assistência médica por pessoa eram mais de 4.600 dólares. As projeções para a próxima década são assustadoras. Em 2015, a previsão é de que os gastos com saúde nos Estados Unidos dobrem praticamente para um total de quatro trilhões de dólares ao ano. Isso significa que, quando se avalia tudo que é produzido na nação, o Produto Interno Bruto, incluindo carros, alimentos, entretenimento, habitação, educação e assim por diante, vinte por cento de toda a produção econômica, ou um dólar em cada cinco, serão direcionados à assistência médica.

Parte do aumento está relacionada com o envelhecimento do país; mas não tanto quanto se imagina. Um importante motivo pelo qual os gastos com saúde estão aumentando envolve todos os novos medicamentos e dispositivos utilizados por médicos como o dr. House em suas batalhas pessoais contra a doença e a morte.

Os aparelhos de ressonância magnética e tomografia computadorizada utilizados pelo dr. House e sua equipe... Os exóticos novos fármacos que conseguem obter para aplicar em seus pacientes... Tudo isso custa dinheiro e todos os norte-americanos pagam parte disso mesmo sem nunca terem tido uma doença grave. Cerca de setenta por cento dos gastos com assistência médica são consumidos em nome de apenas dez por cento das pessoas do país.

As descobertas e os experimentos que surgiram por meio do National Institutes of Health (NIH) nas últimas várias décadas ajudaram a impulsionar o enorme crescimento do conhecimento e da tecnologia médica, incluindo a ciência por trás de muitos dos medicamentos e dispositivos disponíveis aos médicos nos hospitais. O dr. Elias Zerhouni, diretor do NIH, é um dos principais defensores da pesquisa biomédica. No entanto, em uma entrevista recente com Barbara Culliton, editora-adjunta do periódico *Health Affairs*, ele afirmou que a direção da pesquisa médica deve mudar.[3]

"Se analisássemos a equipe médica cuidando de um paciente em 1960, provavelmente veríamos um médico e uma enfermeira e o trabalho em meio expediente de uma pessoa no laboratório – duas pessoas e meia. Hoje em dia, para oferecer a assistência atual, estamos falando de 17, 18 ou até mesmo 19 pessoas por paciente, por visita. Hoje em dia, um paciente tende a receber atendimento de equipes de radiologia e patologia, mais um residente ou outro especialista, e medicamentos, além de serviços de administração, cobrança e outros. A assistência médica tornou-se uma atividade que cresceu para um tipo de personalização em massa, com muitos testes e consultas", afirmou o dr. Zerhouni à entrevistadora do periódico.

"A maneira mais cara de praticar a medicina é seguir esses procedimentos, em que toda interação pode envolver até vinte pessoas. Assim,

---

[3] De "Extracting Knowledge from Science: A Conversation with Elias Zerhouni", Barbara J. Culliton, *Health Affairs*, publicado on-line em 9 de março de 2006. Disponível em www.healthaffairs.org, acessado em 9 de março de 2006.

os custos de transação são enormes. Minha visão é que temos de fazer mudanças significativas, não apenas nas beiradas", ele acrescentou.

"Se quisermos transformar a medicina, temos de fazer algo que vá além do paradigma da cura: espere até ficar doente e venha me ver, e farei o possível. Essa é a realidade há 5 mil anos. Agora, temos de fazer algo diferente."

O dr. Zerhouni afirma que deveríamos procurar ir além de meramente tratar a doença, além até mesmo da mera prevenção, para tentarmos medidas preemptivas contra as principais disfunções em nosso organismo que acabam gerando as doenças. Ele admite que os pesquisadores estão apenas começando a vislumbrar como essa medicina preemptiva poderia funcionar. No entanto, o dr. Zerhouni afirma que a medicina não pode simplesmente continuar seguindo o mesmo paradigma de sempre, ou seja, travando intensas e desesperadas batalhas contra doenças avançadas, que é a especialidade do dr. House.

"Se continuarmos praticando a medicina que conhecemos hoje em dia por mais 25 anos, teremos perdido o jogo", afirmou o dr. Zerhouni para o *Health Affairs*.

Uma visão global

Até agora estamos revisando estatísticas apenas para os Estados Unidos. Em outros países, existem muitas semelhanças e diferenças em relação aos Estados Unidos. O custo da assistência médica está aumentando em todas as nações desenvolvidas. Mas os Estados Unidos têm a grande liderança, gastando mais do que o dobro por pessoa do que qualquer outra nação industrializada. Infelizmente, não parece que estamos recebendo o bônus da longevidade por esse investimento extra. Os Estados Unidos vêm perdendo constantemente posições no ranking de expectativa de vida. Estamos atrás de dezenas de outras nações... e a diferença entre os Estados Unidos e o México é pequena.

Ainda assim, mesmo que o modelo médico de alta tecnologia não tenha produzido uma utopia em termos de saúde, se você fosse atingido por um mistério médico, não gostaria de ter alguém como o dr. House testando todo o poder de seu arsenal de diagnóstico e tratamento em seu caso? Vamos ver como nos sentiríamos como paciente do dr. House.

CAPÍTULO 7

Zelo pelo paciente

O ponto forte do dr. House é sua capacidade de diagnosticar... não suas habilidades de comunicação ou capacidade de trabalhar em equipe. Definitivamente, ele não é parte da equipe porque é divertido ou pelo zelo que tem pelos pacientes. Na verdade, o dr. House tenta evitar ao máximo o contato com o paciente.

A paciente do primeiro episódio critica sua atitude anti-social e a relaciona com a dor crônica e com sua deficiência por conta da perna lesionada.

"Você se esconde no seu consultório, recusa-se a ver os pacientes porque não gosta da maneira como as pessoas olham para você. Você quer descontar suas desilusões na vida com todo mundo", diz a paciente depois de o dr. House finalmente aceitar vê-la.

Quando o generoso patrocinador e presidente do conselho Edward Vogler pressiona a dra. Cuddy para que explique por que o dr. House continua na equipe, ela defende sua capacidade, não seu apelo pessoal.

"Ele inferniza você. Oito anos de casa, e ele nunca fez nada por você, nunca sequer ouviu você", afirma Vogler em "Mob Rules" ("Nas Mãos da Máfia", 1-15).

"Ele pode mudar", responde Cuddy.

"Ele não mudou em oito anos. Ou ele não pode mudar ou você não pode mudá-lo. Você não tem a menor idéia de quantas vezes ele já mentiu para você, desbancou sua autoridade, fez você parecer uma tola diante dos outros médicos."

"Sim, eu o odeio, e aqui estou eu, tentando desesperadamente proteger seu emprego."

A qualificação técnica é de suma importância na hora de lidar com os casos médicos difíceis. No entanto, os médicos devem ser curandeiros, não apenas mecânicos que por acaso entendem de corpos humanos.

Os editores de um livro médico renomado, *Harrison's Principles of Internal Medicine*, 16ª edição, citam seus predecessores que editaram a primeira edição:

"Não há maior oportunidade, responsabilidade ou obrigação para um ser humano do que se tornar médico. Ao cuidar dos que sofrem, os médicos precisam de qualificação técnica, conhecimento científico e entendimento humano. Tato, simpatia e compreensão são sentimentos esperados no médico, pois o paciente não é meramente uma coleção de sintomas, sinais, funções desordenadas, órgãos lesionados e emoções perturbadas. [O paciente] é humano, está com medo e tem esperanças de encontrar alívio, ajuda e tranqüilidade."

O dr. House parece ter pouco interesse em algo além da coleção de sintomas e sinais que seus pacientes apresentam ao chegarem ao hospital.

Os editores atuais afirmam que os médicos devem ser confiantes, mas não arrogantes. O dr. House parece ter problemas em ficar do lado certo da linha que divide os dois atributos.

Uma pesquisa publicada no *Journal of Family Practice*, em 2001, que analisou os fatores que levam os pacientes a confiarem em seus médicos, verificou que cuidado e conforto são tão importantes quanto competência técnica. As habilidades de comunicação, tanto em termos do que o médico diz quanto em sua capacidade de ouvir, também estão fortemente relacionadas com a satisfação do paciente, de acordo com essa pesquisa.

Dando a má notícia

As habilidades de comunicação dos médicos são colocadas à prova quando eles precisam dar uma má notícia a seu paciente. Apresentar o diagnóstico de uma doença que ameaça a vida do paciente ou dizer a alguém que o tratamento provavelmente não terá sucesso é difícil para os médicos. É algo que eles não estão preparados para fazer.

Quando parece que o tratamento contra intoxicação por radiação não vai funcionar quase no final do episódio "Daddy's Boy" ("Queridinho do Papai", 2-05), Wilson tem dificuldade em lidar com o prognóstico ruim. Ele diz ao pai do paciente que seu filho, provavelmente, não conseguirá combater as infecções que estão se espalhando pelo corpo do rapaz. Wilson não consegue dizer com todas as letras que o jovem está morrendo. Não vemos se um dos médicos efetivamente dá a má notícia ao pai. Em vez disso, a última palavra do episódio é do pai, quando diz ao filho que ele vai ficar bom.

No primeiro episódio da segunda temporada, "Acceptance" ("Aceitação"), Cameron passa boa parte do tempo tentando refutar a existência de um câncer de pulmão que, no fundo, ela sabe que vai matar sua paciente. Wilson e House pedem que Cameron diga a verdade à paciente. Ela sequer diz à paciente que o câncer de pulmão é uma possibilidade, enquanto houver alguma chance de ser outro diagnóstico qualquer.

Na vida real, dar a má notícia ao paciente não é fácil também. A faculdade de Medicina e outros tipos de treinamento estão quase inteiramente centrados na cura e no manejo das doenças. A morte não só é má notícia para o paciente; muitos médicos também sentem uma espécie de fracasso pessoal. Um dos principais especialistas em câncer de pulmão afirma que é difícil recrutar jovens médicos nesse campo, em parte, porque a maioria dos pacientes morre após um período relativamente curto de tempo.

Somente nos últimos anos alguns programas começaram a treinar os jovens médicos a dar más notícias. Um médico/pesquisador que conduziu oficinas sobre o tema afirma que esse tipo de treinamento pode ajudar a aumentar os níveis de confiança dos médicos. Ele afirma que muitos dos conselhos envolvem medidas simples, como garantir um ambiente confortável e particular para dar a notícia. "Dê a eles um aviso", explica. "Por exemplo: 'O que vou dizer é muito grave e sinto muito ter de dar essa notícia a você. Agora é um bom momento para conversarmos sobre o assunto?', para que o paciente possa reunir suas energias emocionais e preparar-se para ouvir o que você tem a dizer."

Outros especialistas recomendam o que chamam de estilo de comunicação "centrado no paciente", em que o médico é cuidadoso ao monitorar o modo como o paciente está recebendo a notícia, para garantir que ele entende o que está sendo dito e não fica chocado por ouvir demais e de maneira exageradamente rápida. Depois de testar três tipos de comunicação com estudantes que imaginavam como eles se sentiriam se fossem pacientes ouvindo notícias ruins, pesquisadores de Zurique, na Suíça, informaram que a comunicação centrada no paciente obteve melhor resposta. Eles afirmaram que os pacientes tendem a não responder tão bem a declarações diretas que se limitam a apresentar os fatos médicos sem considerar os sentimentos do paciente. Da mesma forma, um tom extremamente emocional que enfoca o quanto a notícia é triste também tem suas desvantagens.

"A pesquisa demonstrou que se a notícia ruim for comunicada de modo ruim, pode causar confusão, aflição duradoura e ressentimento; se a comunicação for bem-feita, poderá auxiliar na compreensão, na aceitação e no ajuste", afirmam os professores Lesley Fallowfield e Valerie Jenkins, ambos doutores em filosofia da Universidade de Sussex, na Inglaterra, que escreveram um artigo fazendo uma revisão da pesquisa sobre o modo como os médicos dão uma má notícia a seus pacientes.

A boa comunicação com os pacientes é parte importante no oferecimento de uma boa assistência, mas também pode servir aos interesses do médico. Há um velho ditado que diz: "Quem é bonzinho não é processado."

Em um relatório sobre erros médicos e reclamações de pacientes no *Journal of the American Medical Association*, o dr. Gerald Hickson e seus colegas comentaram que "os pacientes atendidos pelos médicos com o maior número de processos judiciais eram os que mais reclamavam que seus médicos não ouviam suas queixas, nem retornavam suas ligações, ou eram arrogantes e pouco respeitosos".

Parece uma descrição do dr. House, não é?

No final do episódio "Poison" ("Veneno", 1-08), a mãe de um paciente está empurrando o filho em uma cadeira de rodas em direção à saída do hospital quando passam pelo dr. House e por Foreman. O filho ficara inconsciente durante boa parte do episódio.

"Quem são eles?", o menino pergunta. "Ah, são os idiotas arrogantes que salvaram sua vida", responde a mãe.

Sabendo que o dr. House era um idiota arrogante quando o contratou, a dra. Cuddy afirmou que havia separado 50 mil dólares anuais para despesas com processos judiciais. No entanto, ela provavelmente estava se referindo ao trabalho jurídico de rotina, não aos pagamentos de queixas por erros médicos, que são em média muito mais elevados do que isso.

É importante observar que, embora as indenizações por erros médicos possam ser extremamente altas para obstetras, neurocirurgiões e certos especialistas, e o montante médio dos pagamentos venha subindo juntamente com todos os demais custos na medicina, o custo total dessas indenizações ainda representa uma pequena parte dos gastos com a saúde. Uma análise recente na publicação *Health Affairs* indica que, quando você distribui pela população todas as indenizações por erro médico, elas provavelmente acrescentam um dólar por mês ou pouco mais de 12 dólares ao ano aos gastos com assistência médica *per capita*.

Juramento de Hipócrates

Vamos voltar aos ideais da medicina. A declaração mais famosa, evidentemente, é o Juramento de Hipócrates. No entanto, você talvez se surpreenda ao saber que, embora o médico da Grécia Antiga, Hipócrates, tenha dito algo do tipo "Não faça mal", essas palavras não estão na versão clássica do juramento em si.

Versão clássica do Juramento de Hipócrates

Eu juro, por Apolo médico, por Esculápio, Hígia e Panacea, e tomo por testemunhas todos os deuses e todas as deusas, cumprir, segundo meu poder e minha razão, a promessa que se segue: estimar, tanto quanto a meus pais, aquele que me ensinou esta arte; fazer vida comum e, se necessário for, com ele partilhar meus bens; ter seus filhos por meus próprios irmãos; ensinar-lhes esta arte, se eles tiverem necessidade de aprendê-la, sem remuneração nem compromisso escrito; fazer participar dos preceitos, das lições e de todo o resto do ensino meus filhos, os de meu mestre e os discípulos inscritos segundo os regulamentos da profissão, porém, só a estes.

Aplicarei os regimes para o bem do doente segundo meu poder e entendimento, nunca para causar dano ou mal a alguém.

A ninguém darei por comprazer nem remédio mortal nem um conselho que induza à perda. Do mesmo modo, não darei a mulher alguma substâncias abortivas.

Conservarei imaculadas minha vida e minha arte. Não praticarei a talha, mesmo sobre um calculoso confirmado; deixarei essa operação aos práticos que disso cuidam.

Em toda casa, aí entrarei para o bem dos doentes, mantendo-me longe de todo dano voluntário e de toda sedução, sobretudo longe dos prazeres do amor, com as mulheres ou com os homens livres ou escravizados.

Aquilo que no exercício ou fora do exercício da profissão e no convívio da sociedade eu tiver visto ou ouvido, que não seja preciso divulgar, conservarei inteiramente secreto.

Se eu cumprir este juramento com fidelidade, que me seja dado gozar felizmente da vida e de minha profissão, honrado para sempre entre os homens; se dele eu me afastar ou infringi-lo, o contrário aconteça.

– Tradução do grego, de Ludwig Edelstein,
de *The Hippocratic Oath: Text, Translation, and Interpretation*
(Baltimore: Johns Hopkins Press, 1943)

Os jovens médicos, em geral, prestam juramento quando se formam em Medicina, mas não há uma versão padronizada. Prestar juramento é uma prática relativamente recente. O dr. Howard Markel, Ph.D., escreveu no *New England Journal of Medicine* que, em 1928, apenas uma em cada cinco faculdades de Medicina na América do Norte prestava juramento nas cerimônias de formatura. Agora, nos Estados Unidos os juramentos são praticamente universais nas faculdades de Medicina.

Por exemplo, os formandos da Classe de 2004 da Faculdade de Medicina da Yale University adotaram o seguinte juramento modificado:

Juramento de Médico da Yale University

Eu, solenemente, juro consagrar minha vida ao cuidado dos doentes, à promoção da saúde e a serviço da humanidade.

Praticarei minha profissão com consciência e dignidade. A saúde e a dignidade de meus pacientes serão minha primeira preocupação. Respeitarei os segredos a mim confiados. Não permitirei que concepções de gênero, religiosas, nacionais, raciais, de orientação sexual ou sociais intervenham entre meu dever e meus pacientes.

Respeitarei o direito dos pacientes de participar ativamente das decisões que os afetarem. Ajudarei meus pacientes a tomar decisões que coincidam com seus próprios valores e crenças.

Tentarei aumentar minha competência constantemente e respeitar aqueles que ensinam e ampliam nosso conhecimento por meio da pesquisa. Tentarei prevenir e curar as doenças.

Quando for qualificado para instruir, terei prazer em transmitir meus conhecimentos, mantendo meus colegas na mais alta estima e encorajando a avaliação crítica mútua de nosso trabalho.

No espírito daqueles que me inspiraram e ensinaram, procurarei aumentar constantemente meus conhecimentos, minha compreensão e qualificação, e trabalharei junto a meus colegas para promover todos os aspectos válidos na antiga e honrada profissão médica. Manterei a honra e as nobres tradições da medicina. Meu comportamento será honrado e equilibrado, e refletirá a justiça para todos.

Se cumprir este juramento e não violá-lo, poderei aproveitar a vida e a prática da profissão. Faço estas promessas, solene e livremente, pela minha própria honra. Que minha fé fortaleça minha resolução.

– Faculdade de Medicina da Yale University, 2004

Em 2002, um grupo de sociedades e fundações médicas nos Estados Unidos e na Europa publicou o assim chamado "Physician Charter", ou a Declaração do Médico. Os autores afirmam que a declaração tem o objetivo de atender aos desafios da prática médica no novo milênio.

A declaração está baseada em três princípios fundamentais:

Princípio da primazia do bem-estar do paciente. Este princípio baseia-se na dedicação a servir o interesse do paciente. O altruísmo contribui para a confiança, fator central à parceria entre médico e paciente. As forças de mercado, as pressões da sociedade e as exigências administrativas não devem comprometer este princípio.

Princípio da autonomia do paciente. Os médicos precisam respeitar a autonomia do paciente. Os médicos devem ser honestos com seus pacientes e delegar a eles o poder de tomar decisões bem informadas sobre seu tratamento. As decisões dos pacientes sobre o tipo de tratamento que recebem são essenciais, desde que alinhadas com a ética e que não levem a um atendimento inadequado.

Princípio da justiça social. A profissão médica deve promover a justiça no sistema de saúde, incluindo a justa distribuição de recursos de assistência médica. Os médicos devem trabalhar ativamente para eliminar a discriminação na saúde pública, quer se baseie em raça, gênero, status socioeconômico, etnia, religião ou qualquer outra categoria social.

– "Medical Professionalism in the New Millennium: A Physician Charter", um projeto da ABIM Foundation, ACP-ASIM Foundation e European Federation of Internal Medicine, conforme publicado em *Annals of Internal Medicine*, 5 de fevereiro de 2002

O dr. House parece colocar o bem-estar do paciente em primeiro lugar, independentemente das forças de mercado ou das pressões sociais, e ele, certamente, sente apenas desprezo pelas exigências administrativas.

Em "Acceptance" ("Aceitação", 2-01), ele luta para encontrar a cura para um assassino condenado, apesar das dúvidas de Foreman sobre se o paciente valia aquele esforço todo. O dr. House instiga Foreman com perguntas sobre como os médicos devem decidir quais pacientes merecem que tipo de tratamento. Ele pergunta se um pedófilo mereceria receber antibióticos mas não uma ressonância magnética, mostrando, assim, como os médicos podem ser sugados sem sentir por armadilhas morais, caso tentem julgar o "valor" de seus pacientes.

Médicos e execuções

Os médicos, muitas vezes, ficam de plantão nas execuções de prisioneiros condenados nos Estados Unidos. Mas a Associação Médica Americana tem uma visão sombria dos médicos que facilitam o cumprimento da pena de morte.

De acordo com as políticas de ética médica da Associação, os médicos não devem participar das execuções em qualquer posição oficial. Podem dar tranqüilizantes para aliviar a ansiedade do prisioneiro, mas apenas se este solicitar.

A política da Associação afirma que os médicos não devem nem mesmo declarar que determinado prisioneiro está morto. Por que não?

Em parte, porque o método de execução pode não funcionar da primeira vez. O médico teria então de determinar se e como a execução deve prosseguir. De acordo com relatos da imprensa, em 1984, um prisioneiro condenado à execução na cadeira elétrica na Geórgia não morreu na hora. Ele se debatia enquanto os executores preparavam outro choque. Depois que dois médicos declararam que o prisioneiro ainda estava vivo, ele foi eletrocutado. Desde então, o estado norte-americano da Geórgia mudou a prática de eletrocução para injeção letal.

Além disso, de acordo com a Associação, quando existem dúvidas sobre a imputabilidade de um prisioneiro, não cabe ao médico fazer essa determinação, embora ele possa oferecer sua opinião médica como parte do processo judicial. Se um prisioneiro for declarado inimputável, os médicos não têm obrigação de fornecer tratamento para restaurar a competência, a menos que a sentença de morte seja alterada antes do início do tratamento.

Oposição semelhante à participação dos médicos e de outros profissionais de assistência médica em casos de pena de morte vem do Colégio Americano de Médicos, da Associação Americana de Saúde Pública e de outros grupos.

As políticas dessas organizações não são obrigatórias. Não há unanimidade entre os médicos com relação à pena de morte e alguns participam do processo.

O desprezo por regras e restrições administrativas do dr. House parece ilimitado. No episódio "Hunting" ("A Caçada", 2-07), o fato de um pedido para realizar um teste difícil criar embaraços administrativos parece fazer com que o dr. House sinta-se mais inclinado a realizá-lo. Quando Cameron sugere o teste, o dr. House ri nervosamente ao imaginar a quantidade de papel que Cuddy terá de assinar.

O princípio da justiça social também se encaixa bem com a visão de mundo do dr. House. Em "Histories" ("Histórias", 1-10), Foreman fica reticente em relação a uma mulher sem-teto que foi levada ao hospital depois de desmaiar em uma batida policial. Mas o dr. House entra direto no caso, com o mesmo fervor que demonstra para descobrir a origem da dor em um paciente abastado. Na verdade, um fervor ainda maior.

Em "Cursed" ("Amaldiçoado", 1-13), um menino apresenta dor e problemas de respiração que parecem pneumonia comum para o dr. House. Cuddy convence-o a se interessar pelo caso... e ele pressente a influência do dinheiro.

"A maneira como você ignora minha pergunta... uau, eles são realmente endinheirados!", zomba House.

Mas e o princípio da autonomia do paciente? Bem, um índice de dois em três não é ruim. Quando se trata de violar o direito dos pacientes de decidir o que querem fazer, mesmo que não seja o que ele recomenda, o dr. House tem uma longa lista de exemplos.

Durante uma cena em flashback em "Three Stories" ("Três Histórias", 1-21), House e Stacy estão discutindo o melhor tratamento para sua perna lesionada.

"Se fosse o caso de outro paciente, o que você recomendaria?, pergunta Stacy.

"Eu diria que é escolha do paciente", responde o dr. House.

"O quê? Sem chance! Você os intimidaria até que eles decidissem fazer o que você considera certo."

Dr. Schwarzenegger-Welby

"Ele é uma espécie de dr. Schwarzenegger-Welby. Está munido de todas as armas, mas também é como os antigos médicos de 1955, que faziam tudo sozinhos." É assim que o bioeticista Arthur Caplan, Ph.D., descreve o modo como o dr. House destrói as doenças com os últimos medicamentos e dispositivos disponíveis na medicina moderna, ao mesmo tempo em que ignora propositadamente as restrições dos regulamentos e da burocracia, evocando os antigos médicos das décadas passadas.

House sente compaixão, só que de modo relutante. Sua versão do velho dr. Marcus Welby concentra toda sua atenção no único paciente à sua frente, sem o calor e a aura que cercavam o ator que interpretava o médico na televisão para uma geração anterior.

Como diretor do Centro de Bioética da Universidade da Pensilvânia na Filadélfia, o dr. Caplan é versado nas obrigações e responsabilidades que os médicos têm para com seus pacientes e colegas. Sua avaliação é direta sobre a pouca habilidade social e o freqüente desprezo pelos sentimentos e desejos dos outros demonstrado pelo dr. House.

"Um médico assim teria uma carreira muito curta", afirma. "Estaria tão ocupado se defendendo nos tribunais que não teria tempo para clinicar, porque estaria sendo acusado de mentiras, de falta de transparência, de não atender às solicitações diretas de pacientes competentes e também de não exercer a medicina de acordo com as práticas médicas normalmente aceitas."

"House é uma espécie de iconoclasta que pode fazer tudo isso sozinho. No entanto, não existe uma pessoa assim. Ele seria considerado intolerável pelos colegas, um idiota completo. Para trabalhar na medicina moderna, é preciso ter habilidades sociais."

House viola constantemente as orientações de seus pacientes. No episódio "DNR" ("Ordem para Não Ressuscitar", 1-09), ele salva um paciente que assinou uma declaração para "não ressuscitar" e depois descarta as objeções de seus colegas, declarando que quer praticar medicina, em vez de debater questões éticas. Entretanto, ética e medicina são inseparáveis. O objetivo da medicina não é simplesmente manter corações batendo e pulmões bombeando por mais tempo, mas sim servir aos interesses do paciente.

O dr. Caplan ressalta que a doença é do paciente, não do médico. No mundo real, os pacientes, muitas vezes, não se recuperam; em geral, não enfrentam escolhas simples e diretas entre vida e morte. O desafio regular para um médico é auxiliar o paciente a administrar uma doença e, por fim, a morte, de meios que sejam consistentes com os valores do paciente.

Mas será que o sucesso não serve de desculpa para boa parte do comportamento de House... e não admiramos a maneira inteligente e eficaz como ele consegue vencer a burocracia e os entraves administrativos? Não queremos que nossa assistência médica seja mais parecida com a versão que é retratada no seriado?

"Não, nós detestaríamos", afirma o dr. Caplan. "Reinventamos a medicina por volta de 1960. E as pessoas não gostaram. Sentiram-se diminuídas. Sentiram-se intimidadas. Sentiram que não faziam parte de decisões cruciais."

O dr. Caplan concorda que se um médico realmente tivesse o registro praticamente perfeito de diagnósticos corretos e curas aparentemente miraculosas, como as do dr. House, talvez conseguisse escapar com seu comportamento inadequado, jeito relaxado de se vestir e insubordinação. Mas não existe um médico assim. No mundo real, os médicos são falíveis, as opções de tratamento não são ideais e as curas dramáticas são poucas e esporádicas.

Existem fortes motivos pelos quais a medicina deixou para trás a era em que médicos independentes eram mestres inquestionáveis de seus domínios.

"Será que as pessoas gostariam que houvesse menos burocracia, papelada e menos advogados? Sim, mas realmente não gostariam de viver em um mundo em que o médico toma todas as decisões e basicamente descarta o paciente e seus colegas. A medicina hoje é praticada em equipe e exige muita cooperação", afirma o dr. Caplan.

Os pacientes querem que seus médicos recomendem quais testes ou opções de tratamento são melhores. E muitos pacientes querem que seus médicos dêem as cartas. Afinal de contas, eles estão pagando pela especialização médica. Embora a ciência e a experiência clínica sejam componentes necessários do processo de tomar uma decisão, não constituem o único fator nessa equação.

Quando uma mulher com dor no tórax por causa de uma doença cardíaca tem de decidir entre tomar pílulas para aliviar a condição ou submeter-se a uma cirurgia de revascularização do miocárdio que pode fazê-la se sentir melhor e melhorar sua vida diária, a paciente é a única que consegue reunir os fatos médicos e combiná-los com seus valores e crenças, para decidir se as potenciais recompensas adicionais da cirurgia compensam os riscos de complicação ou mesmo o risco de morte.

Quando um homem fica sabendo que tem câncer de próstata e que a cirurgia ou a radiação podem reduzir as chances de a doença se espalhar, mas que os médicos não podem prever com confiança se ele vai ou não viver mais tempo por conta disso – e que o tratamento, provavelmente, vai deixá-lo impotente e talvez com incontinência urinária –, os médicos não devem impor suas crenças sobre os valores relativos da qualidade ou quantidade de vida.

Infelizmente, os pacientes talvez nem recebam as informações básicas que lhes permitiriam tomar uma decisão informada. De acordo com um estudo no *Annals of Internal Medicine*, publicado em 2004, menos de dez por cento dos materiais educacionais fornecidos para pacientes com câncer de próstata descrevem todas as opções de tratamento. Mesmo quando os materiais pelo menos mencionavam todas as opções, não apresentavam informações abrangentes sobre os riscos e benefícios cada tratamento. A cada ano, nos Estados Unidos, quase 250 mil homens precisam decidir o que fazer depois de receber um diagnóstico de câncer de próstata. Parece que poucos recebem as ferramentas adequadas para exercer seu direito de tomar decisões médicas bem fundamentadas.

Consentimento informado

Em vez de simplesmente concordar com a recomendação do médico, os pacientes devem assinar um termo de consentimento informado, o que significa que não só concordam com a decisão, como também compreendem qual será a opção de tratamento a ser seguido. Se questionados mais tarde, os médicos não terão a desculpa de dizer que o "pobre coitado assinou o formulário; não é minha culpa se ele não entende o que está escrito!" Que pena que essa norma não se aplique a contratos de empréstimos e a instalações de softwares de computador!

De acordo com uma declaração da Associação Médica Americana, o processo de comunicação que leva ao consentimento informado para determinado procedimento médico não é apenas um ideal ético; é exigido por lei em todos os estados norte-americanos. Embora o consentimento informado tenha um longo histórico na ética médica, a história jurídica tem apenas cinqüenta anos.

Os médicos, em geral, querem que os pacientes entendam quais são suas opções médicas, mas comunicar com eficácia as informações necessárias pode ser um desafio.

Em "Paternity" ("Paternidade", 1-02), Foreman tentou conversar com os pais do paciente sobre uma opção de tratamento, mas desistiu.

– Confirmamos que o problema é esse vírus mutante – em seguida, Foreman diz mais para o final do episódio. – O tratamento para panencefalite esclerosante subaguda é interferon intraventricular. Implantamos um reservatório de Ommaya sob o couro cabelo, que está conectado a um cateter ventricular e direciona o antiviral diretamente para o hemisfério esquerdo.

– Você quer que autorizemos isso? Nem consigo entender o que você está dizendo! – diz o pai do paciente.

– Bem, o antiviral... Bem, desculpe, posso explicar da melhor maneira possível, mas a hipótese de que vocês realmente vão compreender o tratamento para a condição de seu filho e assinar um termo de consentimento informado é, a meu ver, meio absurda – afirma Foreman. – Eis o que vocês precisam saber: é perigoso, pode matá-lo, mas vocês deveriam aceitar.

Nesse caso, Foreman parece desistir antes mesmo de tentar. Muitos médicos obtêm consentimento informado de seus pacientes para o uso de reservatórios de Ommaya a fim de administrar drogas diretamente ao cérebro do paciente. A seguir está o exemplo de um termo de consentimento de um ensaio para terapia contra o câncer:

Procedimento cirúrgico

Duas a seis semanas após a conclusão da radioterapia, você será submetido a um procedimento cirúrgico para colocar um tipo especial de cateter ou tubo no meio do tumor localizado em seu cérebro. Esse cateter se chama reservatório de Ommaya modificado. A única parte do cateter que você conseguirá ver ou sentir estará sob o couro cabeludo.

Riscos associados com o reservatório de Ommaya

Infecção

Ruptura da membrana, que pode resultar na substituição do reservatório

O medicamento interferon é usado como rotina para tratar hepatite e outras doenças. Introduzir o fármaco diretamente nos espaços do cérebro, denominados ventrículos, é um pouco incomum, mas esse tratamento intraventricular não parece ser uma situação extraordinariamente complexa.

A atitude fatalista sobre o consentimento informado assumida por Foreman nesse episódio do seriado parece ter sido "criada para chocar... pelo menos espero que esse tenha sido o caso e que ninguém trate seus pacientes dessa maneira", afirma o dr. Craig Campbell. O dr. Campbell é neurologista pediátrico no Children's Hospital of Western Ontario e da University of Western Ontario, em London, no Canadá.

Embora nunca tenha realizado o procedimento, pois não é cirurgião, o dr. Campbell foi co-autor de um estudo sobre a panencefalite esclerosante subaguda e seu tratamento no Canadá, recentemente publicado em *BMC Pediatrics*. Ele afirma que o procedimento de inserir um reservatório de Ommaya não deve ser difícil de explicar aos pacientes ou a seus pais. A seleção do interferon ou de qualquer outro fármaco é mais complicada, principalmente porque existem poucas evidências concretas sobre que tratamento funciona melhor nesses casos.

"Em grande medida, os tratamentos médicos têm uma base empírica ou, na melhor das hipóteses, [baseiam-se] em estudos observacionais que levam a uma grande dose de incerteza sobre a melhor estratégia de manejo. Entretanto, considerando que a doença tem um desfecho devastador, seria esperado que os pacientes recebessem a terapia agressiva do mesmo modo que os pacientes no relatório que publicamos. Minha experiência clínica ao longo dos anos mostra que, com alguma paciência e explicação cuidadosa, o consentimento informado pode ser alcançado mesmo diante das decisões mais complexas", afirma o dr. Campbell.

O dr. Michael Vassilyadi, neurocirurgião da Universidade de Ottawa e do Children's Hospital of Eastern Ontario em Ottawa, no Canadá, lembra de um procedimento semelhante ao descrito no seriado.

"Era o caso de uma menina de 6 anos com histórico de sarampo", lembra o dr. Vassilyadi. "A menina desenvolveu convulsões mioclônicas como as que chamaram a atenção do dr. House. A medicação anticonvulsivante e os fármacos antivirais orais não estabilizaram a condição da menina, por isso a equipe médica decidiu tentar o tratamento com interferon intraventricular.

"Expliquei o procedimento ao pai da paciente, assim como os riscos e as complicações, que incluíam infecção, hemorragia intracraniana e derrame, que poderiam criar futura deterioração neurológica", afirmou o dr. Vassilyadi.

"Assim que o procedimento foi claramente apresentado ao pai, com o uso de ilustrações bastante úteis, ele compreendeu bem a situação e consentiu. O que é necessário é bastante tempo para dar todas as explicações em um ambiente agradável, com todos os presentes confortavelmente sentados, e tempo suficiente para permitir que o procedimento seja bem entendido e que todos os riscos envolvidos no processo sejam bem avaliados, incluindo tempo para responder às perguntas dos pais com toda a atenção possível."

O dr. Vassilyadi também observa que o procedimento cirúrgico para a inserção de um reservatório de Ommaya é relativamente direto para um neurocirurgião pediátrico médio.

Além de pintar um quadro assustador e incompleto para os pais do paciente em "Paternity", Foreman, aparentemente, nunca ofereceu aos pais informações sobre alternativas à terapia com interferon que ele recomendara. Existem várias drogas diferentes que são usadas para tratar panencefalite esclerosante subaguda. Mesmo quando um médico acredita que uma opção é melhor, o paciente precisa saber quais são os prós e os contras das várias opções, para ser capaz de tomar uma decisão realmente bem informada.

Embora pareça que a maioria dos médicos seja capaz de explicar essa estratégia de tratamento aos pacientes, a cena ilustra desvantagens mais amplas das atuais práticas de consentimento informado. Muitos pacientes, particularmente aqueles com baixo nível de instrução ou que falam inglês como segundo idioma nos Estados Unidos, têm dificuldade de compreender até mesmo informações e conceitos médicos de rotina.

Um artigo publicado em um periódico da Sociedade Americana de Câncer citou um estudo que reportou que os pacientes com baixos níveis de instrução em geral não entendem termos básicos como rastreio, cólon, tumor... ou até mesmo cura.

Os Centros de Controle e Prevenção de Doenças dos Estados Unidos (CDCs), juntamente com outras instituições de saúde do país, recomendam que os formulários de consentimento devem ter o nível de leitura e compreensão de um aluno da sétima série do Ensino Fundamental. Alcançar esse padrão, sem simplificar demais as informações, representa um desafio difícil.

Uma pesquisa publicada no *New England Journal of Medicine* verificou que os formulários de consentimento em geral são mais difíceis de entender do que o esperado. O dr. Michael K. Paasche-Orlow, mestre em Saúde Pública, e seus colegas pesquisaram sites de mais de cem faculdades de Medicina nos Estados Unidos e compararam os padrões de legibilidade conforme os centros de ensino com exemplos de modelos de formulários de consentimento também encontrados nos mesmos sites das faculdades de Medicina. Em geral, os formulários eram quase três vezes mais difíceis de ler do que o esperado. Ou seja, se a norma da escola era que o formulário de consentimento deveria ter sido escrito para o nível de um aluno da sétima série do EnsinoFundamental, o modelo fornecido aos pesquisadores na escola exigiria que os pacientes tivessem condições de ler como alunos do nono ano.

Quando o comitê da Associação Médica Americana publicou um relatório sobre o nível de conhecimento em saúde no *Journal of American Medical Association* que, entre outras recomendações, determinava que os médicos deveriam compartilhar mais as informações quanto às necessidades dos pacientes, alguns leitores rapidamente apontaram que a própria página da publicação intitulada "Patient Page", ou página do paciente, em geral, exigia um nível de leitura de Ensino Médio, superando em muito a capacidade de leitura do adulto médio dos Estados Unidos. Os membros do comitê reconheceram o problema. Eles afirmaram que estavam revisando a "Patient Page" para facilitar sua leitura.

Mesmo quando os médicos conseguem explicar bem os fatos e as alternativas para que os pacientes entendam suas opções, muitas vezes existe um cabo-de-guerra entre as táticas médicas agressivas e os valores pessoais... entre fazer todo o possível para vencer a doença e moderar a intensidade da batalha, para satisfazer outras preocupações ou aspirações do paciente.

Esse difícil equilíbrio entra em foco no final da vida. Uma revisão dos principais hospitais dos Estados Unidos realizada por pesquisadores do Dartmouth Medical School revela grandes variações na quantidade de remédios empregados durante os seis meses finais na vida dos pacientes. Em alguns hospitais, os pacientes tinham, em média, menos de dez dias de internação durante os seis meses finais de vida, enquanto em outros hospitais a média da permanência era de quase um mês inteiro.

Todos os hospitais contavam com equipes excepcionais que supostamente tinham conhecimentos equiparáveis sobre as capacidades e as limitações dos tratamentos médicos. As estatísticas dos hospitais foram ajustadas para levar em conta idade, sexo e doença dos pacientes.

Houve uma variação também muito grande com relação ao local da morte. Se tiverem opção, os pacientes preferem voltar para casa quando se torna aparente que o tratamento hospitalar intensivo continuado não vai causar melhoras substanciais em sua saúde ou longevidade. Apesar de terem substancialmente as mesmas opções médicas disponíveis, as escolhas com relação a continuar o tratamento agressivo até o final ou passar os dias finais com amigos e a família em um ambiente familiar eram muito distintas em diferentes hospitais. Em alguns centros, cinco em cada seis pacientes vão para casa, enquanto em outros hospitais mais da metade prefere ficar no hospital.

As escolhas sobre o cuidado a ser recebido no final da vida e de quando é o momento de lançar mão do arsenal de tecnologia médica moderna são fruto das crenças e dos valores dos pacientes, e de como esses valores são honrados pelos médicos.

Enquanto isso, o dr. House parece não estar muito preocupado com os valores dos pacientes, se forem contrários a seu julgamento.

No primeiro episódio, a paciente estava cansada de ser bombardeada por tratamentos exaustivos, um após o outro.

– Quero simplesmente morrer com um pouco de dignidade – afirmou.

O dr. House explode:

– Não existe isso! Nossos corpos sucumbem, às vezes aos 90 anos, às vezes antes de nascermos, mas sempre acontece e em nenhum momento existe dignidade. Eu não me importo se você consegue andar, ver ou fazer sua higiene pessoal. É sempre feio, sempre! – ele grita para a paciente.

Em "Damned If You Do" ("Se Correr o Bicho Pega", 1-05), a paciente, uma freira, deseja sair do hospital.

– Essa doença é uma prova de minha fé – ela afirma. – Se for vontade de Deus me levar, não importa onde eu esteja. Eu aceito isso.

O dr. House não gosta de ver seus conselhos rejeitados e parte para a ofensiva.

– Será que alguém acredita no que você diz? Você não está aceitando. Está fugindo, como sempre faz, aliás – ele afirma.

"Em primeiro lugar, a atitude do dr. House com seus pacientes nunca seria tolerada em qualquer organização, e certamente não em

Princeton. Esse comportamento é totalmente absurdo", afirma Joanne Ritter-Teitel, Ph.D. e enfermeira registrada. A dra. Ritter-Teitel é enfermeira-chefe do Centro Médico universitário em Princeton, no estado norte-americando de Nova Jersey, bem perto do hospital-escola fictício de Princeton-Plainsboro, onde o dr. House trabalha.

Ela afirma que pacientes e familiares deveriam procurar outros especialistas ou outros administradores hospitalares, exigindo ações mais enérgicas contra qualquer médico que agisse como o dr. House.

"Não me importa que tipo de cura o sujeito realiza. Em Princeton, ou em qualquer outro hospital hoje em dia, esse tipo de comportamento nunca seria tolerado. Nunca. Ele seria enviado a um centro para médicos perturbados. Ele seria enviado a todos os tipos de treinamento possíveis para resolver esse comportamento; isso não seria tolerado", afirma a doutora.

O dr. House não só é rude e áspero; ele chega até a mentir para conseguir que determinado paciente concorde em fazer um teste ou siga uma linha de tratamento.

Em "Poison" ("Veneno", 1-08), o dr. House deseja adotar um tratamento experimental e potencialmente perigoso. A mãe do paciente não está convencida. Assim, ele pede que Chase finja ser um cientista do CDC para evitar que a mãe do paciente receba uma segunda opinião que possa diferir de sua própria perícia.

Em "Detox" ("Desintoxicação", 1-11), o dr. House tem uma lógica complicada para recomendar um tratamento arriscado. No entanto, em vez de respeitar a capacidade do pai do paciente de compreender sua linha de raciocínio, o dr. House determina que Cameron minta para o pai; assim, ele aderirá ao tratamento e dará seu consentimento.

Embora mentir aos pacientes seja uma clara violação dos princípios éticos, deixá-los alheios a essas informações infelizmente é uma prática comum. Em 1999, o dr. Clarence H. Braddock III, mestre em Saúde Pública, e seus colegas publicaram uma análise no *Journal of the American Medical Association* que reportou que poucos médicos parecem envolver seus pacientes em processos de tomada de decisões clínicas. Os pesquisadores investigaram mais de mil encontros entre médicos e pacientes envolvendo dezenas de médicos e cirurgiões. De acordo com os padrões dos pesquisadores, menos de uma decisão em cada dez envolveu o paciente por completo. Dentre os mais de duzentos encontros entre médicos e pacientes que envolveram decisões complexas, somente uma decisão levou em conta as idéias do paciente por completo.

Para o dr. House, a escolha certa está sempre clara e acima de qualquer debate. Ele acredita que sabe mais do que seus pacientes e que conhece bem seus interesses. Apesar de seu juramento de médico, o dr. House, aparentemente, sente-se justificado para fazer o que for preciso para que os pacientes se dobrem à sua vontade.

Mãe ou feto?

Pesar os riscos e os benefícios do tratamento de câncer é difícil o suficiente para qualquer paciente, mas, quando se trata de uma mulher grávida, a complexidade e o trauma de tomar qualquer decisão se multiplicam.

Em "Babies and Bathwater" ("Bebês e Banheiras", 1-18), uma jovem com sintomas neurológicos e outros sinais descobre que está sofrendo de uma síndrome paraneoplásica causada por câncer de pulmão de pequenas células. Ela não é fumante. Além disso, está grávida de 28 semanas. Wilson aconselha a realização de uma cesariana imediatamente, para que a mãe possa iniciar o tratamento com quimioterapia e radiação.

Embora esses casos sejam raros, efetivamente ocorrem.

O dr. John C. Ruckdeschel, diretor do Barbara Ann Karmanos Cancer Institute de Detroit, no estado norte-americano de Michigan, afirma que as síndromes paraneoplásicas são o primeiro sinal de câncer de pulmão em cerca de cinco por cento dos casos que ele atende.

"São síndromes muito confusas. Eu tive pacientes muito jovens, com menos de 30 anos, que não eram fumantes", afirma o dr. Ruckdeschel. "É algo que acontece e que os médicos têm uma tendência ruim de ignorar, porque não estão procurando esses casos. Os não-fumantes podem ter câncer de pulmão, principalmente as mulheres."

Ele afirma que os pacientes são em geral fumantes passivos em casa ou no trabalho, embora, às vezes, a causa do câncer nunca seja determinada.

Em média, o dr. Ruckdeschel afirma que os pacientes com câncer de pulmão que apresentam síndrome paraneoplásica como os primeiros sintomas da doença têm prognóstico pior do que outros pacientes com câncer de pulmão.

Ele encontra mulheres grávidas com câncer algumas vezes por ano. Na verdade, esses casos são encaminhados a especialistas nos grandes centros de tratamento de câncer por causa da complexidade tanto do tratamento em si quanto das escolhas pessoais que as pacientes precisam fazer.

Felizmente, no mundo real, pacientes e cônjuges raramente precisam escolher entre a vida da mãe e a sobrevivência do feto. No terceiro trimestre de gestação, depois de cerca de 27 semanas, em geral, é razoavelmente seguro iniciar o tratamento sem risco substancial para o feto.

"Os dados sugerem que, se a gestação chegou ao terceiro trimestre, as chances de haver problemas cognitivos ou de desenvolvimento significativos para o feto são muito baixas. No primeiro ou no segundo trimestres, a probabilidade é maior", afirma o dr. Ruckdeschel. "O que tendemos a fazer em caso de câncer que exige tratamento imediato, sem possibilidade de espera de um ou dois meses, é tratar a mãe com o bebê no útero nesse estágio, monitorando para identificar sinais de alguma perturbação do feto. Desse modo, existe a chance de chegar ao fim da gestação normalmente. Eu não me sentiria obrigado a fazer uma cesariana imediatamente, em caso de uma gravidez no terceiro semestre."

O dr. Ruckdeschel afirma que ele e seus colegas já usaram com sucesso quimioterapia relativamente agressiva durante o terceiro trimestre. Mesmo a radioterapia pode ser usada em uma mulher grávida, se o feixe puder ser focado para limitar a exposição do feto.

Além disso, esperar um pouco, até mesmo algumas semanas, é razoável na maioria dos casos de câncer durante a gravidez. O dr. Ruckdeschel afirma que o câncer é um processo longo.

"Uma semana ou duas não representam um problema com relação à biologia geral do câncer", ele afirma. "Esperar uma semana será uma questão trivial nesse caso, se algum órgão vital não estiver sendo pressionado."

A quimioterapia e a radioterapia são extremamente perigosas para o feto no início da gravidez, em especial no segundo mês de gestação, quando os principais órgãos estão começando a se formar. O dr. Ruckdeschel afirma que, em todos os casos que já atendeu, as pacientes no primeiro trimestre decidiram interromper a gravidez. Mas esta nunca é uma decisão fácil.

"Todos esses casos são difíceis. São casos que exigem conhecer bem a paciente, conversar com ela e apresentar claramente a situação: 'Existe uma alta probabilidade não só de prejudicarmos o feto, mas de matá-lo'", afirma o doutor.

"Você estará diante de uma jovem que está vivendo um dos momentos mais felizes de sua vida, que não está esperando receber essa notícia e, de repente, seu mundo vem abaixo. No entanto, quando a sobrevivência da mãe entra em jogo e não há chances para o bebê, em geral o marido e a esposa chegam à conclusão de que esta é a melhor decisão naquele momento. Vão sofrer com isso e se sentir angustiados, mas, em geral, optarão por salvar a vida da mãe."

Se for possível adiar o tratamento ou se parecer que os riscos ao feto são aceitáveis, os pais normalmente optam por manter a gravidez.

Para pacientes com câncer de pulmão de pequenas células, contudo, independentemente da decisão tomada, o prognóstico de longo prazo é ruim.

"Mesmo com tratamento, as chances de cura são provavelmente menos de dois por cento. A chance de ter uma remissão em um ou dois anos é boa, mas esses pacientes não levarão uma vida normal", afirma o dr. Ruckdeschel. "Quando uma situação assim atinge uma pessoa jovem, ela deve se agarrar a qualquer chance de cura, por menor que seja, e isso faz todo sentido. Eu os estimulo a seguir em frente."

Outros tipos de câncer também são detectados em mulheres grávidas. Um encontro recente de especialistas em nível internacional revisou estudos de câncer de mama durante a gravidez. Os especialistas afirmaram que as pacientes grávidas tiveram resultados tão bons quanto as não-grávidas. A maior parte dos casos de câncer de mama em mulheres grávidas é tratada com sucesso.

Em geral, a cirurgia de câncer de mama pode ser realizada durante a gravidez. Vários fármacos quimioterápicos também foram usados, embora o tratamento possa ser adiado até a gestação passar dos três meses. A radiação, em geral, só é usada depois do parto.

Normalmente, o câncer de mama não parece criar conflitos urgentes entre a saúde da mãe e a do feto.

O obstetra Eytan R. Barnea, que co-editou o livro *Cancer and Pregnancy*, afirma que, quando uma gravidez chega ao terceiro trimestre, em geral é possível dar à luz se necessário, para evitar conflitos com o tratamento contra o câncer da mãe.

"Decisões realmente difíceis sobre a sobrevivência do feto podem ser tomadas cada vez mais cedo no processo", ele afirma. "Assim, quando a decisão de tratar o câncer da mãe ou de tirar o feto primeiro é tomada, isso se resume a casos em que há viabilidade ou não. E hoje em dia a viabilidade pode ser alcançada depois de 27 ou 28 semanas."

O dr. Barnea afirma que os riscos para o feto são maiores no início da gravidez. Preocupações sobre a toxicidade da quimioterapia ou da radiação são maiores durante a quinta até a oitava semana de gestação. Se o tratamento não puder ser atrasado por pelo menos algumas semanas, então a interrupção da gravidez pode ser a única alternativa nesse ponto.

Durante o segundo trimestre, o feto tem maiores chances de suportar a quimioterapia, e mesmo a radioterapia é possível, se o feto puder ser protegido. Entretanto, nesse estágio de gravidez, é preciso esperar pelo menos de oito a dez semanas para fazer o parto.

O dr. Barnea afirma que o câncer cervical invasivo descoberto no meio da gestação pode representar uma escolha difícil.

"Eu nunca tive de tomar essa difícil decisão, mas existem casos na literatura de mulheres com câncer cervical invasivo que precisam se submeter a uma histerectomia imediata e interromper a gravidez para iniciar a radioterapia. Se analisarmos a literatura, veremos que essas são decisões muito difíceis", ele afirma.

Mesmo nos casos de câncer cervical, existem relatos de tratamentos bem-sucedidos que permitiram que a gravidez continuasse ou que preservaram a fertilidade da mulher após o tratamento. A maior parte dos casos de câncer cervical descobertos durante a gravidez ocorre nos primeiros estágios de gestação. Uma revisão do conhecimento médico atual feita pela dra. Carolyn Muller e pela dra. Harriet Smith, do University of New Mexico Health Sciences Center, descobriram que "existem indícios significativos de que o atraso no tratamento do câncer em estágio inicial não tende a ter um efeito deletério para a mãe e que o atraso no tratamento até a maturidade do feto em uma gravidez desejada é um curso de ação razoável."

Entretanto, o relatório afirma que existem poucas informações para orientar médicos e pacientes na hora de tomar decisões difíceis como essas em casos de câncer mais avançados.

Felizmente, o câncer cervical avançado já é uma condição rara nos Estados Unidos e em outras nações desenvolvidas graças ao exame de papanicolau. E o número de casos no mundo todo pode cair drasticamente nas próximas décadas, por conta de uma nova vacina contra os tipos de papilomavírus humanos sexualmente transmissíveis, que são a principal causa de câncer cervical.

Deve-se observar que o dr. House está tão disposto a mentir para os colegas quanto para os pacientes. Em "Control" ("Controle", 1-14), ele enganou um comitê de transplante de órgãos para fazer com que sua paciente ficasse no topo da lista de espera. Ele não informou aos membros do comitê que o coração da paciente fora afetado por causa do abuso de ipeca como parte de um distúrbio alimentar. Esses dados poderiam ter atrapalhado as chances de a paciente conseguir um coração a tempo.

No final das contas, por causa de sua omissão, a paciente foi colocada na frente de outros que estavam esperando novos corações. Como não existe um número suficiente de órgãos doados para todas as pessoas que precisam deles, muitos pacientes morrem todos os anos à espera de uma chamada que nunca chega.

Assim, embora a paciente do dr. House tenha recebido um coração novo e a chance de uma nova vida, alguém na fila de espera não conseguiu.

O dr. House também exagerou os fatos sobre sua paciente para que ela fosse considerada para um tratamento experimental de câncer no episódio "Babies and Bathwater" ("Bebês e Banheiras", 1-18). E, em "The Socratic Method" ("O Método Socrático", 1-06), ele injetou álcool no tumor do fígado de sua paciente, desidratando-o e causando seu encolhimento temporário. O golpe enganou um cirurgião, fazendo-o acreditar que o tumor era menor e mais fácil de remover. O dr. House conseguiu o que queria, mesmo que a verdade tenha sido sacrificada.

Às vezes, o dr. House viola a lei. Quando soube que sua paciente de 15 anos em "Skin Deep" ("A Top Model", 2-13) tivera relações sexuais com o pai, ele decidiu não informar imediatamente. Em Nova Jersey, quem quer que tenha motivos para acreditar que houve abuso de menores tem obrigação de informar o fato às autoridades. A penalidade máxima por não informar é seis meses de prisão.

Embora as leis variem de um estado para outro nos Estados Unidos, os médicos e outros profissionais da saúde, em geral, estão dentre as pessoas com obrigatoriedade de informar crimes. Esses requisitos significam que, quando um médico suspeita de abuso infantil, tem o dever cívico de registrar a ocorrência; não há espaço para preferências pessoais.

A desculpa do dr. House foi que o pai também era paciente seu e, portanto, qualquer informação dada pelo pai era privilegiada e não poderia ser revelada às autoridades. Mesmo que o pai tivesse sido seu paciente (uma alegação questionável), a confidencialidade entre médico e paciente não impede o relato de casos de abuso de menores.

No episódio, Cameron contou a Cuddy sobre a alegação de incesto. Cuddy seguiu a lei e notificou as autoridades. No entanto, o resultado não foi o que Cameron esperava.

Uma assistente social apareceu imediatamente e conversou com o pai e depois com a filha. Passou por Cameron quando saía.

– Essa foi rápida. O que vai acontecer? – perguntou Cameron.

– O que você achou que iria acontecer? – retruca a assistente social.

– O pai transou com... – Camerou começou a dizer.

– Existem evidências médicas disso?

– Ele admitiu.

– Ele afirma que essa conversa sequer existiu. Ela também nega. Tenho certeza de que sua intenção foi boa.

A assistente social vira-se e sai de cena, parecendo descartar as alegações como perda de tempo.

A alegação de que um pai manteve relações sexuais com sua filha de 15 anos não seria descartada de modo tão casual, de acordo com Andy Williams, porta-voz do Departamento de Serviços Humanos de Nova Jersey. Embora possa realmente ser difícil provar abuso quando ambas as partes negam o evento, ele afirma que os investigadores normalmente entrevistam todos os demais envolvidos que possam ter alguma informação. Isso significa que o dr. House seria entrevistado, juntamente com outros membros da família, amigos, professores, entre outros. Embora o dr. House possa não ter seguido a obrigação de informar o fato às autoridades, Williams ressalta que ele não se lembra de nenhum caso em que o médico tenha sido processado por não reportar um caso de abuso de menores.

Além disso, quando a assistente pede a Cameron evidências médicas, esta seria capaz de ter respondido que um exame seria capaz de mostrar que a menina era sexualmente ativa, servindo de algum suporte para as alegações de abuso, embora questionando as declarações da menina em contrário.

Uma menina de 15 anos é jovem demais para consentir em manter relações sexuais; isso é considerado estupro estatutário. Se a equipe responsável pelos casos de família suspeitar que tenha ocorrido um crime, o relatório do investigador, provavelmente, será encaminhado às autoridades policiais.

Conflitos de interesse

Um componente importante na colocação do bem-estar do paciente acima de tudo é evitar conflitos com outras influências, incluindo dinheiro ou prestígio. O atrito entre os ideais da medicina e as pressões da indústria são cada vez maiores.

O dr. House captou uma faceta desses conflitos na batalha com Edward Vogler em relação a um discurso. No episódio "Role Model" ("Modelo Exemplar", 1-17), Vogler é presidente do conselho de administração do Hospital-Escola Princeton-Plainsboro e proprietário de uma empresa farmacêutica. Ele pede ao dr. House que faça um discurso elogiando o novo fármaco contra doenças cardíacas que sua empresa está comercializando. House resiste, em parte porque não concorda com o fato de que o novo medicamento seja melhor do que outros remédios similares e mais baratos. Quando Vogler diz que terá de despedir um dos membros da equipe se House não fizer o discurso, ele recua. Mais ou menos. No final das contas, o senso de honestidade de House e sua aversão a receber ordens vencerão: ele ridiculariza o medicamento e desconcerta Vogler na frente de um público influente.

As empresas farmacêuticas e de dispositivos médicos apreciam o apoio recebido de médicos renomados. Elas pagam para que os médicos sejam consultores, façam palestras e escrevam artigos elogiosos e, às vezes, esses pagamentos concorrem ou são mais altos do que os salários normais dos médicos. Os Institutos Nacionais de Saúde dos Estados Unidos (NIH) vêm travando uma batalha para revisar a política referente a pagamentos de terceiros. Um relatório publicado no *Los Angeles Times* em 2003 deu início ao debate sobre as políticas do NIH, quando publicou uma lista de importantes pesquisadores que, além de seus salários como funcionários do governo, recebem pagamentos de fontes externas que chegaram, ao longo de um período de vários anos, a centenas de milhares de dólares cada.

Quando uma política mais restritiva foi anunciada pela primeira vez, alguns importantes pesquisadores e outros estudiosos reclamaram, afirmando que, se os limites de renda externa fossem rígidos demais, os cientistas talentosos abandonariam o trabalho em órgãos governamentais e partiriam para o trabalho no setor privado. As normas revisadas finais proíbem o fornecimento de consultoria externa para a indústria e restringem a quantidade de ações em empresas do setor médico que os principais funcionários e executivos do NIH podem ter.

As principais publicações médicas também estão analisando a influência do financiamento por parte da indústria e outros conflitos. Os editores dos periódicos estavam preocupados com o fato de que os artigos médicos submetidos a eles talvez não fossem exatamente o que aparentavam ser; exatamente como o discurso do dr. House, que não manifestou suas verdadeiras idéias, mas o que alguém com influência financeira acima dele queria que ele dissesse.

Como os editores do *Journal of the American Medical Association* escreveram em um editorial de 2005: "A necessidade de transparência na hora de reportar conflitos de interesse financeiros dos autores e as relações entre os pesquisadores e as fontes de financiamento nunca foram maiores do que hoje, e é fundamental ajudar a manter a confiança e a crença na integridade científica dos artigos de pesquisa médica."

Qualquer autor que pretende que um trabalho seja considerado para publicação no periódico deve fornecer as seguintes informações:

> Declaração Financeira: Assinale a(s) caixa(s) adequada(s) a seguir (aplica-se aos últimos cinco anos e ao futuro próximo):
> ( ) Não tenho interesses financeiros relevantes neste manuscrito.
> ( ) Garanto que todo apoio financeiro e material para esta pesquisa e trabalho estão claramente identificados no manuscrito.
> ( ) Certifico que todas as minhas afiliações ou envolvimento financeiro (emprego, consultorias, honorários, titularidade ou opções de ações, perícias, concessões ou patentes concedidas ou pendentes, royalties) com qualquer organização ou entidade que tenha interesse ou conflito financeiro relativo ao assunto ou aos temas discutidos no manuscrito estão inteiramente revelados aqui.[4]

Outras importantes publicações médicas agora têm requisitos semelhantes. Não proíbem que o financiador da pesquisa tenha interesses comerciais, mas exigem transparência.

O dr. House expressou preocupação sobre o papel da influência comercial na assistência médica assim que soube que Vogler, chefe da empresa farmacêutica, tinha se tornado presidente do Conselho de Admi-

---

[4] Responsabilidade do autor, declaração financeira, transferência de direitos autorais e reconhecimento, *Journal of the American Medical Association* 295 (1) (4 de janeiro de 2006):111.

nistração do Hospital-Escola Princeton-Plainsboro. Especificamente, ele se preocupou com a pressão existente em recrutar pacientes para ensaios clínicos que beneficiassem a empresa de Vogler. Em "Control" ("Controle", 1-14), o dr. House disse para a dra. Cuddy que a influência de Vogler faria o hospital começar a agir mais como uma empresa farmacêutica. Ele estava preocupado com o fato de os médicos começarem a pressionar os pacientes a fazer as piores opções.

Além da preocupação quanto à influência do marketing nos relatórios de pesquisa médica, as publicações também estão preocupadas com a tentativa dos chefões da indústria de mascarar qualquer notícia ruim sobre seus produtos. O *New England Journal of Medicine* criticou duramente os pesquisadores envolvidos no estudo do analgésico Vioxx depois de ter sido revelado que a morte de alguns pacientes não fora incluída em um artigo que reportava a pesquisa publicado no periódico. O Vioxx foi retirado do mercado pela fabricante Merck, após relatos de um aumento inesperado no número de mortes por ataque cardíaco entre os usuários.

Os editores da publicação médica ficaram furiosos com o fato de que o artigo submetido pelos autores era positivo em linhas gerais e não incluiu todos os dados sobre mortes de pacientes. Os autores afirmaram que as mortes ocorreram após uma data de corte predeterminada. No entanto, os editores da publicação argumentaram que a falta desses dados induziu os próprios editores e leitores a erro.

Outro modo de potencialmente distorcer as informações sobre um novo medicamento ou dispositivo é realizar vários estudos de pesquisa, mas divulgar apenas os resultados favoráveis dos ensaios. Embora as empresas privadas tenham a obrigação de seguir leis que regulam experimentos com humanos, não existe qualquer requisito no sentido de divulgar os resultados dos ensaios realizados.

Em 2004, um grupo que representa publicações médicas de ponta, chamado Comitê Internacional de Editores de Publicações Médicas, anunciou uma nova política. Os ensaios clínicos precisam ser publicamente registrados com antecedência, caso os pesquisadores desejem que seus resultados sejam considerados para publicação. Desse modo, as empresas não teriam como esperar para ver os resultados antes de decidir se iriam ou não revelar que um estudo estava em andamento. O requisito de registro do ensaio clínico tem como objetivo ser mais uma ferramenta para combater a divulgação seletiva de informação favorável aos produtos de determinada empresa.

É fato que as palestras de médicos renomados, como a que Vogler pressionou o dr. House a fazer, e os estudos publicados em periódicos médicos são essenciais para as campanhas de marketing dos fabricantes de fármacos e de dispositivos. Essas campanhas são bem financiadas e administradas por especialistas no assunto.

Em "Sports Medicine" ("Medicina Desportiva", 1-12), Foreman flerta com a representante de um laboratório farmacêutico. Ela também paga um ótimo jantar para o restante da equipe, fazendo sempre referência aos produtos de sua empresa.

"Se o paciente decidir seguir o caminho da diálise, temos alguns produtos que vocês deveriam conferir", diz a vendedora. Em seguida, convida todo mundo para uma conferência médica em Bermudas, onde a programação intensa envolve muito sol e mergulho, com apenas uma curta palestra para configurar uma viagem de "trabalho".

O dr. House aparece de repente, dá uma desculpa para se livrar da representante por alguns momentos e depois diz à equipe que ela está usando a todos para chegar a ele, porque ele tem mais condições de influenciar quais drogas são usadas no hospital.

Em 2002, a Pharmaceutical Research and Manufacturers of America (PhRMA) adotou um código de marketing voluntário para seus associados que limita, mas não proíbe, presentes aos médicos. Entretanto, afirma que esses presentes devem ser algo que traga benefícios aos pacientes; por exemplo, algo útil para uma clínica, como um calendário ou um modelo de um órgão do corpo humano. Entretanto, tacos de golfe não seriam apropriados. Viagens e diversão são aceitos, se relacionados com algum trabalho de consultoria ou treinamento para oradores ou consultores. O código permite que os representantes de vendas paguem o almoço (ou o jantar) para os médicos, como a situação retratada no seriado.

De acordo com a indústria farmacêutica, mais de 25 bilhões de dólares são gastos anualmente na promoção de medicamentos. A maior parte desse montante, cerca de 16 bilhões de dólares, corresponde ao valor de "amostras grátis" dadas aos médicos. Cerca de 6 bilhões de dólares por ano são destinados diretamente aos médicos. Apesar do código de marketing voluntário, um artigo recente publicado no *Journal of the American Medical Association* levantou dúvidas quanto às práticas de marketing e destacou como alguns desses bilhões são gastos:

"A lista seguinte, embora não-exaustiva, indica as interações com a indústria que precisam ser levadas em conta: presentes, mesmo itens relativamente pequenos, incluindo refeições; pagamento para participação em seminários e conferências, incluindo atividades on-line; educação médica continuada gratuita para médicos; diária paga para participar de reuniões ou encontros; pagamento para participação como orador; fornecimento de serviços de ghostwriter; suprimento de amostras grátis; bolsas para projetos de pesquisa e pagamento para relações de consultoria."

Os autores argumentaram que todos os presentes dados aos médicos, independentemente do tamanho, devem ser proibidos. E recomendam que o sistema de "amostra grátis" deve ser substituído por *vouchers* dados diretamente a pacientes de baixa renda para que os médicos se libertem do esforço promocional.

A Associação Americana dos Estudantes de Medicina também adverte para o fato de que os estudantes de Medicina precisam resistir à tentação dos brindes ofertados pelos representantes de vendas da indústria, até mesmo canetas com logotipos ou sanduíches. O projeto PharmFree da Associação tem como objetivo reduzir o envolvimento da indústria na vida diária dos médicos.

Atitude ruim

Por que o dr. House segue o próprio caminho e despreza as normas dos outros? Será que é só porque ele sabe, ou pelo menos acredita ser mais esperto do que todos? Será que acertar o diagnóstico justifica passar por cima de vários padrões éticos e jurídicos em busca da cura? É sua própria bússola moral que o leva a sabotar os lances de marketing dos vendedores de medicamentos e até mesmo seu próprio chefe temporário, Edward Vogler?

Ou será que parte dessa rebeldia é abastecida pela dor angustiante do músculo de sua coxa aleijada?

O dr. House explicou no primeiro episódio da série que sofreu um infarto. O paciente com quem conversava pensou que ele tivera um ataque cardíaco.

Infarto do miocárdio é o termo técnico que significa ataque cardíaco. Miocárdio refere-se ao músculo do coração. Um infarto é uma área de tecido que morreu por falta de oxigênio. Em um infarto do miocárdio típico, uma das pequenas artérias que fornece sangue ao músculo do coração é bloqueada por um coágulo, muitas vezes onde uma placa de colesterol se acumulou dentro do vaso sangüíneo. Esses vasos sangüíneos não são os grandes, pelos quais o coração bombeia sangue até os pulmões e o restante do corpo. O tratamento tem como objetivo restaurar a circulação, abrindo o coágulo ou desviando o bloqueio por meio de um enxerto de um novo vaso sangüíneo no coração.

Os infartos agudos do miocárdio, ou IAMs, como normalmente são chamados, são extremamente comuns. Todos os anos, nos Estados Unidos, mais de 1 milhão de pessoas sofrem um infarto do miocárdio. No entanto, como praticamente qualquer caso apresentado no seriado, os infartos dos músculos esqueléticos, como o da coxa, são extremamente incomuns.

O dr. House apresentou um pouco mais de detalhes sobre a lesão de sua coxa no episódio "Three Stories" ("Três Histórias", 1-21). Ele explicou que um exame de ressonância magnética revelou um aneurisma, que é uma saliência anormal no vaso sangüíneo. O sangue no aneurisma coagulou, interrompendo a circulação sangüínea até sua coxa, levando à dolorosa morte do músculo.

Foram necessários três dias para que os médicos chegassem ao diagnóstico de infarto da coxa. Não é por acaso, considerando que esses infartos do músculo esquelético não só são muito raros, como também quase todos os casos observados na literatura médica envolvem pacientes com diabete ou anemia falciforme. O dr. House não parece ser portador de nenhuma dessas condições crônicas.

Qualquer que seja o mistério que cerca a causa de sua lesão na perna, o dr. House deixa muito claro o nível de dor causada. Talvez o consumo regular de Vicodin, que ele usa para combater a dor, também afete seu julgamento.

O efeito do Vicodin e de outros poderosos medicamentos para dor sobre sua atitude e seu desempenho é um tema recorrente no seriado. Será que o uso do medicamento é adequado ou será que ele já está viciado? Infelizmente, a incapacidade médica devido ao abuso de substâncias legais e ilegais, incluindo álcool, drogas ou remédios com receita, é um problema grave e real.

Dor, drogas e médicos incapacitados

Vicodin é o nome de marca de uma pílula que combina hidrocodona e paracetamol. A hidrocodona é uma droga opióide, semelhante à morfina. Age nos receptores de opióides no cérebro, com o alívio da dor como um dos efeitos. Paracetamol é o nome genérico do analgésico presente no Tylenol.

Eis alguns nomes de marca para a combinação de hidrocodona e paracetamol:

Vicodin	Lortab
Anexsia	Norco
Co-Gesi	Panacet
Lorcet-HD	Zydone

Não há dúvidas de que a dor crônica severa do tipo que aflige o dr. House é real e que o uso prolongado de analgésicos pode auxiliar na resolução da dor de modo mais rápido do que o normal.

A dra. Seddon R. Savage, mestre, diretora do Centro Dartmouth de Dependência, Recuperação e Educação em Hanover, New Hampshire, afirma que muitas pessoas com dor crônica vivem bem apesar de fazerem uso contínuo de analgésicos, incluindo opióides, por longos períodos de tempo. Na verdade, quando a medicação é usada adequadamente, esses pacientes reagem melhor do que sem as drogas. Embora esses medicamentos sejam quimicamente semelhantes à heroína e ao ópio, há pelo menos um estudo que indica que pessoas com dor não ficam alteradas com as drogas da mesma forma que um viciado ficaria. Ela afirma que o estudo coincide com a experiência clínica de muitos especialistas em dor.

Um ponto crucial para compreender o uso de analgésicos é que a dose, por si só, não é o elemento mais importante.

"A dosagem não informa se a pessoa está dependente da medicação ou fazendo uso terapêutico da mesma. Existem pessoas que precisam de doses pequenas da medicação para obter uma resposta terapêutica, enquanto outras precisam de doses muito altas para ter uma resposta satisfatória", afirma a dra. Savage.

O aspecto importante a ser observado, segundo ela, são as reações dos pacientes. Estão alertas? Seu humor está normal? Estão seguindo a prescrição ou aumentando as doses prescritas?

No caso de alguém que precisa de forte alívio da dor por um período longo e indefinido, como o dr. House, a dra. Savage afirma que procuraria alternativas ao Vicodin, porque esse medicamento precisa ser tomado em intervalos de poucas horas.

"Se alguém sente dor 24 horas por dia e precisa tomar Vicodin a cada três horas, terá níveis sangüíneos variáveis. Seus níveis sangüíneos aumentarão e diminuirão, especialmente se a pessoa estiver usando o medicamento segundo seu próprio critério, sem seguir a prescrição. Tomar uma medicação com efeito mais prolongado uma ou duas vezes ao dia permitirá uma ótima estabilidade sangüínea, que aliviará a dor sem períodos de abstinência. Além disso, será menos provável que tenham períodos de confusão ou incapacidade cognitiva em função da falta do remédio", afirma a dra. Savage.

Existe uma variedade de formulações de liberação prolongada de morfina e outros analgésicos. Existem adesivos transdérmicos que liberam o medicamento de maneira lenta e constante durante o dia. Também existem bombas de medicamentos, algumas pequenas o suficiente para serem colocadas sob a pele, que automaticamente injetam o medicamento no corpo do paciente.

Em geral, os especialistas em dor afirmam que o subtratamento da dor intensa é tão importante, e talvez mais comum, do que o uso excessivo ou a dependência dos analgésicos. Uma importante lição advinda das pesquisas sobre a dor é guardar o medo da dependência em suas devidas proporções.

"Há um medo saudável e um medo desnecessário", afirma a dra. Savage. "Vemos os dois aspectos presentes na cultura médica atual. Temos alguns médicos que realmente não temem usar opióides e que acreditam piamente que essas substâncias não causam dependência quando o paciente sente dor. Esse tipo de médico prescreverá a medicação sem necessariamente monitorar o paciente de perto e, às vezes, isso causa problemas. Por outro lado, existem médicos que não receitam opióides de jeito nenhum porque acreditam que todos ficarão viciados."

"De algum modo, ainda não encontramos o meio-termo adequado. Ainda vejo essa grande divergência de opiniões. O que precisamos é do reconhecimento saudável de que cerca de dez por cento da população apresenta distúrbios de dependência que se manifestam ao longo de suas vidas. Isso significa que cerca de uma em cada dez pessoas que tratamos terá um risco maior do que as demais de desenvolver dependência da medicação."

Como todos os remédios, os analgésicos potentes, como o Vicodin, apresentam riscos e benefícios. Pacientes e médicos precisam respeitar o poder das drogas e monitorar seu uso, a fim de maximizar os benefícios, limitando os riscos, inclusive o de dependência.

Em 2001, a Associação Médica Americana, a Sociedade Americana de Dor e mais de 12 outros grupos ligados à saúde, juntamente com a Drug Enforcement Administration (DEA) dos Estados Unidos, divulgaram uma declaração conjunta, denominada *Promoting Pain Relief and Preventing Abuse of Pain Medications: A Critical Balancing Act*. Em parte, a declaração dizia:

> O abuso de drogas é um problema sério. Aqueles que legalmente fabricam, distribuem, prescrevem e fornecem substâncias controladas devem estar conscientes e respeitar o potencial inerente de abuso dessas substâncias. Entretanto, centrar-se apenas no potencial de abuso de determinada droga poderia erroneamente levar à conclusão de que esses medicamentos devem ser evitados quando indicados para uso terapêutico – o que gera medo, em vez de respeito, por suas legítimas propriedades. Ajudar médicos, enfermeiros, farmacêuticos e outros profissionais da saúde, as autoridades que garantem o cumprimento da lei e o público em geral a terem mais consciência sobre o uso e o abuso de analgésicos permitirá que todos nós tomemos decisões adequadas e ponderadas em relação ao tratamento da dor.

A linha que separa o uso adequado do uso inadequado de analgésicos e outros medicamentos ou o álcool de outras drogas não é obedecida por um número grande de médicos todos os anos. Isso não deveria surpreender ninguém. Afinal de contas, os médicos são humanos. Estudos sobre médicos indicam que eles fazem uso abusivo de determinadas substâncias na mesma proporção que pessoas de outras profissões; ou seja, um risco na proporção de um em cada dez. Com quase 600 mil médicos atuando nos Estados Unidos, talvez esse número chegue a 60 mil com algum tipo de problema de abuso de determinada substância ao longo de suas vidas.

Embora os médicos talvez não tenham maior propensão do que outras pessoas para se tornarem incapacitados devido ao abuso de substâncias, as conseqüências são muito graves.

"Médicos como o dr. House, com características narcisistas e a idéia de que as regras são feitas para todo mundo cumprir, menos ele, são comuns na profissão. Se a esta personalidade narcisista, anti-social, rabugenta e arrogante acrescentarmos drogas, a situação torna-se crítica", afirma o dr. Anderson Spickard.

O dr. Spickard é diretor médico do Centro de Saúde Profissional em Nashville, no Tennessee, e professor de medicina e veterinária no Vanderbilt University Medical Center. Ele é co-autor do livro *Dying for a Drink: What You and Your Family Should Know About Alcoholism.*

Apesar dos anos de instrução e experiência na prescrição de medicamentos, um médico como o dr. House, tão qualificado na hora de fazer diagnósticos, talvez não consiga ver que está no meio do furacão.

"Embora seja especialista em detectar e tratar doenças nos pacientes, ele é totalmente inexperiente quando se trata do seu potencial para a dependência", afirma o dr. Spickard.

A cada dois meses, o dr. Spickard ajuda a dar um curso intensivo para um grupo de médicos sobre como reconquistar o controle sobre os medicamentos de prescrição. Esses médicos, em geral, estão proibidos de exercer a medicina porque prescreveram medicamentos inadequados aos pacientes ou a si mesmos, ou tiveram problemas com o abuso de álcool. A maior parte daqueles com problemas pessoais com álcool e outras drogas já fez tratamento de reabilitação.

Os médicos que fazem o curso no Centro de Saúde Profissional são avaliados e tratados cuidadosamente, se necessário. No entanto, antes de voltarem a exercer a profissão, existem algumas lições importantes a aprender para reduzir as chances de recorrência: "Eles precisam ter seus próprios médicos; essa é a condição número 1. É incrível como é pequeno o número de médicos que têm seu próprio médico. Número 2: se tiverem um problema com narcóticos, eles precisam ser acompanhados por um médico que conheça o que o vício representa. Não são todos os médicos que estão bem treinados na ciência da dependência. É uma especialidade. Número 3: é preciso evitar todos os tipos de medicamentos que alterem o humor, porque outras drogas no cérebro parecem acionar a ânsia de fazer uso excessivo de analgésicos. Número 4: participar de reuniões e seguir os 12 Passos dos Narcóticos Anônimos", aconselha o dr. Spickard.

Embora o dr. Spickard e seus colegas tenham ajudado centenas de médicos a retornar à profissão nos últimos anos, existe um número muito maior de médicos que ainda estão enfrentando esse problema.

"Sabemos que cerca de sete por cento dos formandos de determinada turma de médicos terão alguma dependência em algum ponto de suas carreiras", afirma o dr. Spickard.

"Queremos que eles melhorem. Cada um deles acompanha de 1.500 a 3 mil pacientes. Alguns são cirurgiões, o que ainda é mais assustador. Ou estão inserindo um cateter em sua carótida ou em seu coração. Essa é uma questão realmente séria."

Os médicos têm acesso a drogas e têm a autoridade legal para prescrevê-las. O maior problema é quando tentam se automedicar.

"Um cirurgião de 40 anos apresentou forte dor nas costas que era compatível com um cálculo renal. Seu colega, especializado em medicina interna, foi visitá-lo em casa e lhe aplicou uma injeção de meperidina, com alívio instantâneo da dor. O amigo deixou um frasco contendo 10 ml de meperidina (100mg/ml) com o paciente, juntamente com instruções sobre como fazer a aplicação, caso a dor voltasse. A dor voltou, e o médico-paciente aplicou uma injeção de quatro em quatro horas, com o alívio imediato da dor. O alívio foi tão imediato e prazeroso que ele se lembra de senti-lo mesmo depois de cessada a dor, após a saída do cálculo renal. O médico encomendou meperidina para ter em sua maleta e começou a se automedicar ao menor sinal de desconforto. Logo, tornou-se dependente do medicamento e começou a tirar a meperidina do estoque de produtos do próprio consultório. Finalmente, foi confrontado por colegas e pelo Comitê de Médicos Incapacitados e foi enviado à reabilitação."

Um ponto significativo dessa história é que o médico foi confrontado e notificado. Em um artigo sobre médicos incapacitados, o dr. Spickard observa uma declaração feita pelo Conselho de Saúde Mental da

Associação Médica Americana no sentido de que "é responsabilidade ética do médico tomar ciência da incapacidade de um colega em exercer a medicina de modo adequado por problemas de saúde física ou mental, incluindo problemas com alcoolismo e dependência de drogas.

No episódio "Detox" ("Desintoxicação", 1-11), a dra. Cuddy confronta o dr. House sobre o uso cada vez maior por parte de House do medicamento Vicodin. Em vez de notificar a ocorrência ou indicá-lo para avaliação, ela fez uma aposta de que ele não conseguiria ficar sem tomar o analgésico por uma semana.

O dr. Spickard afirma que nunca recomendaria desafiar um médico a ter uma crise de abstinência como forma de provar ou descartar as suspeitas de dependência.

"Não, porque os sintomas de abstinência, como lacrimejamento, diarréia e outros, podem ocorrer com doses menores e, portanto, não servem de prova concreta da dependência. Parar de usar a substância não é letal; só incomoda por causa desses sintomas. Não prova inequivocamente se a pessoa está ou não viciada no produto", afirma o doutor.

A dor, provavelmente, seria intensa. Não só a dor original que levou ao uso da droga volta, mas seria aumentada pela abstinência, deixando o paciente em estado muito pior do que antes do tratamento.

Embora parar de tomar o Vicodin não represente risco de vida, interromper bruscamente o tratamento com algumas drogas, como os benzodiazepínicos de ação lenta, pode causar sérias reações, incluindo convulsões.

Se não for possível determinar se existe dependência pela dose do medicamento que está sendo consumido, como então descobrir? Quando a droga parece ser mais importante do que os amigos, a família, o emprego ou outras facetas da vida, isso pode representar um vício.

"Tomar doses maiores do que o necessário para a condição apresentada e sofrer com as conseqüências do uso ou dependência e continuar com o mesmo comportamento. O vício se define como o uso continuado do medicamento ou do álcool, apesar das conseqüências adversas", afirma o dr. Spickard.

Os sinais de alerta incluem perder compromissos, errar nas receitas médicas, sentir raiva freqüente ou inapropriada, e ter problemas familiares, incluindo o divórcio. O dr. Spickard também observa que os médicos com problemas de abuso de drogas podem procurar uma "cura geográfica", ou seja, mudar de instituição ou de cidade. Esses médicos podem dizer, e acreditar, que seus problemas se devem aos supervisores ou às regras e regulamentos do hospital, e não à sua própria perda de controle sobre os remédios, o álcool ou outras drogas.

O problema com os médicos incapacitados tem recebido muita atenção na profissão nos últimos anos. Atualmente, os hospitais reconhecem e respondem muito mais prontamente aos problemas potenciais, embora muitos médicos com possíveis abusos de substâncias ainda consigam se livrar.

A resposta das administrações dos hospitais é motivada por mais do que o senso de obrigação para com os pacientes e seus colegas. As instituições de saúde que não agem podem estar sujeitas a penalidades.

"Qualquer administrador hospitalar tem de conhecer os regulamentos federais sobre o uso de drogas por parte dos médicos, e saber que correm grande risco quando sabem que o sujeito está na instituição sem avaliação correta por parte do Comitê de Bem-Estar dos Médicos e do Programa de Bem-Estar dos Médicos da instituição", destaca o dr. Spikcard.

O administrador hospitalar que deveria estar supervisionando o dr. House é a dra. Lisa Cuddy, embora ela muitas vezes pareça estar apenas agüentando as pontas, em vez de administrando a operação. No próximo capítulo, vamos analisar como hospitais como o fictício Hospital-Escola Princeton-Plainsboro operam.

Identificação do médico incapacitado

CONDIÇÕES DE ALTO RISCO

- Histórico familiar de dependência em parentes de primeiro grau;
- Acesso a medicamentos que alteram o humor, particularmente opióides, principalmente em anestesiologia;
- Colapso nervoso;
- Tensão incomum no trabalho.

COMPORTAMENTO DO VICIADO

- Uso de grande quantidade de álcool; embriaguez freqüente;
- Reclamações médicas freqüentes sem evidência de diagnósticos médicos específicos (fadiga, insônia, indigestão, depressão);
- Autoprescrição de injeções opióides e de sedativos hipnóticos;
- Negligência pelas responsabilidades (perda de compromissos, atraso nos turnos);
- Crises freqüentes de raiva;
- Preocupações da equipe com o comportamento do colega;
- Promiscuidade sexual;
- Multas por dirigir sob a influência da droga.

SINAIS DE VÍCIO

- Hálito alcoólico
- Marcha atáxica
- Fala embaralhada
- Tremores inexplicáveis
- Aspecto desgrenhado
- Sonolência
- Variações de peso inexplicáveis
- Humor deprimido

De: P. G. O'Connor e A. Spickard, Jr. "Physician Impairment by Substance Abuse", *The Medical Clinics of North America* 81(4) (julho, 1997); 1037-53, Review.

CAPÍTULO 8

Nenhum médico é uma ilha

Quando Edward Vogler iniciou sua breve administração como presidente do conselho do Hospital-Escola Princeton-Plainsboro, ele fez uma pergunta à dra. Cuddy:

"O que faz um Departamento de Medicina Diagnóstica?"

"Esse é o departamento do dr. House", respondeu a dra. Cuddy. "Ele lida com casos que os outros médicos não conseguem resolver."

Vogler fica perplexo com as idiossincrasias do dr. House e sente-se desafiado por sua resistência aos esforços do administrador de gerenciar o hospital como qualquer outro negócio.

No entanto, mesmo relevando-se as peculiaridades do dr. House, os hospitais não são como outros negócios. Os autores de um livro intitulado *Health Care USA: Understanding Its Organization and Delivery* destacaram a enorme complexidade dos hospitais modernos. Centenas e até mesmo milhares de pessoas, muitas com altíssima qualificação e experiência, trabalham juntas em uma organização extremamente regrada, oferecendo serviços personalizados a outras pessoas cuja vida está em risco.

"Com tantos tipos de funcionários diferentes e tantos sistemas e funções inter-relacionadas, é surpreendente que sequer consigam trabalhar", afirmam Harry Sultz e Kristina Young, autores do livro.

Os hospitais norte-americanos nem sempre foram assim. Segundo Sultz e Young, nos primeiros anos após a independência dos Estados Unidos, os hospitais eram um pouco mais do que centros de isolamento para pessoas com doenças infecciosas. No século XVIII, os hospitais não eram locais de cura, mas um meio de proteger o restante da comunidade contra doenças infecciosas. Quem tinha dinheiro para pagar médicos particulares em geral era atendido em casa.

Como o conhecimento médico e o exercício da profissão evoluíram, e a sociedade mudou suas expectativas com relação à assistência médica, os hospitais passaram por várias transformações. De fato, foi somente no último século que as pessoas começaram a considerar os hospitais instituições capazes de oferecer serviços de atendimento médico importantes. O sistema de seguro-saúde moderno surgiu na década de 1930, com planos pré-pagos que garantiam determinado número de dias de atendimento médico. Depois da Segunda Guerra Mundial, os Estados Unidos viveram o boom da construção de hospitais. Nas últimas décadas, o atendimento hospitalar vem-se tornando cada vez mais sofisticado e caro, fazendo com que os pequenos hospitais fechem suas portas e concentrando o atendimento de pacientes graves em grandes instituições com condições de pagar pelos caros instrumentos que médicos como o dr. House empregam com tanto fervor.

Existem duas maneiras principais de categorizar os hospitais: (a) de acordo com o tipo de serviço oferecido e (b) de acordo com sua estrutura de proprietários. Existem três tipos básicos de propriedade hospitalar:

- Sem fins lucrativos: por exemplo, hospitais de propriedade de grupos ou fundações religiosas;
- Com fins lucrativos: hospitais que podem fazer parte de uma cadeia ou rede independente, mas com o objetivo de fazer seus donos lucrarem;

- Hospitais públicos: essas instituições podem ser da rede municipal, estadual ou federal, ou serem administradas por órgãos públicos, como os militares ou o Departamento de Assuntos de Veteranos de Guerra nos Estados Unidos, por exemplo.

Os tipos de serviços e o modo como os hospitais oferecem esses serviços não é tão simples de categorizar assim. Na verdade, os hospitais podem ser considerados estruturas criadas a partir de uma gama de programas oferecidos. Por exemplo, determinado hospital pode ter uma sala de emergência, um programa de transplante de coração e oferecer serviços psiquiátricos. Já outro hospital próximo talvez não disponha desses serviços específicos. Alguns hospitais podem ser coligados com centros de pesquisa ou com faculdades de Medicina.

Hospital-Escola Princeton-Plainsboro

Onde o Hospital-Escola Princeton-Plainsboro se encaixa nesse espectro hospitalar? Não parece ser um hospital público. Afinal de contas, a dra. Cuddy ainda não foi sabatinada por uma comissão municipal ou federal. Da mesma maneira, o hospital não parece integrar uma rede afiliada a uma ordem ou fundação religiosa, pois não existem símbolos religiosos no prédio.

Quer o hospital seja propriedade privada com fins lucrativos ou uma fundação sem fins lucrativos, o Hospital-Escola Princeton-Plainsboro é único, uma vez que não há referência alguma a uma sede distante. Como o nome sugere, o hospital também é um centro de treinamento para novos médicos. Entretanto, o dr. House parece ter apenas contato eventual com os estudantes... e os trata com o mesmo desprezo com o qual lida com suas obrigações clínicas.

Na verdade, na primeira temporada, os estudantes de Medicina apareceram com destaque em apenas dois episódios. Em "Three Stories" ("Três Histórias", 1-21), o dr. House faz uma palestra para um auditório cheio, mas, para convencê-lo a substituir um professor doente, a dra. Cuddy precisa suborná-lo, prometendo folga. Depois, como que para enfatizar seu desprezo pelo ensino, o dr. House alterna rapidamente entre as histórias de três pacientes com forte dor na perna. Ele até mesmo altera os detalhes em cada história, aparentemente para perturbar os estudantes.

Em "Histories" ("Histórias", 1-10), dois estudantes aparecem em uma das histórias secundárias do episódio. O dr. House, como sempre, é ríspido, designando-lhes uma tarefa sem passar instruções detalhadas. Quando os alunos ficam confusos porque o paciente conta histórias diferentes para cada um deles, o dr. House zomba, aparentemente exasperado por sua incapacidade de reconhecer a condição rara que afetou a memória do paciente.

Embora o Hospital Princeton-Plainsboro seja considerado um hospital-escola, o dr. House parece ter o mesmo apreço pelos estudantes que um piloto de carro esporte tem por quebra-molas.

Quando um hospital não é um hospital?

Que instalação hospitalar aparece nas vistas aéreas do seriado fazendo-se passar pelo fictício Hospital-Escola Princeton-Plainsboro? Bem, na verdade, nenhuma. O prédio retratado na série é, na verdade, o Frist Campus Center da Universidade de Princeton. O nome é em homenagem à família do líder do Senado norte-americano Bill Frist. O senador Frist, que também é médico, é ex-aluno de Princeton.

Outros ex-alunos da Universidade de Princeton que não visitam o campus há algum tempo talvez não reconheçam o prédio logo de cara. O ângulo que em geral aparece no seriado enfatiza um anexo que foi feito ao antigo prédio do Palmer Physics Lab, construído há quase cem anos.

Em seguida, existe a relação entre o dr. House e a administração do hospital, que no seriado é exagerada e tendenciosa, embora retrate a essência de alguns conflitos de longa data entre médicos e equipe administrativa. Nesse aspecto, os hospitais não são como outras empresas. O diretor de um hospital, em geral, não tem controle total sobre os médicos que trabalham em sua instituição. Certamente, a dra. Lisa Cuddy não tem controle sobre o dr. House.

Edward Vogler não entende essa relação. Quando assumiu a função de presidente do conselho de administração do hospital, criticou severamente a dra. Cuddy pelo que, em sua opinião, era uma incapacidade dela de supervisionar o dr. House de modo eficiente. No episódio "Heavy" ("Uma Questão de Peso", 1-16), ele tenta demonstrar seu poder ordenando a House que despeça um de seus colegas. O dr. House propõe, em vez disso, reduzir os salários de todos para economizar uma quantidade equivalente de dinheiro, mas Vogler rejeita a proposta.

A dra. Cuddy não entende, porque ela acredita que o ponto de Vogler seja economizar dinheiro. O dr. House capta a verdadeira intenção de Vogler... demonstrar seu poder. Vogler confirma a percepção de House, afirmando que precisa saber se House está disposto a fazer o que ele determinar, por pior que seja, e que ele quer que House entenda e aceite seu papel subserviente. Evidentemente, o dr. House está determinado a manter sua estrela brilhando no hospital.

Bruce Traub, contador, tem uma perspectiva especial sobre a dinâmica de administração retratada no seriado. Ele é o principal executivo financeiro do Centro Médico Universitário de Princeton, em Nova Jersey. Seu hospital-escola está bem perto do local fictício do Hospital-Escola Princeton-Plainsboro, e de muitas maneiras seria considerado uma espécie de modelo para o hospital do dr. House.

"Como muitas organizações, temos um presidente e um CEO. Além disso, temos membros eleitos da equipe médica e dentária que participam das decisões", destaca Traub. Os representantes são eleitos por médicos e dentistas, não pela administração.

"Essa é uma parte da liderança médica e odontológica do hospital. Nos diferentes departamentos, os chefes são nomeados. Por exemplo, o chefe do Departamento de Medicina Interna, o do Departamento Cirúrgico, Psiquiátrico e assim por diante."

Essa hierarquia paralela da equipe médica é uma das características que diferenciam os hospitais de outras empresas. Os chefes de departamento e os representantes dos médicos e dentistas mantêm reuniões pelo menos uma vez por mês com os líderes da administração hospitalar. Embora trabalhem juntos para administrar a rotina do hospital, inclusive no que diz respeito ao comportamento dos médicos, a divisão das responsabilidades e da autoridade significa que os administradores simplesmente não podem dar ordens ou tomar decisões unilaterais sobre aspectos que envolvem diretamente os médicos. A insistência de Vogler de que os médicos obedeçam, sem questionar, às suas instruções é algo que não faz parte da rotina da maioria dos administradores hospitalares, por mais que sonhem com isso.

Além disso, na maioria dos hospitais do mundo real, embora os médicos trabalhem nas instalações hospitalares e utilizem seus serviços e outros recursos, em geral eles não são funcionários com o mesmo status dos atendentes ou do pessoal da manutenção. Ainda assim, como os médicos decidem quem é admitido no hospital, eles são responsáveis por gerar recursos. Traub afirma que, de certo modo, os médicos são a equipe de vendas do hospital.

"Temos controle limitado sobre nossa 'força de venda'; o que fazem ou como indicam pacientes para atendimento no hospital", afirma Traub. "Investimos nosso dinheiro para fornecer a eles os recursos para que façam seu trabalho aqui dentro; na verdade, eles ganham dinheiro cobrando as consultas de seus próprios pacientes, e não recebendo um salário do hospital. Assim, essa é uma relação exclusiva que não acho que tenha paralelo em outros setores da indústria."

Isso não significa que os médicos estejam livres para fazer o que bem entenderem. Para manter seus privilégios e continuar a trabalhar no hospital, os médicos devem seguir os estatutos e procedimentos relacionados a aspectos importantes, como segurança dos pacientes, e a questões secundárias, como quando e onde usar jalecos brancos.

Jalecos brancos e gravatas "inúteis"

Quando o novo presidente do conselho do Hospital-Escola Princeton-Plainsboro Edward Vogler vê o dr. House pela primeira vez no episódio "Control" ("Controle", 1-14), observa que algo está errado. O dr. House não está usando seu jaleco branco. A dra. Cuddy ignora a aversão de House pelo jaleco, mas Vogler parece estar convencido de que não deve haver exceções para esse código de vestir.

O jaleco branco é um símbolo da medicina tão importante quanto o estetoscópio. No entanto, códigos de vestir que exigem que os médicos usem jalecos brancos não são tão comuns quanto no passado. Em um comentário no *Archives of Internal Medicine*, o gastrenterologista Lawrence J. Brandt brincou com os trajes cada vez mais casuais dos jovens médicos e estudantes de Medicina.

O dr. Brandt escreveu que, ao se preparar para a palestra anual que faz para os estudantes de Medicina da Faculdade de Medicina Albert Einstein no Bronx, em Nova York, percebeu um nítido contraste com o corpo de alunos do passado, do qual ele fizera parte, sempre arrumados em seus jalecos de um branco imaculado.

"Obviamente, esses jovens não estavam cientes ou resolveram ignorar o conselho de Hipócrates de que o médico deve ser 'limpo e bem vestido, ungido com ungüentos perfumados', escreveu o dr. Brandt.

Em seguida, ele fez uma revisão da literatura médica, não sobre os achados de pesquisas recentes sobre questões gastrenterológicas, mas de artigos sobre os códigos de vestir e o traje médico. O dr. Brandt encontrou uma rica combinação de artigos que exploravam as dimensões práticas e simbólicas do traje médico. O jaleco branco é, ao mesmo tempo, símbolo de limpeza e autoridade perante pacientes e colegas. Como o dr. Brandt observou, os bolsos largos são úteis para carregar estetoscópios, livros de consulta ou os modernos PDAs cheios de informações médicas recentes.

Contudo, nem todo esse simbolismo é benéfico. O fenômeno da "hipertensão do jaleco branco" é bem documentado. O termo refere-se ao fato de que a pressão arterial de algumas pessoas é mais elevada quando são examinadas em um consultório médico ou clínica em relação à pressão tirada em casa, longe dos jalecos brancos. Na verdade, existe uma preocupação real de que a hipertensão do jaleco branco pode influenciar o tratamento de determinados pacientes. Em resposta, quando os médicos suspeitam que os pacientes têm pressão alta, cada vez mais os estão enviando para casa com monitores de pressão arterial, para ter um quadro preciso da pressão ao longo de um dia normal, e não apenas uma vez no consultório ou clínica. É claro que a hipertensão do jaleco branco não é gerada apenas pela visão do jaleco branco. Provavelmente, envolve uma resposta psicológica ao estresse geral que algumas pessoas sentem quando estão diante dos médicos em uma consulta.

Não há leis ou regulamentos que obriguem os médicos a usar jalecos brancos. A implementação dos códigos de vestir varia de hospital a hospital: em alguns hospitais e outros centros de assistência médica pode haver maior controle, enquanto outros são mais informais.

No Centro Médico da Universidade de Stanford, na Califórnia, o código de vestir de um dos programas afirma:

> Os jalecos brancos deverão ser usados por todos os membros da equipe médica que mantenham contato direto com pacientes, exceto nas áreas em que outros trajes de proteção se fazem necessários, como na área de transplante de medula óssea, por exemplo. Em áreas ambulatoriais e na unidade de reabilitação, não há necessidade de usar os jalecos. Pergunte a seu instrutor clínico qual o traje adequado para a área para a qual você será designado.
>
> – Site do programa de residência em Reabilitação Clínica do Hospital de Stanford

Evidentemente, as regras podem variar dependendo do status do usuário. As regras talvez sejam mais rígidas para os estudantes. O *Manual do estudante* do Carolinas College of Health Sciences em Charlotte, na Carolina do Norte, nos Estados Unidos, afirma que os estudantes de Medicina devem usar jalecos brancos estilo três quartos sobre suas roupas quando não estiverem usando outros trajes especiais do hospital.

O dr. Brandt observou em seu comentário que as pesquisas com pacientes tendem a demonstrar que a maioria, senão todos, prefere que seus médicos vistam jalecos brancos. Algumas pesquisas indicam que os pacientes tendem a confiar mais em um médico com jaleco branco.

Em sua conclusão, o dr. Brandt escreveu:

"Parece que o traje de um profissional da saúde é importante para pacientes em todos os níveis pessoais e geográficos estudados até o momento: jovens ou velhos, crianças ou seus pais, do Leste ou Oeste, do Norte ou Sul. Aparência limpa e arrumada, entretanto, é mais importante do que o traje. Dentre os itens de vestuário importantes, o nome no crachá e o jaleco branco são os preferidos pelos pacientes. Em geral, os médicos são mais conservadores em suas opiniões sobre o traje do que os pacientes. Pessoas de todas as idades, em especial os idosos, tendem a preferir um traje mais formal."

Alguns estudos, entretanto, levantam questões práticas. Às vezes os jalecos não são bem limpos, de acordo com estudos que encontraram vários micróbios nos jalecos dos médicos. As gravatas estão sendo atacadas em outros. A Associação Médica Britânica (BMA) criou uma polêmica quando classificou as gravatas de "artigo inútil" que pode fazer mais mal do que bem.

Um resumo do relatório da BMA afirma que:

"Certos trajes, como as gravatas, raramente são lavados, mas são usados diariamente, muitas vezes fora do ambiente médico. As gravatas não têm função benéfica no atendimento ao paciente e já demonstraram ser fonte de colônias de patógenos. São manuseadas com freqüência pelo usuário e entram em contato com vários objetos. As gravatas têm o potencial, portanto, de agir como vetores de transmissão de infecções associadas com o tratamento médico."

Resumo da ópera: dispense as gravatas... lave a roupa com freqüência e, quando possível, troque de roupa ao deixar a área de atendimento ao paciente.

E por falar em lavar... os responsáveis pelas campanhas para reduzir o número de infecções hospitalares vivem batendo na mesma tecla, insistindo na necessidade de os profissionais de saúde sempre, sempre, lavarem as mãos entre um paciente e outro, para evitar a transmissão de micróbios. Essas campanhas tiveram um grau de sucesso variado. Em geral, os especialistas recomendam que os pacientes tentem ajudar na observância dessas normas, verificando se os médicos ou outros profissionais lavam as mãos antes de tocá-los. Embora pareça difícil pedir isso ao médico ou enfermeiro, a recomendação é que não haja timidez nessa hora. O médico precisa lavar as mãos antes de atender o paciente.

Um episódio do seriado retratava a disseminação de um vírus letal na unidade neonatal. Em "Maternity" ("Maternidade", 1-04), entretanto, a fonte da infecção não era um médico ou enfermeiro, mas uma voluntária que, inadvertidamente, havia passado o vírus de um bebê a outro ao dar de presente bichinhos de pelúcia.

Ignorar um código de vestir é uma coisa, mas a maior parte dos responsáveis pela administração hospitalar responderia rapidamente se um médico tentasse enganar o comitê de transplantes do hospital para favorecer seu próprio paciente, como fez o dr. House em "Sex Kills" ("Sexo Mata", 2-14), ou se usasse uma injeção de álcool para reduzir temporariamente o tamanho do tumor no fígado de seu paciente, para enganar um cirurgião e fazê-lo concordar em operar o paciente, como ele faz em "The Socratic Method" ("O Método Socrático", 1-06).

"Se tiver essa magnitude, a notícia se espalhará rapidamente. Em geral, é reportada para outros médicos, talvez diretamente ao diretor", afirma Bruce Traub.

O Centro Médico Universitário em Princeton recentemente acrescentou um médico ao grupo de administradores. Como na maioria dos hospitais, esse vice-presidente de Assuntos Médicos estará na linha de frente de qualquer potencial ação disciplinar ou outras questões sérias que envolvam os médicos.

Em "The Mistake" ("O Erro", 2-08), Chase compareceu perante um "comitê de revisão por pares" que julgou seu procedimento no caso de um paciente que morreu. Depois de ouvir seu lado da história, o comitê concluiu que Chase mentiu aos superiores e ao irmão do paciente. Mas os membros do comitê levaram em conta o fato de que Chase havia acabado de saber que seu pai falecera. Eles disseram que esse choque inesperado mitigou sua incapacidade de fazer o acompanhamento adequado do paciente, por isso mantiveram seus privilégios de continuar exercendo a medicina no hospital.

Em seguida, o comitê surpreendeu o dr. House anunciando que as alegações sobre sua conduta eram graves o suficiente para levar à restrição temporária de seus privilégios. Durante um mês, Foreman ficou encarregado de supervisionar o dr. House.

Nos hospitais de verdade, os médicos passam por uma revisão por pares e pelos administradores, de acordo com os estatutos e regulamentos estipulados pela equipe médica ou por outros.

"No final das contas, existe um processo de governança", afirma Traub. "Se alguém não estiver agindo corretamente, comparecerá perante o Comitê Executivo dos médicos e dentistas. Nós, como administradores, podemos solicitar que algum tema seja levado à discussão perante o grupo, ou um médico pode solicitar que ele compareça perante o grupo."

Vários tipos diferentes de grupos podem estar envolvidos na avaliação das ações dos médicos. Questões relativas à ética podem ser levadas perante um comitê consultor que inclua membros da comunidade. O comitê de bioética, em geral, não tem autoridade disciplinar direta, mas colabora com o processo. Existem também comitês para melhorar o desempenho que podem se reunir a qualquer momento para avaliar outros aspectos da prática médica.

Esses comitês e mesmo as principais autoridades médicas e os administradores não podem despedir de repente um médico sem o devido processo de investigação, mas, se necessário, podem tomar medidas rápidas para proteger os pacientes.

"O procedimento envolve uma série de reuniões e audiências feitas em vários níveis até chegar ao conselho. Um médico pode ser suspenso, se tiver feito algo terrivelmente inseguro para o paciente. Essa suspensão levaria a uma investigação. No entanto, é um processo justo em que os membros da equipe médica e outros especialistas do departamento se reúnem para ouvir o médico sobre aquele tema específico", afirma a enfermeira registrada especializada e Ph.D. Joanne Ritter-Teitel. Ela é a chefe de enfermagem do Centro Médico Universitário em Princeton, uma posição que integra a administração do hospital.

"Não é incomum encaminhar um médico para aconselhamento ou para fazer um curso de comunicação", afirma. Conforme discutido anteriormente, às vezes essas indicações fazem parte da resposta a preocupações que envolvem o possível envolvimento do médico com álcool ou outras drogas, incluindo medicamentos de prescrição, como é o caso do dr. House com o Vicodin.

O que é "terrivelmente inseguro"?

Que tal fazer experiências em um paciente comatoso? Em "Distractions" ("Distrações", 2-12), o dr. House injeta drogas em um paciente que está em coma, para satisfazer sua curiosidade sobre a eficácia de um tratamento experimental contra enxaqueca. Ele não faz segredo sobre sua conduta, demonstrando não sentir vergonha quando a dra. Cuddy o interroga. Quando Cuddy percebe que ele induziu e depois tentou tratar uma enxaqueca em alguém inconsciente e completamente incapaz de dar seu consentimento para tal, sente-se atônita. Ela pergunta ao dr. House se ele já tinha lido algum guia sobre ética profissional; no entanto, ela não toma medida alguma, apesar de ter testemunhado uma violação patente aos direitos de um paciente.

Depois de ignorar a agressão criminosa, a dra. Cuddy passa a tratar do motivo que a levou a procurar House: um memorando com sua assinatura... aparentemente forjada pelo dr. House. Ele não nega a falsificação e faz uma piada sexualmente sugestiva sobre a disciplina adequada.

O dr. House novamente age de modo ultrajante, em direta violação aos procedimentos-padrão do hospital em relação à doação de órgãos, quando se impõe ao marido de uma paciente que está morrendo em "Sex Kills" ("Sexo Mata", 2-14). Ele quer descobrir se a vítima de um acidente de carro pode ser uma potencial doadora de órgãos para sua paciente. Claramente, ele sabe que está agindo contra as regras, porque se disfarça para se aproximar do marido. Bem, para o dr. House, trata-se do supra-sumo da camuflagem: o jaleco branco.

Ele começa perguntando ao marido sobre o histórico de doenças da vítima antes do acidente. O marido afirma que ela teve uma febre de

38,5°C. À medida que o dr. House continua a investigar, o marido começa a se sentir exasperado e desnorteado, querendo entender a relação entre a saúde geral da esposa e o tratamento para os ferimentos sofridos com o acidente.

Em seguida, uma mulher se aproxima desse tenso par. Ela diz ser coordenadora de doação de órgãos para a região sul de Nova Jersey e começa dizendo que os órgãos da esposa serão tratados com cuidado e dignidade. O marido a encara em estado de choque.

"Seus órgãos?! Laura morreu?"

É a vez da coordenadora de transplantes ficar chocada.

"Lamento. Pensei... Ela acaba de ser declarada morta. Eu pensei que ele estava aqui para informá-lo", diz apontando para o dr. House.

O marido se volta para House. "O que você quer de mim?"

"Lamento sua perda, mas preciso do coração de sua esposa." Com essa resposta, o dr. House novamente demonstra que está preocupado apenas com seus pacientes, não com os de outros médicos.

A aproximação furtiva por parte do dr. House ao marido da paciente moribunda não só criou uma confusão desconfortável e aumentou a angústia do marido, mas também representou um exemplo quase perfeito de como não apresentar aos membros da família a possibilidade de doação de órgãos. "É evidente que o que ele está fazendo é incomum e inadequado", de acordo com a declaração de um grupo pró-doação de órgãos.

Doação de órgãos: melhores práticas

Em 2003, o Departamento de Saúde e Serviços Humanos dos Estados Unidos criou o plano de "Colaboração em Doação de Órgãos" para salvar vidas, aumentando o número de doadores de órgãos.

Um relatório do grupo afirmou que suas metas são:

- aumentar a taxa de conversão média de doadores elegíveis da média atual de 43 por cento para 75 por cento nos duzentos maiores hospitais do país;

- aumentar as doações em até 1.900 doadores por ano;
- aumentar o número de transplantes em 6 mil ao ano;
- ajudar a salvar a vida de milhares de pessoas todos os anos e evitar até 17 óbitos por dia.

Um caminho seguido para chegar a essas metas foi estudar alguns dos programas disponíveis nos Estados Unidos que demonstram o maior índice de sucesso. A revisão incluiu uma avaliação do modo como os profissionais de saúde abordam o assunto com os familiares das vítimas. O grupo descobriu que os programas atribuem a tarefa de comentar o assunto de doação de órgãos com várias pessoas. Alguns deixam essa tarefa sob a responsabilidade de um representante da organização regional de doação de órgãos. Outros programas atribuem essa delicada função aos membros da equipe hospitalar. Apesar das diferentes visões sobre quem deve ter a responsabilidade principal, todos esses programas bem-sucedidos claramente tinham procedimentos bem definidos que envolviam "colaboração estreita, bem compreendida e confiável"

As famílias precisam de tempo para pensar e se preparar para a morte de seus entes queridos e para tomar a decisão sobre a doação de órgãos; assim, a equipe começa seu trabalho bem antes de o paciente morrer, conversando com a família para conhecer sua dinâmica, como os membros da família estão se sentindo e como estão lidando com a situação, procurando saber quais são suas necessidades.

O processo em geral não pode esperar até o potencial doador ser declarado morto, porque normalmente há um intervalo muito breve para conseguir o consentimento da família e recuperar e transplantar os órgãos com sucesso. Mesmo quando o potencial doador assinou um cartão de doação ou tem alguma notação na carteira de motorista indicando sua concordância em ser doador de órgãos, a família ainda tem o poder de veto no momento do óbito. Assim, as pessoas designadas para conversar com a família precisam estabelecer um relacionamento inicial. Começando a criar laços antes mesmo de a morte do paciente ser certa, a equipe tem a oportunidade de demonstrar que sua principal preocupação é com a vida do paciente e com as necessidades da família... e que a doação de órgãos é uma questão que surge depois de todas as tentativas de salvar o paciente.

O grupo que estuda as melhores práticas observou em seu relatório que o sistema funciona melhor quando as pessoas que são responsáveis por contatar a família sobre sua intenção de doar órgãos "não estão unicamente interessadas em 'obter o órgão em si', mas também em apoiar as famílias para que tomem uma decisão informada e adequada". Esse enfoque nas necessidades e nos desejos das famílias é um traço que parece estranho ao dr. House.

Os programas com maior grau de sucesso na abordagem junto às famílias com relação à doação de órgãos em geral devem:

- trabalhar em equipe para escolher a(s) pessoa(s) certa(s) para abordar o assunto da doação e fazer o pedido;
- fazer a pergunta na hora certa, sem apressar a família, não lançando a pergunta cedo demais. É importante atender à necessidade da família e estabelecer laços de confiança antes de discutir a possibilidade de doação;
- garantir que os encarregados de fazer a solicitação de órgãos à família tenham treinamento específico para fazer as perguntas da maneira correta.

Seguir os procedimentos adequados pode ser algo bastante compensador. O relatório afirma que depois que um hospital de Houston criou um centro de doação de órgãos, com uma equipe especializada, os índices de consentimento subiram de 48 por cento para 68 por cento, e o número de doadores de órgãos durante períodos de tempo comparáveis subiu de 56 para 79. Como os órgãos de um doador em geral vão para vários receptores, esse único hospital foi responsável por salvar mais algumas dezenas de vidas ao seguir um processo cuidadosamente planejado.

Em outras palavras, simplesmente aproximar-se e confrontar o marido de uma potencial doadora, como fez o dr. House no episódio "Sex Kills", em geral não é algo que funcione e, portanto, custará a vida de muitos pacientes que precisam do transplante.

Embora a dra. Cuddy pareça exasperada pela negligência em série do dr. House, acaba ignorando um incidente atrás do outro. É muito improvável que um administrador hospitalar no mundo real, em sua posição, simplesmente deixasse o dr. House escapar, por mais que gostasse dele ou respeitasse sua capacidade profissional. Na vida real, um hospital e seus administradores podem sofrer sérias conseqüências nos Estados Unidos por permitir que um médico desrespeite as práticas em vigor. Várias instituições independentes monitoram os hospitais e algumas têm autoridade para impor multas elevadas ou mesmo fechar determinadas instituições médicas. Os médicos não são os únicos com licenças do governo; os hospitais também são licenciados. Sem licença, o hospital não funciona.

Regras e responsabilidades

Em Nova Jersey, um hospital como o Centro Médico Universitário de Princeton, ou o fictício Hospital-Escola Princeton-Plainsboro, deve responder ao Conselho Científico e de Administração, ao Departamento de Saúde e Serviços Humanos de Nova Jersey e a outras organizações que monitoram e pagam pelo serviço de atendimento médico oferecido pelo hospital.

O Departamento de Saúde e Serviços Humanos de Nova Jersey é o órgão de licenciamento para os hospitais no estado. Órgãos semelhantes atendem a esse objetivo em outros estados.

De acordo com uma declaração do departamento, ele conduz dezenas de inspeções nos hospitais e outros centros de atendimento médico todos os anos. Além disso, o departamento responde a reclamações. A avaliação inclui revisar prédios, equipamentos e pessoas. As políticas e os procedimentos hospitalares são examinados para garantir que estão em conformidade com as leis e os regulamentos estaduais. Os resultados das inspeções nas instalações realizadas pelos inspetores estaduais de Nova Jersey também podem afetar a elegibilidade do hospital no sentido de receber reembolso dos programas de assistência médica federal, incluindo o Medicare, o programa de seguro-saúde com cobertura para pessoas com 65 anos ou mais nos Estados Unidos.

Muitas das ações de regulamentação tomadas pelo estado contra os hospitais estão listadas no site do departamento. Pequenas violações burocráticas, como não arquivar os relatórios no momento certo, por exemplo, podem gerar multas de algumas centenas ou mesmo alguns milhares de dólares. Problemas que afetem o atendimento dado ao paciente podem gerar multas ainda mais elevadas. Por exemplo, o departamento multou um hospital em mais de 22 mil dólares em um caso recente em que ficou provado que o hospital deu alta a um paciente tuberculoso sem tomar as devidas providências para evitar que ele infectasse outras pessoas na comunidade.

Como ocorre em outros estados norte-americanos, um órgão estadual separado, o Conselho Estadual de Examinadores Médicos de Nova Jersey, administra as licenças e sanções legais contra médicos individuais, inclusive os que trabalham em hospitais.

Em "Failure to Communicate" ("Falha na Comunicação", 2-10), o dr. House e Stacy precisam viajar até Baltimore, no estado de Maryland, para responder a perguntas sobre sua qualificação para tratar pacientes inscritos no Medicaid, o programa que ajuda a pagar pela assistência médica de milhões de norte-americanos de baixa renda. Stacy consegue fazer com que as dúvidas praticamente desapareçam, induzindo o investigador do Medicaid a concordar com o fato de que o tratamento dispensado pelo dr. House aos casos foi adequado, embora nem sempre se adequasse às regras de reembolso do Medicaid. A resolução quase instantânea de uma investigação federal é uma agradável fantasia. Os regulamentos federais de assistência médica e seu cumprimento certamente superam o código fiscal em termos de complexidade... quem quer que já tenha sido submetido a uma auditoria da Receita Federal norte-americana sabe que soluções simples, rápidas e favoráveis são muito raras.

Um elemento estranho na premissa desse episódio é que o dr. House iria a Baltimore para responder às perguntas. Supondo que a questão exigisse uma entrevista pessoal, ele deveria ter ido a Trenton, capital de Nova Jersey. Embora uma grande parcela dos fundos do Medicaid seja federal, o programa é administrado em larga escala pelos estados. Os estados são líderes em investigações contra fraudes do Medicaid.

Os conselhos e órgãos dos governos estaduais e federais não são os únicos aos quais os administradores hospitalares precisam prestar contas. Existem também os órgãos de credenciamento. Esses organismos incluem grupos que supervisionam o ensino da Medicina. O Hospital-Escola de Princeton-Plainsboro, provavelmente, precisaria atender aos padrões da Association of American Medical Colleges para participar do ensino dos estudantes de Medicina. Em seguida, seria necessário um credenciamento separado junto ao Conselho de Credenciamento de Centros de Ensino Médico para treinar estagiários e residentes médicos, formados em Medicina e ainda no início de suas carreiras.

A Comissão Conjunta de Credenciamento das Organizações de Assistência Médica desempenha um papel importante no monitoramento da qualidade do tratamento hospitalar, embora não seja um órgão governamental e não tenha autoridade reguladora. Embora a Comissão Conjunta não tenha autoridade para punir os hospitais diretamente, os órgãos governamentais em geral confiam nos resultados das inspeções e de seus relatórios. Por exemplo, um hospital com credenciamento da Comissão Conjunta talvez não precise obter certificação separada do programa Medicare. Se os inspetores da Comissão Conjunta estivessem revisando o credenciamento do Hospital-Escola Princeton-Plainsboro, o dr. House, provavelmente, seria um problema. Uma breve lista de preocupações em relação à sua conduta poderia incluir o seguinte:

- usar métodos de tratamento e realizar testes sem a permissão dos pacientes;
- mentir aos pacientes e colegas de trabalho;
- tratar mal e às vezes atacar pacientes e colegas que não concordam com suas recomendações;
- estar sujeito à possível incapacidade em razão do uso indevido de Vicodin e outros analgésicos;

- desconsiderar a privacidade do paciente ao discutir os detalhes de seus casos na clínica ou em outras áreas públicas;
- violar as instruções de "não ressuscitar" dadas pelos pacientes;
- violar as regras do hospital que regem o atendimento aos pacientes com distúrbios do sistema imunológico, potenciais doadores de órgãos e outros;
- entrar na casa dos pacientes em busca de provas, sem a devida autorização.

"Seu comportamento pessoal é claramente exaltado, irreverente e às vezes até mesmo ilegal." Essa é a reação inicial do dr. Peter Angood a uma lista de incidentes de episódios do dr. House. O dr. Angood é vice-presidente da Comissão Conjunta de Credenciamento das Organizações de Assistência Médica e principal executivo de segurança dos pacientes do Centro Internacional da Comissão Conjunta para Segurança dos Pacientes.

"Nem um item sequer está condizente com as diretrizes de comportamento normal da equipe médica. Sempre que um médico entra para a equipe de um hospital, passa por um processo de revisão e precisa comprovar sua formação, experiência e práticas", afirma o dr. Angood. "É claro que o sujeito tem algum tipo de dependência. É evidente que ele tem total desrespeito pela autoridade e hierarquia. Assim, seu comportamento pessoal está bem distante da realidade."

O dr. Angood afirma que a administração do hospital também é responsável.

"O outro componente é que o seriado retrata a tolerância por parte do hospital, que permite que o dr. House continue agindo dessa maneira; isso simplesmente não aconteceria, e não acontece na vida real", diz Angood. "Tenho 25 anos de experiência e já assisti a mudanças no nível de tolerância em relação ao que livremente é chamado de comportamento abusivo ou perturbador. Hoje em dia, a tolerância é baixíssima. Quase todas as instituições têm processos rigorosos de controle de recursos humanos e da equipe médica, não só para identificar esses indivíduos, mas também para indicá-los a um terapeuta ou afastá-los por completo do sistema."

A Comissão Conjunta define normas, como a proteção da privacidade dos pacientes. Cabe a cada hospital e centro de atendimento médico desenvolver e seguir procedimentos para estar sempre em conformidade com essas normas. É possível haver uma lacuna de alguns anos entre cada visita ao local feita pelos inspetores da Comissão Conjunta, mas isso não significa que o dr. House escaparia da notificação. Todos os anos, a Comissão Conjunta recebe quase 15 mil reclamações diretamente de pacientes e até mesmo das equipes hospitalares. Quando uma reclamação é recebida, o hospital precisa responder.

A resposta ao comportamento como o que o dr. House apresenta pode ser muito mais enérgica do que é retratada no seriado.

"Seria esperado que o hospital, por meio de seus comitês ou processos, vetasse esse tipo de comportamento específico ou o repreendesse ou o substituísse por outro no caso, ou ainda o enviasse para treinamento [particular] ou o encaminhasse para instâncias superiores, suspendendo seus privilégios. Nada disso aparece no seriado, como se os administradores do hospital, embora concordem com o aspecto de que seu comportamento é ultrajante ou contrário às normas, passassem a mão em sua cabeça, dizendo 'Bem, é o House'", afirma Margaret VanAmringe, vice-presidente de relações governamentais e de políticas públicas da Comissão Conjunta.

"Os hospitais devem revisar as competências da equipe médica periodicamente. Assim, na vida real, ele seria chamado para revalidar seus privilégios em revisões anuais. Nessas revisões, os hospitais precisam usar informações para decidir se o privilégio será renovado ou não. Portanto, se houver muitas reclamações sobre abuso de drogas ou suspeitas nesse sentido, ele provavelmente seria chamado a responder a perguntas incisivas e submetido a uma avaliação médica", ela acrescenta.

A Comissão Conjunta muito raramente revoga o credenciamento de um hospital. Em geral, a ameaça de perder o credenciamento e, subseqüentemente, o potencial de receita dos seguros públicos e privados e de outros programas é suficiente para motivar os administradores a cumprir as recomendações da Comissão Conjunta. Em alguns casos, no entanto, os hospitais optam por abrir mão voluntariamente de seu credenciamento junto à Comissão Conjunta. Os hospitais podem continuar funcionando, desde que consigam atender aos requisitos dos órgãos de licenciamento federais e às normas dos planos de seguro-saúde públicos e privados.

Trabalho em equipe

A diretora da Agência Federal de Pesquisa e Qualidade em Atendimento Médico dos EUA, dra. Carolyn Clancy, lembra o final de uma série de slides de palestras muito utilizados por seu predecessor, o dr. John Eisenberg, que incluía imagens de livros clínicos e outros instrumentos que os jovens médicos usam há muitos anos para aprender o ofício.

"O outro slide que fazia parte desse grupo era uma imagem do 'Homem de Marlboro'. O dr. Eisenberg dizia que o mito que cerca a formação médica sempre foi o de que, assim que alguém consegue superar a fase de treinamento, estará pronto para partir rumo ao horizonte e fazer o que bem entender com o paciente. E isso é mentira, porque o exercício da medicina não é mais assim", a dra. Clancy recorda as palavras do dr. Eisenberg.

Contrário ao tema recorrente do brilhantismo individual do dr. House, a medicina moderna é um esporte de equipe. O dr. House conta com seus colegas, Cameron, Foreman e Chase, para fazer o trabalho pesado, mas essa equipe não é como a da maioria dos hospitais.

Por exemplo, o dr. David Gilbert, diretor de ensino médico do Providence Portland Medical Center, em Portland, no estado norte-americano do Oregon, afirma que as equipes de médicos são variadas e contam com vários colaboradores. O dr. Gilbert, que é especialista em doenças infecciosas, como o dr. House, afirma que seu hospital usa equipes que incluem um residente sênior, um residente do primeiro ano e um estudante de Medicina. Eles atendem qualquer paciente que chegue ao hospital durante seu turno. Os médicos mais jovens são supervisionados pelos mais experientes e consultam vários especialistas. Dependendo do turno, cada equipe médica pode atender de três a vinte pacientes ao mesmo tempo, e não um de cada vez.

Um aspecto central que o seriado consegue captar é uma importante tendência na medicina: o número crescente de médicos especializados em tratar pacientes no hospital. O trabalho do dr. House é feito inteiramente dentro do ambiente hospitalar. O dr. House tem um consultório para consultas de rotina ou acompanhamento. Ele assume o controle durante a crise e envia os pacientes de volta a seus médicos regulares.

"A visão antiga da medicina norte-americana era que seu médico habitual, como o dr. Marcus Welby, por exemplo, seria seu médico de todas as horas; no consultório e no hospital. Esse modelo não funciona mais tão bem, em parte porque os médicos estão extremamente ocupados em seus consultórios e, em parte, porque, uma vez que o limiar para internação vem aumentando cada vez mais, os pacientes que são efetivamente hospitalizados tendem a estar realmente doentes, com vários problemas ao mesmo tempo, muitas consultas a especialistas, diferentes medicações e muita complexidade", afirma o dr. Robert Wachter. O dr. Wachter é chefe do Serviço Médico do hospital da Universidade da Califórnia. "A necessidade da presença constante de um especialista é responsável pelo valor atribuído ao médico de plantão. Eles conhecem bem o assunto e estão centrados nisso."

Há uma década, o dr. Wachter e seu colega, o dr. Lee Goldman, escreveram um artigo sobre como as mudanças no exercício da medicina estavam tornando impossível sustentar o velho ideal do médico de ambulatório que atende a todos os seus pacientes, estejam eles em casa ou no hospital. Nesse artigo, publicado no *New England Journal of Medicine*, eles cunharam um termo para esse novo tipo de médico.

"Como resultado, prevemos o rápido crescimento de uma nova espécie de médicos, que chamamos de 'hospitalistas', ou seja, especialistas em medicina de pacientes internados, que serão responsáveis por cuidar de pacientes hospitalizados da mesma maneira como os médicos de ambulatório são responsáveis por cuidar dos pacientes ambulatoriais", escreveram Wachter e Goldman no artigo.

Embora o dr. House seja chamado de "diagnosticista", ele realmente é um hospitalista. Como tal, ele está muito bem acompanhado atualmente. Embora o termo tenha sido inventado há apenas dez anos nos Estados Unidos, hoje em dia há cerca de 15 mil hospitalistas no país. O dr. Wachter foi o primeiro presidente eleito da Sociedade de Medicina Hospitalar (SHM), que está voltada ao mundo dos hospitalistas.

> A SHM adotou a seguinte definição oficial de "hospitalista": médicos cujo principal foco profissional é o tratamento médico geral de pacientes hospitalizados.
>
> – Declaração no site da Sociedade de Medicina Hospitalar

Os hospitalistas tiram o paciente das mãos de seu médico de ambulatório ou de emergência que fez sua internação no hospital. Em seguida, após o necessário período de hospitalização, eles passam o paciente novamente aos cuidados do médico regular. Durante a permanência no hospital, o hospitalista assume a principal responsabilidade pelo cuidado do paciente.

"Claramente, nossa tarefa e nossa visão de mundo não consistem em ir de encontro ou contrariar o que está sendo feito pelo médico de atendimento primário, mas muitas vezes a hospitalização tem seu próprio ritmo e peculiaridades. As pessoas fazem muitas perguntas no início: 'Você está seguindo as ordens do médico de assistência primária?' Muitas vezes, a resposta é não. De muitas maneiras, a internação é uma entidade diferente", afirma o dr. Wachter.

No Centro Médico UCSF, o dr. Wachter supervisiona uma equipe composta por um residente, dois estagiários, dois estudantes de Medicina e um estudante de farmácia. Seus pacientes também são atendidos por um exército de enfermeiros e fisioterapeutas. Periodicamente, esses pacientes serão atendidos por membros de um grupo variado de subespecialistas em áreas como neurologia, endocrinologia, hematologia ou radiologia, ou qualquer outra "ologia".

O dr. Wachter afirma que os pacientes de hospital em geral não têm idéia de que alguém tem autoridade central sobre a multidão de profissionais da saúde que passam por seus quartos. Essa tarefa de coordenar tudo e todos é responsabilidade do hospitalista. Como os hospitalistas são um fenômeno relativamente novo na assistência médica, o dr. Wachter afirma que às vezes hesita em usar o título com pacientes novos.

"Quando recebo novos pacientes, explico normalmente que serei o 'condutor da orquestra'", afirma o dr. Wachter.

Ele também diz aos pacientes que receberão um formulário para preencher imediatamente antes de terem alta, "e uma das primeiras perguntas é: 'Você teve a impressão de que havia alguém no comando durante seu período de internação?' e quero que você responda que sim, porque essa pessoa sou eu", diz o dr. Wachter.

Ele diz que o termo "hospitalista" está se tornando cada vez mais conhecido entre os norte-americanos. Ele estava dando a explicação de seu papel a um paciente, quando a esposa do paciente disse: "Ah, então você é um hospitalista."

Os hospitalistas estão se tornando estreitamente familiarizados com a cultura e as sutilezas dos seus hospitais.

"Quando você fica lá o dia inteiro, sabe como o lugar funciona. Quando não consegue encontrar a assistente social, já sabe onde ela costuma tomar café. O radiologista talvez lhe deva um favor. Toda essa informalidade não pode ser colocada em um organograma, mas é assim que funciona na vida real", afirma o dr. Wachter.

O dr. House sabe como as coisas funcionam. No episódio "The Mistake" ("O Erro", 2-08), ele quer que um cirurgião de transplantes aceite um caso arriscado. Mas o cirurgião acha que o procedimento está fadado ao fracasso e recusa o caso. Em seguida, o dr. House coloca seu conhecimento do mundo hospitalar em prática... mas com um veio soturno que o dr. Wachter certamente não toleraria. Ele ameaça contar à esposa do cirurgião sobre seus romances com as enfermeiras. O cirurgião cede à chantagem de House.

O melhor uso para o profundo conhecimento que um hospitalista adquire sobre a instituição e sua equipe é no estabelecimento de uma sólida colaboração, a fim de administrar a enorme complexidade do atendimento hospitalar.

"Hoje em dia, existe uma apreciação muito mais profunda de que a medicina é resultado de um trabalho em equipe; e que os dias do doutor sabe-tudo que fazia proclamações que eram seguidas por todos precisam acabar o mais rápido possível, porque não é assim que o sistema de saúde funciona", afirma o dr. Wachter.

"Passamos a reconhecer que, embora alguns desfechos estejam relacionados com o brilhantismo do médico, provavelmente essa não é a regra geral. A maioria dos casos depende do bom funcionamento do sistema e do bom entrosamento entre todos os membros da equipe. Essa é uma lição que outros setores aprenderam há muitos anos, e algo que a medicina levou algum tempo para implementar."

Enfermagem

A imagem da enfermagem é denegrida no seriado *House*.

"Quando enfermeiras ou auxiliares de enfermagem aparecem em cena, são retratados como obstrucionistas ao brilhante médico, ou como burocratas sem nada na cabeça que atrapalham sua ilimitada genialidade. Na vida real, o sistema não funciona assim. Nenhum médico se sai bem sem contar com enfermeiros em sua equipe; porque o trabalho em si resulta da ação de vários profissionais", afirma a dra. Clancy, diretora da AHRQ.

Essa atitude do dr. House é bem captada no episódio "Spin" ("Ciclista", 2-06). Ele dá a um paciente que não consegue se levantar uma injeção que momentaneamente restaura o controle muscular normal. O paciente levanta, mas depois, à medida que vai passando o efeito da injeção, cai no chão. O dr. House olha para o paciente, mas não o ajuda a voltar ao leito.

"Foi exatamente por isso que criei as enfermeiras. Limpeza na Ala 3!", berra o dr. House.

Se em vez de dominar o fictício Hospital-Escola Princeton-Plainsboro, o dr. House estivesse praticando no Centro Médico Universitário em Princeton, ele teria de responder à chefe de enfermagem, a enfermeira registrada e Ph.D. Joanne Ritter-Teitel.

"Eu chamaria esse médico à minha sala e discutiríamos o que significa comunicação adequada. Eu explicaria que não aceitaria esse tipo de comportamento e que todos os membros da equipe representam valores aos pacientes, quer seja o porteiro, o atendente, a enfermeira ou o médico", afirma Joanne.

O tratamento dispensado pelo dr. House às enfermeiras também não repercute bem no Centro de Defesa da Enfermagem em Baltimore, Maryland.

"Essa é realmente uma visão muito limitada da enfermagem e tende a mostrar apenas os aspectos pouco qualificados da profissão", afirma a diretora executiva Sandy Summers, enfermeira registrada, mestre em Saúde Pública e em Enfermagem.

Em "Daddy's Boy" ("Queridinho do Papai", 2-05), Foreman está examinando um paciente.

"Que cheiro é esse?", ele pergunta.

Quando ele puxa o lençol do leito, vê que o paciente manchou os lençóis.

"Vamos precisar de uma enfermeira", diz Foreman.

"Sim, as enfermeiras fazem a higiene dos pacientes", afirma Summers. "Mas, assistindo ao seriado, você nunca fica sabendo que é possível encontrar sinais de uma doença grave limpando as fezes de um paciente. Talvez seja uma doença hepática ou da vesícula biliar, ou mesmo algum sangramento intestinal ou parasita."

Na verdade, o tipo de parasita causador da doença do paciente no primeiro episódio de *House* freqüentemente é identificado por enfermeiras que limpam as fezes dos pacientes.

Em "Three Stories" ("Três Histórias", 1-21), o dr. House é paciente em uma cena em flashback sobre o infarto que atingiu sua perna. Ele está em um leito do hospital quando tem os sintomas de um ritmo cardíaco anormal. O monitor cardíaco ao lado do leito está indicando o início de um batimento rápido e perigoso, conhecido como taquicardia ampla e complexa ou taquicardia ventricular. Ele pede à enfermeira que lhe dê uma injeção, mas ela hesita. Quando o monitor soa o alarme, ele desmaia.

A dra. Cuddy entra na sala e pergunta à enfermeira:

– O que aconteceu?

– Taquicardia ventricular – responde a outra.

A dra. Cuddy parece surpresa ao ver que a enfermeira consegue reconhecer o quadro.

– Quem diagnosticou? – ela pergunta.

– Foi ele – diz a enfermeira, olhando para House.

"O que eles querem dizer com 'Foi ele'?", pergunta Summers. "As enfermeiras sabem ler monitores cardíacos e normalmente o fazem de modo mais eficiente do que os médicos. As enfermeiras muitas vezes estão em posição de ensinar os médicos, especialmente os mais jovens, sobre esses ritmos cardíacos e sobre como identificá-los. As enfermeiras vêem esses quadros todos os dias e, em geral, conseguem identificá-los rapidamente."

Ela também afirma que, embora o dr. House e seus colegas apareçam rotineiramente aplicando injeções e outros tratamentos aos pacientes, na realidade não é assim que as coisas funcionam.

"Os médicos prescrevem os medicamentos, ou os enfermeiros graduados prescrevem a medicação e, em seguida, os demais enfermeiros fazem a administração aos pacientes. É um princípio essencial de equilíbrio, ou seja, uma pessoa prescreve o medicamento e outra, a enfermeira, deve garantir que a medicação é adequada ao paciente, que não é algo que poderá reagir com outros remédios ingeridos por ele e que não causará importantes efeitos colaterais. Elas garantem também que seja bem aplicado de forma intravenosa. Nos casos em que o paciente precisa de cinco aplicações intravenosas diferentes, com 25 medicações diferentes, pode ser bem complexo determinar que combinação de medicamentos é compatível"

Summers destaca que os enfermeiros estão junto ao paciente, ou bem perto dele, durante todo o período de internação. Avaliam a cor e a textura da pele, como o paciente está respirando, falando, conversando. São os enfermeiros que, literalmente, colocam as mãos no pulso de seus pacientes.

"Os médicos entram, ficam dois minutos com o paciente e vão embora. As enfermeiras estão presentes 24 horas por dia para ajudar os pacientes a entender sua condição, observando-os a cada minuto para ver como estão indo. O personagem do dr. House parece estar encarregado desse monitoramento também, o que me parece totalmente irrealista", afirma Summers.

As enfermeiras aparecem um pouco melhor em "Skin Deep" ("A Top Model", 2-13). O coração do paciente pára de bater no meio da noite. Quando os alarmes do monitor cardíaco soam, as enfermeiras respondem rapidamente. Uma confirma a parada cardíaca com um estetoscópio, enquanto a outra prepara uma injeção para reanimar o paciente.

Summers afirma que a atitude geral do dr. House para com os enfermeiros não é inteiramente ficcional. Ela afirma que os médicos que tratam mal os enfermeiros são, em parte, responsáveis pela falta desses profissionais nos Estados Unidos, criando condições de trabalho estressantes e que levam à exaustão.

Como Summers se sentiria trabalhando com o dr. House? Sua resposta é surpreendente:

"Acho que seria um golpe de ar fresco comparado com os muitos médicos com os quais temos de trabalhar", afirma a enfermeira. "De fato, ele zomba dos colegas e diz coisas horrorosas para eles, mas pelo menos é inteligente; e isso seria um alívio para nós. Existem médicos que são bem desagradáveis, depreciativos e arrogantes, sem nenhum sinal de sagacidade."

Levando os hospitais para uma nova era

Mesmo com a ênfase dos hospitais no trabalho em equipe e no valor de cada membro da equipe, o dr. Wachter, do Centro Médico UCSF, afirma que este e outros hospitais têm a responsabilidade de liderar uma transformação fundamental no modo como os hospitais são estruturados e administrados.

"Como hospitalista, você tem dois pacientes. Um é o paciente propriamente dito. O outro é o próprio hospital. Parte de sua função, parte do valor que você agrega, visa tornar o sistema melhor para todos", afirma.

Quando Edward Vogler assumiu a presidência do conselho do Hospital-Escola Princeton-Plainsboro, na primeira temporada do seriado, declarou que queria mudar a forma de administração do hospital. O clímax de sua campanha foi uma reunião do conselho convocada para despedir o dr. House.

"Gregory House é o símbolo de tudo que há de errado na indústria da saúde. Desperdício. Insubordinação. Vaidade dos médicos, que agem como se fossem reis e como se o hospital fosse seu feudo particular. A assistência médica é um negócio: vou administrá-la como um negócio. Assim, pretendo demitir o dr. Gregory House e encerrar sua ligação com este hospital, com vigência imediata", declara Vogler no episódio "Babies and Bathwater" ("Bebês e Banheiras", 1-18).

Vogler não conseguiu se livrar do dr. House, mas os elementos de seu discurso contra médicos arrogantes encontram eco em outros reformadores. Para o dr. Wachter, o personagem do dr. House é um dinossauro.

"De algumas maneiras, é uma visão do passado do médico como espírito livre, iconoclasta, brilhante e virtuoso, que age por conta própria, e do hospital como local que existe apenas para cumprir suas determinações. O personagem está um pouco caricato, mas não está muito longe da maneira como os médicos no passado eram aculturados, a esperar que o sistema funcionasse. Muito francamente, do outro lado da moeda, vários administradores dedicavam-se para satisfazer os médicos."

Ele afirma que, embora o seriado exagere a situação, os antigos incentivos do negócio hospitalar encorajavam esse tipo de comportamento.

"É espantoso pensar nisso, mas era desse modo que funcionava. O hospital era um tipo de hobby onde os médicos compareciam e faziam seu trabalho. Como os médicos geravam negócios, o trabalho do hospital era garantir que eles estivessem bem satisfeitos, pois, se não estivessem, poderiam levar seu negócio para outro estabelecimento", afirma o dr. Wachter.

O dr. Wachter e outros afirmam que a medicina pode aprender preciosas lições com a história da indústria aeroespacial.

De Yeager a Glenn

Logo depois da Segunda Guerra Mundial, Chuck Yeager tornou-se o primeiro homem a voar mais rápido do que a velocidade do som. Embora ele fosse apenas parte de um projeto governamental de enormes proporções, ainda personificava muitas das atitudes dos pilotos de prova dos primórdios da aviação. Ele confiava muito em sua capacidade individual e em seus instintos para continuar vivo ao expandir os limites da aviação.

Dias antes de seu histórico vôo supersônico, Yeager quebrou algumas costelas. Em vez de informar o caso, ele manteve segredo sobre sua lesão para garantir que não seria substituído na tentativa de quebrar o recorde. Por causa da lesão, ele não tinha como usar seu braço direito para fechar a escotilha do avião. Yeager confiou em um colega de trabalho, que serrou para ele um cabo de vassoura, para que ele pudesse alcançar a escotilha com o braço esquerdo.

Yeager rompeu a barreira do som naquele dia, em 1946. Mas a maneira como colocou seus interesses à frente de todos os demais no programa, quebrou as regras e enganou seus superiores lembra muito a atitude do dr. House. Em outras palavras, o sucesso é a desculpa final. Esse mesmo tipo de orgulho individual também contribuiu para a morte de muitos pilotos e passageiros naquela época.

O primeiro norte-americano a orbitar a Terra foi um tipo muito diferente de piloto. John Glenn, que depois se tornou senador dos Estados Unidos, não via a façanha individual como um fator decisivo entre o sucesso e o fracasso.

"Era uma visão muito diferente do que significava ser piloto. Você era parte da equipe", afirma o dr. Wachter. "Glenn é engenheiro. Ele confiava em listas de verificação. Ele apreciava redundâncias no sistema. Ele não acreditava que as pessoas são infalíveis; ele reconhecia que era parte de uma equipe.

"E de muitas maneiras a medicina está no ápice dessa transformação. Não tenho dúvidas de que o grande médico do futuro será cada vez menos como o dr. House e cada vez mais como John Glenn: certamente o líder de uma equipe, mas um jogador, um colaborador, alguém que pensa em sistemas, alguém que não acredita ser infalível, alguém que realmente reconhece que pode errar e que a única maneira de estar seguro é criando um sistema que antecipe e identifique os erros de todos."

A transformação da aviação não ocorreu apenas na proteção aos pilotos de testes; ela foi parte de avanços dramáticos ocorridos na segurança do transporte aéreo. Na década de 1950, a taxa de acidentes aéreos fatais para empresas aéreas comerciais era de cerca de um em cada 400 mil decolagens. Em outras palavras, em média, haveria cerca de 400 mil vôos seguros entre cada acidente. No final do século XX, a taxa de acidentes fatais caiu para menos de um décimo desse total. Hoje em dia, existem quase 5 milhões de vôos seguros para cada acidente com vítimas.

Os pilotos comerciais de hoje não têm mais acuidade visual do que os do passado. Seus reflexos não são mais rápidos. É verdade que as aeronaves são construídas de modo mais seguro e melhor hoje em dia, mas um dos principais motivos para o aumento da segurança é a mudança no sistema geral e nas atitudes sobre o papel dos pilotos.

O dr. Wachter afirma que teve a idéia das importantes diferenças culturais existentes entre a aviação moderna e a medicina quando um grupo de pilotos de companhias aéreas visitou o Centro Médico UCSF e acompanhou algumas cirurgias. Ele afirma que os pilotos ficaram impressionados com a habilidade dos cirurgiões e dos demais profissionais envolvidos, assim como pelo ritmo das cirurgias e pela sofisticada tecnologia médica. Em seguida, vieram algumas perguntas reveladoras.

"Eles perguntaram às enfermeiras: 'Como a sala de cirurgia é preparada para uma cirurgião de artroplastia do quadril ou de revascularização do miocárdio?' ou 'Qual é o processo para obter o consentimento informado?' E as enfermeiras responderam: 'Ah, para o dr. Smith, fazemos assim. Para o dr. Jones, já é diferente.' Os pilotos ficaram surpresos, porque disseram que seria inconcebível na aviação entrar na cabine de um 747 e dizer 'Quero que fique configurado desse modo, porque gosto mais assim'. Eles reconheceram como o processo é fundamentalmente caótico e inseguro."

Hoje em dia, os pilotos aéreos estão dispostos a abrir mão de parte de sua liberdade individual e autoridade e aceitar normas e uniformidade para reduzir o número de erros potencialmente fatais.

"Isso, evidentemente, seria estranho para House e totalmente contrário às suas crenças. A maneira como estamos tentando formar novos médicos é exatamente oposta a essa visão de mundo", afirma o dr. Wachter.

Foreman diz:

– House! Você não pode fazer isso!

– Ah, se eu ganhasse 5 centavos cada vez que ouço isso... – responde o dr. House.

Pilotos de prova que quebram as regras e vivem para combater mais um dia certamente são muito mais interessantes do que comandantes de jumbos

Um renegado médico brilhante, como o dr. House, que marcha sobre a burocracia e a convenção médica em sua batalha individual para salvar seus pacientes, é muito mais interessante do que os metódicos médicos que seguem as diretrizes e os protocolos mais recentes, tentando não causar mais mal do que bem com seus testes e tratamentos.

No entanto, quando você entra em um avião para atravessar o país, está procurando diversão ou um vôo sem sustos que o leve de maneira segura para o destino informado em seu bilhete? E se um dia precisar ser hospitalizado, com sua vida em jogo, que tipo de médico você realmente vai querer que esteja no controle de seu caso?

EPÍLOGO

O seriado *House* é um programa de televisão, uma série dramática e divertida. Embora seja ficção, as histórias personificam nossas esperanças e medos sobre a saúde e a doença, o conflito e a salvação. As tramas representam nosso conhecimento e nossas crenças sobre o mundo... nesse caso, o mundo da medicina.

Depois de obter esta visão geral sobre alguns dos aspectos da medicina retratados no seriado, espero que você consiga entender um pouco melhor o que há de verdade nos personagens representados e o que representa exageros, para ter o prazer de saborear com conhecimento de causa o coquetel de realidade e fantasia que se descortina em cada episódio de *House*.

ÍNDICE REMISSIVO

Você pode adquirir os títulos da Editora Best*Seller* por Reembolso Postal e se cadastrar para receber nossos informativos de lançamentos e promoções. Entre em contato conosco:

mdireto@record.com.br

Tel.: (21) 2585-2002
Fax.: (21) 2585-2085
De segunda a sexta-feira,
das 8h30 às 18h.

Caixa Postal 23.052
Rio de Janeiro, RJ
CEP 20922-970

Válido somente no Brasil.

Este livro foi composto na tipologia Adobe Jenson Pro,
em corpo 11,5/14,75, impresso em papel Off-white 80g/m²,
no Sistema Cameron da Divisão Gráfica da Distribuidora Record.